Thomas Kielinger

Elizabeth II.

Das Leben der Queen

Verlag C.H.Beck

Mit 27 Abbildungen und 1 Stammbaum

1. Auflage. 2011

2., durchgesehene Auflage. 2012
© Verlag C.H.Beck oHG, München 2011
Satz: Fotosatz Amann, Aichstetten
Druck und Bindung: GGP Media GmbH, Pößneck
Umschlaggestaltung: Geviert – Büro für Kommunikationsdesign,
München, Michaela Kneißl
Gedruckt auf säurefreiem, alterungsbeständigem Papier
(hergestellt aus chlorfrei gebleichtem Zellstoff)
Printed in Germany
ISBN 978 3 406 62360 8

www.beck.de

Thomas Kielinger

Elizabeth II.

Inhalt

Ein Wort zuvor

Im Jahr 1977, es war das silberne Thronjubiläum der Queen, erschien eine Biografie Elizabeths II., die über Nacht einen neuen Ton in die Geschichtsschreibung über die britische Monarchie einführte – einen Ton der Nüchternheit, der journalistischen Distanz: kenntnisreich, doch ohne Ergebenheit, faktentreu, doch ohne Parteilichkeit nach dieser oder jener Seite. Der Autor, Robert Lacey, neben Ben Pimlott und Sarah Bradford einer der bedeutendsten Biografen der Königin, eröffnete sein Werk «Majesty – Elizabeth II. and the House of Windsor» mit einem «Prolog», und dies waren die ersten, Aufsehen erregenden Sätze:

«Wenn Elizabeth II. keine Königin wäre, würde niemand ein Buch über sie schreiben. Was viele, die sie persönlich kennen, schade fänden, zeichnet sie sich doch durch Klugheit und Humanität aus, die sie mit großer Bescheidenheit an den Tag legt. Aber es bleibt einfach wahr, dass es der Thron ist, der sie bemerkenswert macht, und die Tatsache, dass sie in dieser herausgehobenen Stellung eine ganz normale Frau geblieben ist, ist nur die erste von vielen Paradoxien. Es gibt deren noch viele mehr, und auf ihnen beruht – ob wir es an den Reaktionen in ihrem Königreich oder an denen von Millionen von Menschen auf der ganzen Welt ablesen – eine der kuriosesten gesellschaftlichen Phänomene des 20. Jahrhunderts: das Überleben, nein, das Erblühen der britischen konstitutionellen Monarchie.»

Laceys Buch, ein moderner Klassiker, hat auch die vorliegende Erzählung inspiriert. Sie will, ja, sie kann nicht nur eine Lebensbeschreibung der weltbekannten Queen sein, denn sonst würde das Überleben des konstitutionellen Königtums in Großbritannien kaum verständlich. Man muss vielmehr gleichzeitig auf das Amt schauen, in dem sich diese Vita abspielte und weiter abspielt, auf die Veränderungen, die das britische Königshaus unter dieser Frau in den letzten 60 Jahren durchlebt hat, und auf die Einflüsse und Traditionen, von denen die Königin selber geprägt wurde. Insofern wird ein Buch über Elizabeth II. so etwas wie eine Doppelbiografie sein müssen, denn an der Person entzündet sich zugleich immer wieder die Debatte um die Institution, an der Monarchin die Debatte um die Monarchie und an der königlichen Familie die Debatte um die Zukunft der Krone.

In Deutschland verläuft das Gespräch über die Royals leider oft in eher abgenutzten Bahnen. Da stehen die Wechselfälle der Königskinder ganz vorne, mit allen Hochs und Tiefs, wie sie der Boulevard liebt, und der Celebrity-Wert des Personals verstellt den Blick auf die Bedeutung der «königlichen Republik», wie sie im Schlusskapitel des vorliegenden Buches genannt wird. Eine Fülle von Informationen, auch zu historischen Hintergründen, bleibt so der Öffentlichkeit entzogen.

Diesen Mangel auszugleichen und das Gespräch über die britische Krone neu zu beleben, bietet das diamantene Thronjubiläum der Queen im Jahr 2012 einen vorzüglichen Anlass. Es ist überhaupt erst das zweite Mal in der Geschichte, dass die Briten eine solche Dauer an der Spitze ihres Staates feiern können, nach Queen Victorias 60. Thronjubiläum anno 1897.

I

Die Geburt einer Prinzessin
ohne große Aussichten auf den Thron

«Eine mögliche Königin von England wurde
gestern in 17 Bruton Street, Mayfair, geboren.»
Der «Daily Sketch» am 22. April 1926

«Soweit ich das sehe, müssen einige Leute mit Royalty gefüttert
werden wie Seelöwen mit Fischmahlzeiten»
Gräfin Strathmore, Elizabeths
schottische Großmutter, 1923

Am 20. April 1926 wurde der britische Innenminister Sir William Joynson-Hicks in das Haus Nr. 17 in der Bruton Street beordert, in Londons Nobeldistrikt Mayfair, um als Vertreter von Parlament und Regierung eine königliche Geburt zu bezeugen: Die Gattin des zweiten Sohnes von König George V., Elizabeth Bowes-Lyon, stand im Begriff niederzukommen. Es würde der erste Enkel in der männlichen Linie des regierenden Monarchen sein, eine gewichtige Zäsur also im Blick auf die Erhaltung der Windsor-Dynastie. Elizabeths Ehemann, der Herzog von York, stand zwar nicht an erster Stelle der Thronfolge, war nur *heir presumptive*, anzunehmender, nicht *heir apparent*, offensichtlicher Erbe. Dieses Recht stand seinem älteren Bruder zu, dem Prinzen von Wales, damals 32 Jahre alt; aber der war nicht verheiratet und machte auch nicht die geringsten Anstalten dazu. Mithin richteten sich alle Augen auf den Zweiten, auf Albert Frederick Arthur George, den seine Familie «Bertie» nannte, sowie auf die beliebte Herzogin aus schottischem Hause, Elizabeth.

Bruton Street Nr. 17, der Ort der Geburt, gehörte Elizabeths Eltern, dem 14. Earl of Strathmore and Kinghorn und seiner Frau, Lady Strathmore. Kein königliches Blut, aber doch alter schottischer Landadel, der Jahrhunderte zurück reichte, mit Schloss Glamis in der Grafschaft Angus als seinem Hauptsitz. Dort herrschte einst, in Shakespeares Tragödie, der «Thane of Glamis», Macbeth, der seinen Lehnsherrn, König Duncan, ermordete, um sich selber zum König in Schottland aufzuwerfen. Elizabeth, das zweitjüngste der zehn Strathmore-Kinder, geboren mit dem Jahrhundert, also 1900, war eine begehrte Partie in der Londoner Gesellschaft gewesen, lebenslustig, aber ohne Hang zum Exzess und zu klug, um Bewerbern um ihre Hand zu schnell Hoffnungen zu machen. Zweimal ließ sie den Königssohn und seine Annäherungen abblitzen. Beim dritten Mal gab sie nach; 1923 heirateten sie und Bertie. Es war etwas an diesem leicht schüchternen Mann, das ihr Vertrauen gewann. Sein Sprachfehler, ein deutliches Stottern, hatte ihn bewogen, sich im Gegensatz zu seinem älteren Bruder, dem Thronfolger und Liebling der Frauen, in der Öffentlichkeit zurückzuhalten. Doch hinter Scheu und Stottern ahnte die junge Schottin Stetigkeit, Ehrenhaftigkeit und die Fähigkeit zu Loyalität und Liebe. Außerdem schätzte er, wie sie, das Land, die Jagd, die Pferde – ein *country gentleman*, bescheiden und geerdet und sichtlich unverdorben von königlicher Hybris. Das Paar wird in unserer Geschichte noch eine große Rolle spielen – er als König George VI., der mit «The King's Speech» gerade in jüngster Zeit auch Filmgeschichte gemacht hat; sie als die Herzogin von York und spätere Königin Elizabeth an der Seite des Monarchen und danach, in der zweiten Hälfte des 20. Jahrhunderts, als geliebte Queen Mother oder auch «Queen Mum».

Das erwartete Kind des Herzogspaars rangierte in der Thronfolge hinter dem Prinzen von Wales, den man unter seiner wuchernden Ansammlung von sechs Vornamen nach dem letzten David nannte, und hinter dem eigenen Vater. Sollte David, der spätere König Edward VIII., unverheiratet und kinderlos bleiben, dann würde Berties Erstgeborene/r dem Onkel und Vater als unmittelbar Dritte/r in der Erblinie folgen. Aber eben nur unter der Annahme der Nicht-Heirat von David. Wenn dieser wider Erwarten doch noch eine Familie gründen und Kinder bekommen sollte, würde der Spross der Yorks hinter diesen vollends auf einen «ferner liefen»-Platz in der Erbfolge rutschen. Ein Fall für den königlichen Rechenschieber, ohne den man beim Studium der britischen Monarchie ohnehin nie auskommt. Und eigentlich ein aussichtsloser Fall, zumindest was die Wahrscheinlichkeit anging, dass das Kind, mit zwei noch jungen Männern und möglichem Nachwuchs des Prinzen von Wales als Thronerben vor ihm, je die Krone tragen würde.

Was um alles in der Welt aber hatte der Innenminister bei diesem Anlass zu suchen, ein politischer Komparse im königlichen Spiel? Für diese Frage hält die Geschichte eine interessante Antwort bereit, die der Historiker Ben Pimlott als «malerischen Glauben» beschrieben hat. Es war im Juli 1688, als Maria von Modena, zweite Ehefrau des regierenden James II., einen Sohn gebar, über den die protestantische Mehrheit des Landes in schiere Verzweiflung geriet. James nämlich verfolgte beharrlich den Plan, Englands Reformation rückgängig zu machen und das Land zu rekatholisieren. Ein Sohn aus der Verbindung mit dieser tiefreligiösen Italienerin musste demnach die Aussicht auf eine katholische Dynastie eröffnen, gegen die dann kein protestantisches Kraut mehr gewachsen sein würde. Doch Misstrauen meldete sich – hatte es von der Königin nicht geheißen, sie könne keine Kinder mehr bekommen, nachdem alle Nachkommen aus der Ehe mit James, bis auf eine Tochter, im frühesten Alter gestorben waren? Was hatte es mit diesem Sohn, mit James Francis Edward, für eine Bewandtnis? Ein Baby aus niederem Volk etwa, das in einer Wärmpfanne ins Kindbett geschleust worden war? Das «Wärmpfannen-Komplott» machte schnell die Runde, zumal berufene Zeugen wie der Erzbischof von Canterbury (den der König ins Gefängnis hatte werfen lassen) bei der Geburt nicht anwesend waren, sondern lediglich Beamte des Hofes, mögliche Mitverschworene also.

Die Granden in London waren in Aufruhr und appellierten an Wilhelm von Oranien in Holland, das Land von dem «Papisten» James II. zu erretten. Der Oranier war verheiratet mit der älteren Tochter des Königs, Mary, die anders als ihr Vater protestantisch optiert hatte. Noch im Herbst 1688 landete Wilhelm auf der Insel und trieb den Monarchen und seine Familie außer Landes, samt dem Erben, der sich später in der Verbannung als James III. der katholischen Stuart-Linie zum König in England, Schottland und Irland ausrufen ließ («the Old Pretender») und Gegenschläge aus Frankreich und Schottland anzettelte. In England dagegen hatte die unter dem Oranier William III. vollzogene «Glorreiche Revolution» königlichem Absolutismus und königlicher Willkür die Spitze gebrochen.

Doch reichte das Angsterlebnis der britischen Geschichte, eine Tradition zu stiften, die bis zur Geburt des jetzigen Prinzen von Wales und Thronfolgers, Charles, im Jahr 1948 Bestand hatte: Immer musste ein Vertreter der säkularen Gewalten bezeugen, dass eine Niederkunft im Rahmen der unmittelbaren königlichen Erbfolge ohne Hinterlist vor sich gegangen war. So wurde Sir William Joynson-Hicks, postiert neben dem Zimmer der Wöchnerin, Notar einer historischen Geburt.

Elizabeth Alexandra Mary kam am 21. April 1926 morgens gegen drei Uhr per Kaiserschnitt zur Welt, und es dauerte nicht lange, bis das Kind, Prinzessin Elizabeth, von ihrer Familie immer nur «Lilibet» oder auch «Bess» gerufen, die Herzen der Briten erobert hatte, auch dank der publizistischen Vermarktung durch ihre Mutter, die überaus populäre und medienbewusste Herzogin von York. Davon wird noch ausführlich die Rede sein. Eine einzige Zeitung, der «Daily Sketch», griff für seine Ausgabe vom Tag nach der Geburt zum königlichen Rechenschieber und schrieb, in der Theorie vollkommen korrekt: «Eine mögliche Königin von England wurde gestern in 17 Bruton Street, Mayfair, geboren.» Eine «mögliche» Königin – die Journalisten hatten mit einer Heirat des Prinzen von Wales offenbar gar nicht mehr gerechnet und die Erbfolge sogleich auf Elizabeth zulaufen lassen. Eine kühne Annahme. Denn Elizabeth, das haben wir hier bisher übersehen, hätte ja auch noch einen Bruder bekommen können, schließlich war bei ihrer Geburt die

Mutter erst 25 Jahre alt. Ein Bruder hätte sie in der Erbfolge noch weiter zurückgesetzt, ganz zu schweigen von möglichen Nachkommen des Prinzen von Wales. Ergo: Auf die Annahme, dass Elizabeth je den Thron erben würde, hätte 1926 niemand wetten mögen. Zu viele Hürden standen im Wege.

Und doch hat sich, was der «Daily Sketch» früh als «möglich» beschrieb, genau im Sinne dieser Vorhersage erfüllt, und das schneller, als irgendjemand hätte ahnen können. Eine Kette von unvorhersehbaren Ereignissen – die Abdankung des Onkels im Jahr 1936, der frühe Tod des Vaters 1952 im Alter von 56 Jahren – führte dazu, dass die junge Frau schon mit 25 Jahren den Thron bestieg, im gleichen Alter übrigens wie ihre berühmte Vorgängerin, Elizabeth I. Und auch das Leben der zweiten Elizabeth ist bereits Geschichte geworden, eine Geschichte aber, die andauert und die Öffentlichkeit weiterhin fasziniert.

Fast hätte es dieses Leben gar nicht gegeben, denn wie gesagt zweimal lehnte Elizabeth Bowes-Lyon Heiratsanträge des Herzogs von York ab. Ihre Mutter, Lady Strathmore, distanziert wie die meisten Schotten gegenüber England, war gegen die Verlobung mit Bertie, dem Königssohn – kam ihr das höfische Zeremoniell doch suspekt vor und der Jubel der Massen bei den entsprechenden Anlässen noch mehr. «Soweit ich das sehe, müssen einige Leute mit Royalty gefüttert werden wie Seelöwen mit Fischmahlzeiten», gab sie ihrer Tochter zu verstehen. Ähnlich hatte es schon Walter Bagehot gesehen, Englands viel zitierter Verfassungstheoretiker des 19. Jahrhunderts. «Je demokratischer wir werden, desto mehr erfreuen wir uns an staatlicher Show, die schon immer das Vulgäre in uns angezogen hat», schrieb er 1863 in einem Aufsatz für den «Economist» mit leisem, weisem Spott. Bagehot freilich war ein unbedingter Verfechter der Monarchie, und das «Vulgäre» ihrer Präsentation akzeptierte er als notwendigen Tribut an die sich herausschälende Moderne.

Seit Urzeiten sind die Briten, um das Wort von Elizabeths schottischer Großmutter aufzugreifen, «mit Royalty gefüttert» worden, unter wechselnden Monarchen, unter unterschiedlichen historischen Vorzeichen; Royalty gehört zu ihrer nationalen DNA.

Das populäre Verständnis von der Geschichte des eigenen Landes orientiert sich in England nicht vorrangig an Epochen wie Mittelalter, Spätmittelalter, frühe Neuzeit und so weiter, sondern an der Abfolge der *kings and queens* – von den Normannen über die Plantagenets, die Tudors, Hannoveraner und Windsors, darin eingebettet die Laufzeiten einzelner Herrscher, von Heinrich V. und Heinrich VIII. über die große Elizabeth zu George III. und seinen Söhnen, dann zu Königin Victoria und bis zur heutigen Queen. Eine nahtlose Nationalgeschichte, die sich nacherzählen lässt wie ein großes Epos. Mit Elizabeth II. und dem Auf und Ab ihrer Familie ist die britische Gesellschaft von heute groß geworden. Man glaubt, die Queen zu kennen, wie ein vertrautes Stück des nationalen Mobiliars.

Doch das trifft nur zum Teil zu, denn kaum bekannt ist auch unter den heutigen Briten beispielsweise, wie raffiniert schon in Elizabeths frühester Jugend die Öffentlichkeit mit diesem jüngsten Spross der Royals «gefüttert» wurde, unter Anleitung ihrer Mutter, über deren PR-Talente moderne Agenturen verzückt gewesen wären. Die Jugendgeschichte der Queen ist in jeder Hinsicht eine Fundgrube, denn schon das Kind legte alle Eigenschaften an den Tag, welche die Menschen an der späteren Monarchin als «typisch» zu erkennen meinten. Sie war gradlinig und professionell, unaufgeregt, diszipliniert, pflichtbewusst, uneitel, ohne Allüren. Als sie am 11. Dezember 1936, gerade einmal zehnjährig, nach der Abdankung ihres Onkels Edward VIII. an die zweite Stelle der Thronfolge nach ihrem Vater rückte, hakte ihre jüngere Schwester Margaret leicht exaltiert nach: «Heißt das, dass du am Ende Königin werden wirst?» «Ja, ich denke schon», so die lakonische Antwort Elizabeths. «Sie kam nie mehr darauf zurück», berichtete Margaret später.

II

Die Erziehung der Prinzessin und die Regie ihrer Mutter

«Sie hat ihren eigenen Kopf,
strahlt Autorität und Nachdenklichkeit aus,
was erstaunlich ist bei einem Kleinkind.»
Winston Churchill, 1928

«England kann glücklich sein,
die kleine Prinzessin zu haben,
ein fabelhaftes Kind.»
Adolf Hitler, 1936

«Sie war immer sie selbst, très naturelle.»
Vicomtesse de Bellaigue,
Elizabeths Französischlehrerin, 1939

«Der Herzog und die Herzogin von York
machten sich nicht allzu viele Sorgen um
die höhere Bildung ihrer Töchter.»
Marion Crawford, «The Little Princesses», 1950

Eine neu geborene Prinzessin war zunächst auch ganz ohne PR der Focus allgemeiner Begeisterung. Früh wurde das Kind des Herzogs und der Herzogin von York Mittelpunkt eines unablässigen Medienrummels – den man eigentlich bis auf die Bekanntgabe der Schwangerschaft seiner Mutter zurückdatieren kann. Elizabeths Geburtstag war ein jährlicher nationaler Event und Winken ihre erste Amtshandlung. Amerika hatte seine Shirley

Temple, den 1928 geborenen Kinderstar, England seine Prinzessin Elizabeth; der stieg ihre Prominenz aber dank ihrer nüchternen, stoischen Veranlagung nicht zu Kopf. Hinzu kam nach 1936 an äußerer Gestik nur noch, was Marion Crawford, genannt «Crawfie», die Erzieherin von Elizabeth und ihrer 1930 geborenen Schwester Margaret Rose, den Kindern beibrachte: bei staatlichen Anlässen vor dem Königspaar, ihren Eltern, einen Hofknicks zu machen und in Gegenwart von Dritten nicht von «Ma» und «Pa» zu sprechen, sondern vom «King» und von der «Queen», den beiden Majestäten.

Die zehn Jahre seit der Geburt Elizabeths kann man nur als das erste moderne Beispiel einer royalen Zelluloid-Karriere beschreiben. Gleich zu Anfang gratulierte man der Mutter zu diesem «berühmtesten Baby der Welt», das uns auf frühen Bildern mit seinen Botticelli-Locken anstrahlt. Das Foto-Zeitalter war in voller Fahrt, und niemand bediente den Fotoapparat und erste Amateur-Filmkameras leidenschaftlicher als die beiden Yorks, der Herzog und die Herzogin; davon wurde auch Elizabeth später infiziert. Überall sprossen Fotoagenturen aus dem Boden, erste Paparazzi umlagerten die York-Kinder, vor allem die Ältere. Ein Personenkult, ohne Frage, der von den Medien in aller Welt, nicht zuletzt in Amerika, geschürt und von der Herzogin geschickt lanciert wurde, um ihre intakte Familie als Gegensatz zu ihrem Schwager David, der keine hatte, in Szene zu setzen. Bertie aber schrieb an seine Mutter, Queen Mary, es mache ihm «fast Angst, dass die Menschen Elizabeth so sehr lieben». Der Teenager sollte schließlich fast ebenso viel Neugier auf sich ziehen wie seine Eltern, der König und die Königin.

Berühmte Namen meldeten sich mit ihrem Urteil über das offenbar frühreife Kind. Winston Churchill schrieb nach einem Besuch auf Schloss Balmoral im Jahr 1928 an seine Frau Clementine über das zweieinhalb Jahre alte Mädchen: «Sie hat ihren eigenen Kopf, strahlt Autorität und Nachdenklichkeit aus, was erstaunlich ist bei einem Kleinkind.» Vielleicht aber auch nicht, bei einem Mädchen, das stark von der Anwesenheit der Großelterngeneration geprägt wurde. Während die Eltern sechs Monate lang, von Januar bis Juni 1927, auf Weltreise zu den Antipoden gingen, ließen sie ihre neunmonatige Tochter wechselweise in der Obhut von George V.

Shirley Temple bekommt Konkurrenz:
Elizabeth im Alter von fünf Jahren, Februar 1931 (Foto: Marcus Adams)

und Queen Mary sowie der schottischen Großeltern Lord und Lady Strathmore, die in der Grafschaft Hertfordshire in dem Flecken St. Paul's Walden nördlich von London einen gemütlichen Landsitz besaßen.

Zu dieser Generation gehörte auch die damalige *nurse*, Clara («Alla») Knight, die bereits Elizabeths Mutter, der 1900 geborenen Strathmore-Tochter, als Kindermädchen gedient hatte. In dem 1950 erschienenen Erinnerungsbuch von Marion Crawford, «The Little Princesses», wird sie als «absoluter Herrscher» beschrieben, der Elizabeth Disziplin und Regelmäßigkeit beizubringen wusste.

Auch die *undernurse*, Margaret («Bobo») MacDonald, obwohl bei der Geburt der Prinzessin erst 22 Jahre alt, folgte dem Regiment von Miss Knight und hielt das Kind zu großer Sparsamkeit an: Das Papier der Weihnachtsgeschenke sollte möglichst aufbewahrt und unnötige Lichter im Haus ausgeschaltet werden – das tut die Queen noch heute. Bobo McDonald, später Elizabeths erste *lady-in-waiting*, also ihre Aufwartedame, wurde eine lebenslange Freundin, die einzige im Hofstaat, die bis zu ihrem Tod 1993 zur Königin «Lilibet» sagen durfte.

Das Kind wuchs mithin wie eine kleine Erwachsene auf, wozu auch beitrug, dass sie selten mit Altersgenossen aus anderen Kreisen, schon gar nicht bürgerlichen, zusammenkam und Margaret lange Zeit über ihre einzige Spielkameradin blieb. Aber als Ältere übte sie ihr gegenüber bereits Vorbildfunktionen aus, man hörte sie verschiedentlich tadelnd «Aber Margaret!» ausrufen oder Mahnungen anbringen wie «Wenn Du jemanden mit einem komischen Hut siehst, Margaret, dann darfst du nicht auf ihn zeigen und lachen.» Zehn Jahre alt, machte sie eine Liste aller Geschenke, die ihre Schwester zu Weihnachten erhalten hatte, damit diese auch ja nicht vergaß, bei wem sie sich zu bedanken hatte. Präzision, Präzision. Sie begegnet uns wieder nach Elizabeths Hochzeit im November 1947, als den offiziellen Glückwünschen aus aller Welt gedankt werden musste, eine Aufgabe der britischen diplomatischen Vertretungen im Ausland. Die «Herzogin von Edinburgh, Prinzessin Elizabeth», wie ihr Titel zwischen diesem Datum und der Besteigung des Throns im Februar 1952 lautete, bestand darauf, dass der vorgedruckte Brief von den Botschaftern handschriftlich unterzeichnet wurde.

Mit drei Jahren war sie zum ersten Mal Titelgirl des «TIME»-Magazins, im Jahr danach hielt die Vierjährige im Wachsfiguren-Panoptikum von Madame Tussaud's Einzug, auf einem Pony reitend. Auf ihr erstes Pony setzte der Stallmeister sie bereits mit zweieinhalb Jahren, Pferde sollten Elizabeths große Passion werden; sie gilt seit langem als anerkannte Expertin bei allem, was Zucht, Gestüte und überhaupt das Halten von Rassepferden und die Symbiose von Mensch und Pferd betrifft. Während sie 1937 dem

polnischen Bildhauer Zsigmond Strobl achtzehn Mal Modell saß
für eine erste Büste von ihr, plauderte sie munter drauflos «und
wusste alles über Pferde», wie der Dolmetscher dieser Sitzungen,
Lajos Lederer, später mitteilte. Kurz vor Beginn der Zeremonien
zur ihrer Krönung im Juni 1953 bemerkte eine Hofdame besorgt zur
jungen Königin: «Sie müssen wohl sehr nervös sein, Ma'am.» «Natürlich bin ich das», antwortete diese, «aber ich denke doch, dass
‹Aureole› gewinnen wird.» Aureole war ihr Pferd, das am Tag danach
im Derby antreten sollte; es kam aber nur als zweites durchs Ziel.
Die Pferde der Queen haben so ziemlich alles gewonnen, was es
im Rennsport zu gewinnen gibt – aber das prestigereiche Epsom
Derby noch nie.

1930 war die erste Biografie über die Vierjährige erschienen,
verfasst von Anne Ring: «The Story of Princess Elizabeth. Told
with the Sanction of Her Parents» – von ihren Eltern sanktioniert.
Ein wichtiger Zusatz. Die Yorks ermunterten solche Süßwarener-
zeugnisse durchaus, solange sie die Kontrolle darüber behielten. Vor
allem die Herzogin hatte den Kommentar ihrer Mutter offenbar
noch gut im Ohr: «Soweit ich das sehe, müssen einige Leute mit
Royalty gefüttert werden …» Bei den Büchern, welche die Herzogin anregte, durften die Tiere nicht fehlen, namentlich die Corgis,
jene walisische Hunderasse, die dank der königlichen Familie weltberühmt wurde, eingeführt von der Herzogin, die sie ihren Töchtern als bleibende Leidenschaft vermachte. Das Buch zum Tier, das
um viele Fotos aus dem Familienalbum der Yorks bereichert wurde,
folgte entsprechend bald: «Our Princesses and Their Corgis» (1936),
gewidmet «allen Kindern, die Hunde lieben». Der Autor Michael
Chance zählt acht Vierbeiner auf, die in der Royal Lodge im Windsor Great Park um die Kinder und die Eltern herumtollten: zwei
Corgis, drei Labradors, ein Golden Retriever, ein schwarzer Cocker
Spaniel und ein langhaariges Knäuel aus der tibetanischen Lion-
Rasse. «Es gibt keine unbefangenere Königsfamilie als die unsere»,
schreibt der devote Mr. Chance, «so rücksichtsvoll, so bar jeder
Künstlichkeit, so reich an menschlichen Qualitäten – es kann gut
sein, dass Dookie und Jane, vernünftig wie sie als Corgis sind, instinktiv wissen, was wir wissen.» War das nun Hunde- oder schon

wieder Personenkult? Wahrscheinlich beides, in Sirup getaucht. Corgi and Bess.

Das königssüchtige Publikum der 30er Jahre jedenfalls war mit den Namen dieser Tiere, mit Dookie, dem Stammvater aller Corgi-Generationen der Queen, mit Jane, Soark, Flash, Scruffy, Mimsey und Stiffy vertraut wie mit Figuren aus einem Disney-Film. Margaret, die Schwester, zog es später mehr zu Dackeln, und als einer davon sich mit einem Corgi paarte, entstand eine neue Rasse, die «Dorgis», die ebenfalls viel Anklang unter Hundeliebhabern fanden. Richard von Weizsäcker sollte die Corgis nach seinem Staatsbesuch in England 1986 einmal dem Autor gegenüber als «die königlichen Schlummerrollen» bezeichnen. Waren Tiere Ersatz für den fehlenden Umgang der Prinzessin mit anderen Kindern? So haben die Biografen der Queen immer wieder gefragt. Auch in dem bereits erwähnten Buch von Marion Crawford klingt das Motiv des «poor little rich girl» an, die Wechselbeziehung zwischen der Simplizität in der Erziehung und der Einsamkeit der Prinzessin, die sich unter Tieren besonders wohl fühlte. «Ich würde einst am liebsten mit einem Bauern verheiratet leben und viele Pferde, Hunde und Kinder haben», teilt uns Crawfie als einen frühen Wunsch Elizabeths mit. Ist er nicht, bis auf den Bauern, in Erfüllung gegangen? Das heißt: Hat Prinz Philip nicht manchmal die Manieren eines ungehobelten Bauern?

In einem weiteren dieser von der Mutter autorisierten und inspirierten Bücher, dem 1937 erschienenen «The King's Daughters» von Lady Cynthia Asquith, begegnen wir einer bezeichnenden Szene, als Elizabeth Ende Juni 1927 ihre Eltern nach deren Rückkehr von ihrer halbjährigen Weltreise begrüßte. Ganz unschuldig formuliert die Verfasserin: «Das kleine Mädchen [sie hatte gerade laufen gelernt] war fast so freudig, seine Mutter wiederzusehen, als ob nicht die Herzogin, sondern eine große Volksmenge vor ihm gestanden hätte. Sein rundes Gesicht bricht in ein breites Lächeln aus und es breitet seine Arme aus.» Cynthia Asquith hielt das offenbar für berichtenswert, und die Mutter ließ es ihr in dem Manuskript durchgehen. Dabei sieht man hier sehr früh, wie in dem kleinen Geschöpf das Öffentliche und das Private bereits unauflöslich

Corgi and Bess: Die zehnjährige Prinzessin Elizabeth mit Hund
im Garten von 145 Picadilly, Juli 1936 (Foto: Lisa Sheridan)

verknüpft – oder verwirrt? – waren, was den Grund gelegt haben
muss zu der Scheu und der tastenden Vorsicht, die man der Queen
nachsagt. Sie war nie eine Schauspielerin wie ihre temperamentvol-
lere Schwester oder auch die Mutter, die einen ausgeprägten Sinn
für Theatralik besaß. Alles war und ist für sie eine ernste Performance mit verpflichtenden Regeln. Das musste man lernen und
über sich ergehen lassen, aber im Gegensatz zu ihrem Onkel David,
dem späteren Edward VIII., lehnte sie sich, wie wir noch sehen
werden, nicht dagegen auf.

Die theatralische Bowes-Lyon, Herzogin von York, spätere Queen Elizabeth, dann Queen Mother: Vielleicht ist hier der richtige Punkt, einmal sie, die andere Elizabeth, näher in Augenschein zu nehmen. Sie konnte Royalty beschwingter angehen als später die Queen, ihre Tochter, waren die Voraussetzungen doch ganz andere. Erstens war sie nach 1936 nicht *queen regnant*, regierende Königin, was ihr, zweitens, erlaubte, als Gattin des stark gehemmten Monarchen nötige Lockerungsübungen zu vollführen, während George VI. zunächst auf seinem Podest verharren konnte. Das kam ihm bei seinen Problemen und einem entsprechend zurückhaltenden Temperament nur entgegen. Mit seiner Thronbesteigung wurde ein neuer Stern geboren, die schottische Queen, «Her Majesty», wie sie jetzt angeredet wurde. Sie war die Lebhafte, er der Schüchterne, sie der Impresario der königlichen Show, er schwebte darüber, ihre Stärke kompensierte für Georges Zerbrechlichkeit. Schon in den 30er Jahren war sie, wie wir sahen, der eigentliche Motor der Publicity-Kampagnen um ihre Kinder und die königliche Familie. Ein britischer Fernsehfilm aus dem Jahr 2000, dem Jahr ihres 100. Geburtstages, porträtierte sie als Zauberin, die es mit ihren Künsten diskreter Manipulation zu unerreichten Höhen gebracht habe.

In diesem Fach tat es Elizabeth Bowes-Lyon in der Tat niemand gleich. Sie, die im Jahr ihrer Hochzeit, 1923, ihr letztes und einziges Interview gegeben hatte, gab sich so, als ob jedermann sie kennen müsste; dabei hielt sie sich hinter dem Gleichklang ihrer Gesten, ihrer Hüte und später ihrer Gin Tonics oder Dubonnets geschickt versteckt. Unvergessen das Gedicht «Picture This» («Mal dir das aus»), das der Hofdichter Andrew Motion zum 100. Geburtstag der Queen Mother im Jahr 2000 zu Papier brachte, zehn Strophen lang, darunter diese, die neunte, in der sich der Autor seine Version der royalen Beständigkeit vor Augen führte:

«Alles beim Alten, auf den ersten Blick: Balkone, / das offene Lächeln, das Winken der Hand, die Gartenpartys, / und die Hüte, die Hüte, die Hüte, alles Bilder / in unseren Alben oder unseren Köpfen, daneben diese: / die Fotos, die noch keiner von Euch aufnahm, / die Großmutter-Beichtmutter-Freundin, die Trauernde / um Scheidungen und all das, der weltgewandte Blick / auf eine Welt, der gegenüber Ihr keine Wandlung je zur Schau stellt / auf den ersten Blick: Balkone, das offene Winken der Hand, / das Lächeln, die Hüte, die Hüte, die Hüte.»

Der Hintergrund war der Tummelplatz dieser Frau, die ihre erzreaktionären Vorurteile hinter vielschichtigen Schleiern und ihrem ununterbrochenen Lächeln zu verbergen verstand. Das Spiel aus der zweiten Reihe, die raffinierte Inszenierung war ihr Metier. Dazu fand sie in Cecil Beaton, dem Fotografen, der vor dem Krieg am Anfang seiner Karriere stand, einen willigen Helfer. Beaton war ihr 1939 empfohlen worden, nachdem er eine erfolgreiche Fotostrecke ihres Schwagers, des Herzogs von Kent, und seiner griechischen Gemahlin vorgelegt hatte. Der Fotograf war ein Mythenmacher, bei seinen Modellen interessierte ihn mehr das Image als das Abbild, die Wirkung mehr als die realistische Ähnlichkeit. Was er zur Wiederbelebung der britischen Monarchie nach der Abdankungskrise 1936 beitrug, war einzigartig in seiner visuellen Kraft. Beatons Weltruhm nahm mit seinen Fotos der Königsfamilie den Anfang.

Er traf sich mit Königin Elizabeth auch darin, dass beide ein Faible für die malerische Welt versunkener Jahrhunderte besaßen, und aus diesem Fundus schöpfte der Fotograf seine Ideen. Den zurückgetretenen König Edward VIII., nun Herzog von Windsor, hatte er bei dessen Hochzeit mit Wallis Simpson im Juni 1937 ganz so dargestellt, wie die beiden sich sahen: modernistische Gestalten mit einem Touch Art Deco, ganz Chromsilber und strenge Formen, die Herzogin von Windsor im Kostüm, ihr Mann im erstklassigen Straßenanzug. So wollten Beaton und die neue Königin es in ihrem Fall ganz und gar nicht. Als Ausstattung wählte er bodenlange Träume für die eher klein geratene Königin, eine Tiara auf dem Kopf, vor dem Hintergrund von Prachtinterieurs im Buckingham Palast, in die natürliches Licht wie überirdisch hineinflutete.

Gerne setzte Beaton sein Modell vor Ausschnitte von Naturgemälden aus dem 18. Jahrhundert, darunter Jean-Honoré Fragonards Gemälde «Die Schaukel» (1766), das Idealbild schlechthin für die Naturverspieltheit des Rokoko und seine stereotype Heiterkeit. Vor

dieser üppig wallenden Reproduktion aus Blumen und Sommer-
licht platzierte der Fotograf die lächelnde Königin, die der Hofde-
signer Norman Hartnell, komplementär zum Hintergrund, in ein
Krinolinenfest aus Chiffon getaucht hatte. Hier trafen sich Kunst
und Propaganda zur Projektion einer magischen Welt, mit Elizabeth, der Königin, als der Trägerin eines Traums von Royalty. In der
Ikonografie der britischen Monarchie im 20. Jahrhundert galt zu
diesem Zeitpunkt, nach der Erschütterung von 1936, genau dies als
das ersehnte Image an der Spitze des Staates. 1940 brach es grausam
auseinander, als George VI. und seine Frau die zerbombten Quar-
tiere im Osten Londons besuchten und ein anderes Image in den
Vordergrund trat: das der besorgten Eltern einer kriegsbedrohten
Nation. Der Beaton-Touch trat nach dem Krieg noch einmal in
seine Rechte, als der Fotograf 1953 den Zuschlag erhielt für die offizielle Ablichtung der Krönung von Elizabeth II., als Mittelalter
und Moderne zusammenflossen zu einem visuellen Traum.

※

Marion Crawford oder Crawfie, wie die Kinder und mit ihnen die
Familie sie nannten, kam Anfang 1933 in den Haushalt der Yorks.
Sie war selber eine Schottin – im Norden der Insel suchte man
schon immer gerne jenes Material, aus dem gute Gouvernanten, ob
nur Nannys oder auch Erzieherinnen, gemacht sind. Sie hatte in
Edinburgh erste Kenntnisse in «Behavioural Science», in Kinder-
psychologie, erworben, wollte später mit Kindern aus benachteilig-
ten Familien arbeiten und schloss ihr *Training College* mit einem
Diplom ab. In den Sommerferien hatte sie sich als Gouvernante für
die Kinder Lord Elgins verdingt, eines entfernten Verwandten der
Strathmores. So wurde sie, noch nicht 24-jährig, den Yorks in London empfohlen, als Elizabeth ins Schulalter gekommen war. Aus
der Probeanstellung von einem Jahr wurden fünfzehn Jahre treues-
ter Dienstleistung, die erst nach Elizabeths Hochzeit und der Geburt von Prinz Charles zu Ende gingen. Niemand hat für die he-
ranwachsende Elizabeth eine solche Rolle gespielt wie Crawfie;
man muss sie dem Einfluss der Eltern gleichstellen.

Aber die engen Beziehungen der Royals zu Marion Crawford brachen abrupt ab, als die Erzieherin 1950 das Buch mit dem Titel «The Little Princesses» herausbrachte, für das sie nicht die Erlaubnis der Yorks und des Hofes besaß. In dem Buch wurden die langen Jahre ihrer Tätigkeit in der königlichen Familie ausgebreitet, mit großer Liebe und Anhänglichkeit erzählt, aber nicht ohne eine Portion unabhängigen Urteils. Es war der erste Casus eines nicht autorisierten Erinnerungsbuches aus der Feder eines königlichen Angestellten, ein Genre, von dem es in den 80er und 90er Jahren viele Beispiele geben sollte, vor allem aus dem Umkreis von Charles und Diana. «Doing a Crawfie» – eine Crawfie machen, wurde zum geflügelten Wort für solche Indiskretionen.

Es war das Pech der Schottin, dass sie am Anfang dieser Entwicklung stand, und als Erstling ereilte sie das Schicksal einer besonders harten Bestrafung: Sie wurde über Nacht aus den Annalen des Königshauses ausgemerzt, eine klassische Säuberung; niemand sprach mehr mit ihr, ihren Namen in Gegenwart der Royals auch nur zu erwähnen, galt als Majestätsbeleidigung. Sie verlor ihr Häuschen in Kensington Gardens, das ihr der Hof als Gunstbeweis bereitgestellt hatte, und musste sich nach Schottland zurückziehen, wo sie als verheiratete Mrs. Buthlay sich noch einige Jahre mit Büchern wie «Queen Mary» oder «Queen Elizabeth II.» einen Namen machen konnte. Doch nach dem frühen Tod ihres Mannes verfiel sie in Einsamkeit und Depressionen und wurde einmal nach einem Selbstmordversuch nur knapp gerettet. Sie starb im Februar 1988, mit 79 Jahren.

An ihrem Haus in Aberdeen fuhren die königlichen Limousinen auf dem Weg nach Schloss Balmoral regelmäßig vorbei, aber keine hielt jemals an – es war, als habe es eine Marion Crawford nie gegeben. «Diese Schlange», zischte Elizabeths Schwester Margaret, als ihr Name doch einmal fiel. Dabei hatte Crawfie ihre wertvollen Memorabilia aus den Jugendjahren der Prinzessinnen – Fotos, Briefe, Aufzeichnungen und frühe Malversuche –, statt sie zu klingender Münze zu machen, testamentarisch der Queen überlassen und sie damit für das königliche Archiv in Schloss Windsor gerettet. Eine großzügige Geste. Es wird heute auch in Hofkreisen anerkannt, wie in allen Biografien der Queen nachzulesen ist, dass die gnadenlose Behandlung von Marion Crawford durch ihre Arbeitgeber und ehemaligen Vertrauten durch nichts zu rechtfertigen war. Mit ähnlich kalter Abweisung wurde nur Wallis, die Herzogin von Windsor, behandelt. Aber deren Platz in der königlichen Geschichte war schließlich von größerer Signifikanz als das harmlose Buch-Elaborat «The Little Princesses» der schottischen Gouvernante. Doch hatte sie ein königliches Diktat verletzt, das Verbot jeder Veröffentlichung, die nicht von Elizabeths Eltern kontrolliert und sanktioniert war. Das reichte, um sie in den äußersten Kreis der Finsternis zu verbannen.

Sagten wir «harmlos»? Das war das Buch dann wohl doch nicht. Gewiss, auch bei Crawfie finden wir alle diese liebenswürdigen Gesten der Verbeugung vor königlicher Aura, dieses von Goldblatt verzierte Reden über die kleinen Berühmtheiten in ihrer Obhut. Selbst Hitler ist ja in der Literatur mit einer niedlichen Äußerung über die zehnjährige Elizabeth vertreten: «England kann glücklich sein, die kleine Prinzessin zu haben, ein fabelhaftes Kind.» Den Beleg verdanken wir Diana Mosley, geborene Mitford, die 1936 in der Berliner Wohnung von Joseph Goebbels den Anführer der englischen Faschisten geheiratet hatte, Oswald Mosley, weil in London der Boden für das den Nazis allzu eng verbundene Paar zu heiß geworden war; Hitler fungierte als Trauzeuge. Seinen Ausspruch finden wir in Diana Mosleys 1980 erschienener Biografie der Herzogin von Windsor, ihrer engen Freundin aus langen gemeinsamen Pariser Jahren.

Die meisten Lebensbeschreibungen der Queen tun Crawfies Buch als freundliches Elaborat ab und übersehen dabei, welche Einblicke es uns in bestimmte Aspekte der Sozialgeschichte Englands in den 30er und 40er Jahren schenkt. Auch was die Gouvernante, obgleich immer liebenswürdig, an manchen Plänen der Yorks für ihre Töchter auszusetzen hatte, ist unschätzbar als Begleitkommentar zum Werden der heutigen Queen. Man kann schon nachvollziehen, dass die Eltern empört waren über Spuren der Unbotmäßigkeit bei der eigenwilligen Schottin. Wer darf sich unterstehen, ein Urteil zu formulieren wie «Der Herzog und die Herzogin von York waren nicht übermäßig besorgt um die höhere Erziehung ihrer Töchter»? Um dann leicht herablassend fortzufahren: «Wichtig war ihnen eine glückliche Kindheit, mit einer Menge angenehmer Erinnerungen für kommende Tage, und später dann eine glückliche Heirat.» Solches gab es in den offiziell sanktionierten Büchern nicht zu lesen. Das war es, was die Familie gegen Crawfie aufbrachte, nicht die 21 geringfügigen Ungenauigkeiten, die man dem Buch anzuhängen versuchte.

Miss Crawford hatte sich der noch nicht ganz siebenjährigen Lilibet in der Royal Lodge vorgestellt, dem Landsitz der Yorks im Windsor Great Park, in einer Szene, die klassisch geworden ist. Elizabeth sitzt im Bett, kommandiert imaginäre Pferde, Zügel fest in der Hand. Auf die Frage der neuen Nanny, ob sie im Bett üblicherweise so herumfahre, antwortet das Mädchen: «Ich drehe meistens eine oder zwei Runden im Park, ehe ich schlafen gehe, weißt du. Die Pferde müssen bewegt werden.» Eines der beliebtesten Spiele der Prinzessin mit ihrer Erzieherin wurde dann auf Jahre hinaus, Crawfie Geschirr anzulegen und sie mit roten Zügeln, mit Glöckchen behangen, zu fiktiven Häusern zu dirigieren, um dort fiktives Gemüse vorbeizubringen, «wobei sie ausführliche Gespräche führte mit ihren imaginären Kunden».

Einprägsam berichtet Marion Crawford über die Leidenschaft der späteren Königin für Ordnung und Prozedur – William Shawcross spricht in seinem Buch «Queen and Country» von 2002 sogar vom «Fetisch Ordnung». Der bringt die Prinzessin dazu, «mehrmals in der Nacht aufzustehen und nachzuschauen, ob ihre Kleider auch säuberlich weggelegt, die Schuhe ordentlich aufgestellt sind». Ein gnadenloses Regime wie ihr Vater von seinem Vater, George V., – man erinnere sich an die einschlägigen Szenen in «The King's Speech» – hatte Elizabeth zwar nicht zu erdulden, im Gegenteil, denn der Herzog von York ging mit seinen Töchtern liebevoll um. Freilich, während er Margaret manche Tollheit nachsah, pflanzte er der Älteren früh den ernsten Sinn für Verantwortung ein, die er als George VI. dann exemplarisch vorlebte. Doch es waren die Spuren

von Alla und Bobo, die Marion Crawford, das neue Kindermädchen, vorfand, Disziplin auf allen Wegen, aber von Elizabeth entsprechend einer ihr innewohnenden Veranlagung befolgt. Es zeigte
sich an kleinen Details – an der Art, wie sie ihre Kleider abends
weglegte oder auch wie sie und ihre Schwester sich beim Naschen
von Kandiszucker verhielten. «Margaret nahm alles in die Hand
und stopfte es sich auf einmal in den Mund. Lilibet sortierte die
Stücke sorgfältig vor sich auf dem Tisch, trennte die kleinen von
den großen, um sie dann sehr anmutig und methodisch aufzuessen.»

Ernster wird es bei Crawford, wenn sie über die abgeschirmte
Lebensweise der Prinzessinnen schreibt und über ihre eigene Entschlossenheit, den Horizont ihrer Schützlinge zu erweitern und sie
mit der Welt außerhalb der isolierenden Mauern ihrer Herkunft in
Kontakt zu bringen. Bei Spaziergängen im Hyde Park, wenn sie
Glück haben und nicht erkannt werden, sind es vor allem «andere
Kinder, die eine enorme Faszination ausüben, wie mystische Wesen aus einer anderen Welt. Die beiden kleinen Mädchen lächeln
die, deren Aussehen ihnen gefällt, immer scheu an.» Dann fährt sie
fort: «Sie hätten so gerne mit ihnen gesprochen und Freundschaft
geschlossen, aber dazu wurden sie [von den Eltern] nie angehalten.
Wie schade, habe ich oft gedacht. Die holländischen und belgi-
schen Königskinder können wie selbstverständlich in den Straßen
ihrer Länder spazieren gehen.»

Die liebe Crawfie. England war und ist in monarchischen Dingen weder Holland oder Belgien noch wie andere radelnde Königs-
familien. Als man der Queen am Abend des 31. Januar 1980 zusteckte, die holländische Monarchin Juliana habe soeben am Fernsehen
mitgeteilt, sie wolle zum 30. April zugunsten ihrer Tochter Beatrix
abdanken, gab Elizabeth Berichten zufolge knapp zur Antwort:
«Typisch holländisch.» Eine leicht ungnädige Bemerkung, die Äp-
fel mit Birnen vergleicht. Die britische konstitutionelle Monarchie
betrachtet – das hatte die Erfahrung mit Edward VIII. bekräftigt
– Abdankungen als den größten anzunehmenden Unfall, auch
wenn dieser Schritt so geordnet vonstatten geht wie im holländischen Fall die Übergabe des Zepters von der Mutter an die Tochter.

Fällt in England der Monarch durch Krankheit oder gar geistige Debilität aus, wie zeitweilig George III., dann wird der Nachfolger «Regent», aber nicht König – es kann keine zwei Monarchen gleichzeitig geben. Das wird von denen immer übersehen, die so angelegentlich fragen, warum die 85-jährige Queen die Geschäfte nicht schon jetzt an Charles oder, besser noch, an dessen Erstgeborenen, William, abgibt. Die Queen kann dergleichen gar nicht verfügen, das verbieten die souveränen Rechte des Parlaments, und dieses wird kein Gesetz erlassen, das eine Abdankung des Staatsoberhauptes möglich macht. Auch das Commonwealth, das in solchen Fragen Mitspracherecht hat, wird es nicht tun. Wie der Papst in Rom muss der britische Monarch in den Sielen sterben. Im Übrigen fehlt in der Windsor-Tradition ein wichtiges Element: Bürgernähe, wie sie in den übrigen europäischen Königshäusern gepflegt wird. Das dürfte sich wahrscheinlich erst unter einem König William V. und seiner Königin Catherine ändern.

Bürgernähe? Es fiel Marion Crawford schon schwer genug, bei den Eltern auch nur den Wunsch der Kinder durchzusetzen, einmal in Londons Underground zu fahren. Eine Detektivin wurde diskret abgestellt für die Gruppe, aber die Prozeduren «hätten jemanden glauben machen können, wir begäben uns auf eine Expedition zu den prächtigen Kuppeln des Kubla Khan und nicht auf eine Fahrt in der Londoner U-Bahn». Die Mädchen kauften ihre eigenen Tickets – «das ganze Unternehmen war feierlich wie eine Investitur».

Unterricht fand in neun Vormittagsstunden pro Woche statt, der Nachmittag stand Spielen zur Verfügung, auch Nadelarbeiten oder dem unverzichtbaren *outdoors* – Reiten im Windsor Great Park, Gartenarbeit, Bauen und Basteln, dem Ausgehen mit den Hunden, Ausflügen, später Tanzunterricht. Elizabeth wurde nach den Usancen der edwardianischen Ära zu Anfang des 20. Jahrhunderts erzogen – eine perfekte Lady sollte herauskommen, nach Art der Tausenden von Debütantinnen aus den Kreisen der Aristokratie und der High Society, die jährlich bei Erreichen ihrer Volljährigkeit bei

Hof vorgeführt wurden und von da an nur noch nach einer Qualität beurteilt wurden: ihrer Heiratsfähigkeit. Crawfie in ihrer Ehrlichkeit hatte ja beschrieben, was den Yorks wichtig war: «eine glückliche Kindheit, mit einer Menge angenehmer Erinnerungen für kommende Tage, und später dann eine glückliche Heirat.»

Als Erziehungsideal war das in den 30er Jahren mindestens um zwei Generationen überholt, wie der Historiker Robert Lacey 2002 in seiner überarbeiteten Biografie ohne Umschweife feststellt – auch wenn niemand etwas gegen «eine glückliche Kindheit» hätte einwenden wollen. Eine praktische, keine intellektuelle Prinzessin war das Ziel, gemäß der traditionellen Aversion des Königshauses gegenüber allem Intellektuellen. Bloß keinen Blaustrumpf! In der Tat beruhte die Wirkung, die Elizabeth schon als Jugendliche auf ihre Generation ausübte, vor allem auf dieser Vermeidung jeglicher intellektueller Ambition: Es kam darauf an, die Monarchie populär zu erhalten unter allen Schichten, vor allem – und das fällt in der Geschichte des britischen Königshauses immer wieder auf – bei den einfachen Menschen, bei der Arbeiterklasse. Dort stand das praktische Ideal allemal über dem intellektuellen. Schon Bagehot hatte von der Krone verlangt, dass sie «die Loyalität des Arbeiters in Somerset nicht verliert». Auch ein berühmter Autor wie Rudyard Kipling, der 1897, im Jahr des diamantenen Thronjubiläums von Königin Victoria, das Empire bedroht sah durch die Hybris des Establishments, setzte seine ganze Hoffnung auf den gemeinen Mann: «Die Leute in der dritten Eisenbahnklasse – die werden uns retten.» Ein George Orwell glaubte, wie er in seinem Essay «The English People» schrieb, im Jubel um das Silberjubiläum von George V. 1935 «das Wiedererwachen einer Idee, die so alt ist wie die Geschichte selber», entdeckt zu haben: «dass der König und das einfache Volk sich in einer Art Bündnis befinden gegen die oberen Klassen». Orwell meinte damit auch die gebildeten Schichten, traditionell die Klasse, in der gerne herablassend über die Queen und die Monarchie gesprochen wird.

Auf die denkbar liebenswürdigste Weise persiflierte Alan Bennett in seiner fantasievollen Novelle «The Uncommon Reader» von 2007 die bekannte Aversion der Queen gegenüber Büchern, sofern

Elizabeth mit Margaret und den Eltern vor dem Miniaturhaus
«Y Bwthyn Bach» («das kleine Haus»), einem Geschenk der Waliser
an die königliche Familie, im Rose Garden der Royal Lodge,
Windsor Great Park, Juni 1936 (Foto: ILN)

diese nicht mit Pferden und Pferdezucht zu tun haben. In letzterem
Ressort ist sie eine weltweit anerkannte Expertin, für literarische
Werke dagegen hat sie nie die Nähe, das Interesse oder die Muße
gefunden. Bennett, der diese Situation in einer Art Fantasmagorie
umkehrt und aus Elizabeth eine «souveräne Leserin» macht (so die
deutsche Übersetzung des Titels), impliziert ganz leise auch die
latente Arroganz der Intelligenzia, die sich gerne daran reibt, dass
die Monarchin nicht so ist, wie die gebildeten Schichten sie gerne
hätten.

Schule, etwa ein Internat für höhere Töchter, kam für die Prinzessinnen nicht in Frage, und als es doch einmal erwogen wurde, lehnte George VI. das Ansinnen ab, angeblich, weil man sich unter den möglichen Adressen für keine entscheiden konnte, ohne dass die nicht ausgewählten Internate sich zurückgesetzt gefühlt hätten. Margaret beschwerte sich später oft, manchmal bewusst in Hörweite ihrer Mutter, wie dürftig sie und Elizabeth doch erzogen worden waren, «stimuliert von nicht mehr als Crawfie, Corgies und Ausritten im Windsor Great Park».

Immerhin gab sich die Erzieherin, selber keine Pädagogin mit Kompetenz in bestimmten Fächern, die größte Mühe, Allgemeinbildung zu vermitteln. Auf dem Lehrplan standen Englisch, Literatur, von den Kinderbuch-Klassikern angefangen, Geografie, Bibelkunde und Geschichte – bei Geschichte schaltete sich gerne die Großmutter Queen Mary ein, der es vor allem um die Geschichte des Empire ging, in der sie, die nach Britannien konvertierte Deutsche, eine geborene von Teck, sich vorzüglich auskannte. Die Großmutter hatte Elizabeth schon zu deren viertem Geburtstag einen Baukasten mit Hölzern aus allen zum damaligen Empire gehörenden Ländern geschickt – ein erster Kontakt der späteren Queen mit einer ihrer großen Lebensaufgaben.

Als nach der Krönung Georges VI. im Juni 1937 eine nur auf *ladylike* abgestellte Erziehung, unterfüttert mit ein wenig Allgemeinbildung und abgestellt aufs Praktische, doch nicht mehr ausreichend erschien, erweiterte man die pädagogische Palette: Kunstbetrachtungen anhand der Schätze aus den königlichen Sammlungen kamen hinzu, auch Unterricht in Französisch, wofür eine eigene Lehrerin angestellt wurde, die Vicomtesse de Bellaigue. Diese wurde allmählich zur geschätzten Freundin der Heranwachsenden, die mit dem Französischen schnell vorankam; die Queen beherrscht es fließend. Im Sommer 1939, beim Besuch des französischen Präsidenten in London, war Elizabeth bereits in der Lage, eine öffentliche Grußbotschaft in fehlerfreiem Französisch vorzutragen. «Elizabeth besaß einen Instinkt für das Richtige», sagte die Vicomtesse später von ihrer Schülerin, «sie war immer sie selbst, *très naturelle*, aber im Muster ihres Charakters war strenges Pflichtbewusst-

sein mit *joie de vivre* gemischt». Von letzterer, von der Lebensfreu-
de, erfuhr und erfährt die Öffentlichkeit allerdings weniger, weil sie
sich meist hinter verschlossenen Türen abspielt. Zu besichtigen war
immer nur Pflicht, Pflicht und noch einmal Pflicht. Schon 1940
hatte Frances Towers in «The Two Princesses» über die Vierzehnjährige angemerkt, man könne «in dem gewinnenden Lächeln dieses ernsten kleinen Gesichts jene geniale Begabung für die Pflicht
erkennen, die einen sehr gewöhnlichen Mann, der George V. [Eliza-
beths Großvater] war, zu einem großen König machte.» Pflicht –
eine Tugend mit Kehrseiten, von denen in diesem Buch noch viel
die Rede sein wird.

Der 21. April 1939, Elizabeths 13. Geburtstag, wird ein wichtiges
Datum für den Teenager: Es beginnen Verfassungslektionen bei
Henry Marten, dem stellvertretenden Provost von Eton College,
Schloss Windsor gegenüber gelegen auf der anderen Seite der
Themse. Elizabeth soll begreifen, «dass die Figuren der Geschichte
selber einmal Menschen waren wie wir», und sich auf die Verfas-
sungswirklichkeit ihres Landes einstellen lernen. Kein Parcours ist
für eine künftige Königin wichtiger als dieser, die Verwurzelung in
der Geschichte gehört zum Grundrüstzeug des Staatsoberhauptes.
Sir Henry betont, dass die britische Monarchie an Alter nur vom
Papsttum übertroffen werde und dass sie ihr Überleben der Fähigkeit verdanke, «sich auf Veränderungen einzustellen». Er wird
schnell konkret: Die zwei wichtigsten Zäsuren, so legt er dar, von
denen die britische Monarchie in der Moderne betroffen wurde,
waren das «Statut von Westminster» von 1931 sowie die Ankunft
des Radios. Ersteres definierte auf der Grundlage der Freiwillig-
keit die Treue zur Krone als das gültige Bindeglied zwischen dem
Königreich und den Dominien. Das Radio erlaubte es der königlichen Familie, diese Bindung aufrechtzuerhalten, wie George V.
bereits 1932 mit seiner ersten Weihnachtsansprache übers Radio
an Großbritannien und die Völker des Empire erfolgreich getestet
hatte.

Das alles sind tief schneidende, sehr aktuelle Erkenntnisse, die Sir Henry Marten da vorträgt und die bis dahin noch in keinem Lehrbuch der Verfassung nachzulesen waren. Tatsächlich ist die Spur Elizabeths an nichts so gut abzulesen wie an ihren jährlichen Weihnachtsansprachen, wo sie reden kann, ohne dass ihr die Regierung die Worte, wie sonst immer, diktiert. Denn sie darf ja keine eigenen Gedanken vortragen, wenn sie offiziell auftritt, sondern spricht immer nur nach vorherigem *advice*, dem Rat ihrer Regierung und deren Minister, die ihre Texte vorformulieren, ob bei den Reden auf Staatsempfängen zu Hause oder als Gast im Ausland oder bei der *Queen's Speech*, der jährlichen Regierungserklärung im Parlament. Die Weihnachtsbotschaft und die davon separate *Commonwealth Message* in jedem Frühjahr sind die beiden großen Ausnahmen – offenbar traut man der Monarchin bei diesen Anlässen zu, sich nicht politisch zu exponieren und Worte zu finden, mit denen die Regierung ohne vorherige Benachrichtigung leben kann. Elizabeth II. hat in dieser Hinsicht nie enttäuscht – einer Ausnahme werden wir in dem Kapitel über die Queen und Margaret Thatcher begegnen –, nimmt sie doch diese seltene Freiheit immer nur als Gelegenheit, über Werte zu sprechen, die ihr wichtig erscheinen. Verstärkt ist dabei in den letzten Jahren auch ihre christliche Verankerung zum Thema geworden.

Für seinen Unterricht über die Verfassung verwendete Sir Henry als Textbuch «Anson's Law and Custom of the Constitution» von 1886–1892, in vier Bänden. Das Exemplar, das die Prinzessin benutzt und mit Bleistiftmarkierungen versehen hat, steht noch heute in der Bibliothek des Internats von Eton. Für den dreizehnjährigen Teenager ist alles, was der Autor über das Parlament schreibt, von besonderem Interesse. Unterstrichen hat sie Sätze wie «Das Parlament hat die Macht, jede Veränderung herbeizuführen, die es wünscht, keine Parlamentsperiode kann ihre Nachfolger unwiderruflich binden». Die Zeiten, als Monarchen Parlamente noch auflösen konnten, waren «die Tage vor einer verantwortlichen Regierung». Wieder ein dicker Elizabeth-Strich unter dem Wörtchen «vor». Der Provost von Eton gab ihr Aufsätze zu verfassen auf, in denen sie das Gelernte zu verarbeiten hatte.

Die künftige Queen wurde mithin auch ohne formale Schulung auf ihre Rolle als erste Dienerin des Staates sorgfältig vorbereitet; eine fleißige Leserin der *red boxes* kündigte sich an, jener Schatullen voll mit Papieren, die dem Monarchen jeden Abend aus Parlament und Regierung zur Begutachtung zugeschickt werden. Noch nie in der Geschichte hat ein britisches Staatsoberhaupt so viele Dokumente gelesen und pflichtbewusst markiert wie die heutige Queen. Der Vater wurde auch darin ihr Vorbild – das Bild eines hart arbeitenden konstitutionellen Monarchen, die Personifizierung dessen, was Sir Henry ihr in der Theorie als Ideal vor Augen gestellt hatte. Gelegentlich, während der Gelehrte sprach, zupfte der zahme Rabe, den er sich hielt, an seinem Ohr. Was muss im Ohr der jungen Elizabeth geklungen haben im Verlaufe der Lektionen? Eine drohende Botschaft? Ein Zuviel an Verantwortung? Ein Erschrecken vor dem, was auf sie zukam? Ein leises, schmerzhaftes Aufbegehren? Das verzeichnet die Chronik nicht einmal am 6. Februar 1952, als Prinzessin Elizabeth, die Herzogin von Edinburgh, in Kenia vom plötzlichen Tod ihres Vaters erfährt und in dem Moment weiß, was die Stunde geschlagen hat. «Sie war immer sie selbst, *très naturelle*» – das heißt: unerschütterlich beherrscht.

Und ausgestattet mit der *stiff upper lip* ihrer Generation, «in sie eingepflanzt von Geburt an», wie Patricia Gräfin Mountbatten, eine Cousine von Prinz Philip, es formuliert hat. Patricia gehörte wie Elizabeth und Margaret zur «1. Buckingham Palace Girl Guide Company», die 1937 auf Initiative von Crawfie gegründet worden war und in der Kinder der erweiterten königlichen Familie und des Hofstaates zusammen kamen, sich im riesigen Park des Buckingham Palastes ein Obdach zimmerten und anderen Freizeitaktivitäten nachhingen. Leider nur bis 1939, als der Krieg dem allen ein Ende bereitete. «Sie war sich immer sehr bewusst, wie wichtig es war, welche Figur sie in der Öffentlichkeit machte», berichtete die Gräfin und bestätigte damit die frühe Gewöhnung des Kindes an öffentliche Rituale. «So durfte sie nicht in Tränen ausbrechen. Wenn sie sich bei unseren Spielen am Knie verletzte, wusste sie: Ich muss versuchen, nicht zu weinen.»

Eine Goldfischexistenz, Einübung in Selbstgenügsamkeit, mit langen, nachdenklichen Blicken in die fremde Welt draußen, die sie von einem Hügel im Park von Buck House, wie der Volksmund den Buckingham Palast nennt, oder von den Fenstern desselben aus verfolgen konnte. Viel später, 1954, als sie Pietro Annigoni Modell saß für eines der berühmtesten Porträts ihrer ersten Jahre als Königin, verriet sie dem italienischen Maler, dass sie als Kind oft stundenlang aus dem Fenster des Buckingham Palastes geblickt habe, die Mall hinunter in Richtung Admiralty Arch. «Ich liebte es, den Menschen und den Autos in der Mall zuzuschauen», bekannte sie. «Sie schienen alle so beschäftigt. Ich fragte mich immer, was sie wohl taten und wohin sie wohl gingen, und was sie da draußen denken mochten über den Palast.» Ein Zitat mit einem Hauch von Melancholie, aus dem Mund einer in ihrer Aufgabe isolierten Persönlichkeit, die sich dennoch nie gegen ihr Lebenslos aufgelehnt hat.

Die junge Elizabeth stellte so etwas wie das Charakterideal ihres Jahrgangs dar, das der Historiker Ben Pimlott so beschreibt: «Einfach, warmherzig, hart arbeitend, akkurat, wohlerzogen-kultiviert, humorvoll, und vor allem freundlich. Kurzum: eine typische Tochter Großbritanniens ihrer Zeit.» Hinzu kam ein sicherer Instinkt für das Konforme, das, was ihre Französischlehrerin ihren «Sinn für das Richtige» nannte. Statt sich von dem Kult um ihre Person anstecken zu lassen, schüttelte sie ihn ab, indem sie in die Umstände ihrer Pflichten hineinwuchs, alles, was sie nicht ändern konnte, auf sich beruhen ließ und strikt erfüllte, was von ihr erwartet wurde. Als größten Akt der Rebellion registrierte Crawfie in ihrem Buch, wie Elizabeth einmal, gelangweilt in einer Französischstunde, sich das Tintenfass auf dem Kopf ausschüttete. Immerhin.

Umso überraschender, dass dieses so fügsame Mädchen 1939 einem Menschen begegnen wird, der die Dreizehnjährige im Handumdrehen erobert und an dem sie allen Widerständen zum Trotz festhält bis zum Happy End: der Hochzeit. Aber wir wollen der Erzählung nicht zu weit vorgreifen.

III

1936: König Edward VIII.
dankt ab – ein Lehrjahr für die Monarchie
und die spätere Queen

«Wird sie Königin werden?»
«Ja, und Kaiserin von Indien, die ganze Chose.»
Edward VIII. am 20. November 1936 im Gespräch
mit seinem jüngeren Bruder, dem Herzog von Kent,
dem er gerade eröffnet hatte, Wallis Simpson heiraten zu wollen

«Ich weiß, es ist nichts Königliches an mir,
ich habe versucht, mich unter die Menschen zu mischen,
um ihnen das Gefühl zu geben, ich sei einer von ihnen.»
Edward VIII. zu Premierminister Stanley Baldwin,
16. November 1936

«In einer konstitutionellen Monarchie ist
das Parlament der Souverän des Königs.»
John Gunther, US-Schriftsteller,
in «Inside Europe», 1936

Eine Schule besuchte Elizabeth nie – eine Schulung von bleibender Relevanz dagegen hatten sie und die königliche Familie mit dem Jahr 1936 erhalten. Dafür muss man den Kontext der Zeitgeschichte aufrufen. Dunkle Schatten fallen auf Europa. Hitler besetzt das Rheinland, Mussolini fällt in Abessinien ein, in Moskau beginnen die stalinistischen Schauprozesse, Spanien stürzt in den Bürgerkrieg. Und Großbritannien in all dem die Insel der Seligen? Nein, unter den spanischen republikanischen Brigaden kämpfen auch führende britische Intellektuelle, deren Bücher und Berichte die Öffentlichkeit aufwühlen. Doch das Land steuert auf eine gänzlich andere Krise zu, auf ein Drama um seine Verfassung – den Rücktritt des Königs. Ein unerhörter Vorgang. Schockartig erfährt die junge Elizabeth im Dezember, was ihr kraft der Abdankung ihres Onkels blühen wird: der Thron, die Staatsführung. Nur noch die Lebenszeit des Vaters trennt sie nun von dieser Gewissheit. Die Bedeutung dieses Datums, des Dezember 1936, lässt sich gar nicht übertreiben, es wird wie kein anderes die spätere Königin prägen. Seine Geschichte sei hier deshalb etwas ausführlicher erzählt, auch wenn die eigentliche Hauptperson unserer Biografie dabei kurzzeitig etwas in den Hintergrund tritt.

Was konnte eine zehnjährige Prinzessin mitbekommen von der Unruhe, die um sie herum wie eine bedrohliche Flut anstieg? An direkter Instruktion erhielt sie nicht viel. Die Eltern waren geradezu skrupelhaft verschwiegen, alles wurde von der Ältesten und ihrer Schwester Margaret ferngehalten, was zeitgenössisch war und aktuelle Familienprobleme aufwarf. Ja, das Ehepaar besprach auch untereinander solche Dinge nur ungern. Diese Usance des Verschweigens hat ein Cousin von Elizabeth II., Lord Harewood, dem Historiker William Shawcross so erklärt: «Auch meine Eltern [Mary, die einzige Tochter von George V., und Henry Lascelles, 6. Earl of Harewood] fanden es schwer, in einem ernsten, persönlichen Ton mit uns zu sprechen. Auch während der Abdankungskrise steckte die Familie meiner Mutter alles sehr gerne weg. Es war eine Tradition, heikle Dinge nicht zu diskutieren. Aber das ging über unsere Familie hinaus, war ein allgemeiner Zug in der damaligen Gesellschaft, den man heute kaum mehr versteht.»

Eine große Künstlerin solcher jede Aussprache vermeidenden Diskretion war Elizabeths Mutter, die bereits beschriebene Queen Elizabeth, die sie 1936 wurde. Man nannte ihre Technik des freundlichen Ausweichens vor privaten Problemen passend *ostriching* – die Art des Vogels Strauß (englisch *ostrich*), den Kopf in den Sand zu stecken. Bertie, ihr Mann, unterlag ohnehin ganz der Idylle, die er «us four» nannte – «wir vier»: seine Frau, er selbst und die beiden Mädchen, familienfreundlich niedergelassen im Haus 145 Piccadilly, einem prächtigen Stadthaus nahe Hyde Park Corner, komplett mit Dienerschaft, Garten und unmittelbarem Zugang zu einem der größten Londoner Parks, dem Hyde Park; im kommenden Krieg würde eine Bombe der Luftwaffe das Anwesen vollständig zerstören. Der Großvater, George V., hatte in den Wintermonaten mit dem Fernglas vom Buckingham Palast aus über die Ausläufer von Green Park hinweg seine kleine «Lilibet» ausmachen können, wie sie ihm zuwinkte vom Balkon des elterlichen Hauses.

Im Atmosphärischen dagegen zog sich das Schicksal auch für die älteste Tochter der Yorks unabweisbar zusammen, und sei es nur in der Nervosität, die allenthalben zunahm, im zerfurchten Blick des Vaters und seinen immer häufigeren *gnashes* – ungezügelten Zornesausbrüchen, die der Herzog von seinem Vater geerbt hatte, seiner grundbiederen Veranlagung zum Trotz. George V. und Albert, genannt Bertie, teilten aber noch eine weitaus wichtigere Eigenart, wie sich zeigen sollte: Beide kamen sie als Zweitgeborene auf den Thron und waren eigentlich nicht vorgesehen gewesen für ihre Aufgabe. Statt des fünften George hätte 1910 beim Tod von Edward VII. Georges älterer Bruder Albert Victor («Eddy») antreten sollen, der Herzog von Clarence. Doch dieser war im Januar 1892 kurz nach seiner Verlobung an den Folgen einer Lungenentzündung gestorben, womit George als damaliger Herzog von York in der Thronfolge nachrückte. Von seinem verstorbenen Bruder erbte er dessen Verlobte gleich mit, die deutschstämmige Prinzessin Victoria Mary von Teck; sie heirateten 1893, nach gebührender Trauerfrist.

Von 1892 bis zur Amtsübernahme 1910 hatte der spätere George V. fast zwanzig Jahre Zeit, sich auf die Thronpflichten vorzubereiten, die ihm durch den Tod des Erstberechtigten zugefallen waren. Sein zweitältester Sohn dagegen, Elizabeths Vater, erfuhr erst wenige Tage vor der Abdankung Edwards VIII., seines Bruders, welche «unerträgliche Ehre», wie seine Frau es nannte, auf ihn abgewälzt werden würde. Bis kurz vor dem schicksalhaften 10. Dezember 1936 hatte der König seine Familie dem Zwischenreich von Hoffen und Verzagen überlassen, bis dahin hatte Bertie noch glauben können, der Kelch werde an ihm, dem schüchternen Stotterer und vollkommen Unvorbereiteten, vorbeigehen.

Für Elizabeth wurde das Jahr 1936 zum Negativbild für alles, was Monarchie nicht sein durfte; sie erlebte einen König, der seine persönliche Neigung über seine Verantwortung für das Land stellte, der wegen der Liebe zu der zweimal geschiedenen Amerikanerin Wallis Simpson den Thron preisgab. Es hatte Kriege, Kabalen und Königsmorde in der englischen Geschichte gegeben – eine Abdankung noch nie. Entsprechend groß war die Erschütterung, von der die Institution der Monarchie erfasst wurde. Gleichzeitig warf die Krise um Edward VIII. all die Fragen über die konstitutionelle Monarchie auf, die dem jungen Mädchen erst sein Tutor, Sir Henry Marten, beantworten würde: das Primat der Politik, die Unterordnung der Monarchie unter die Gesetze der Demokratie, die Vorbildfunktion der königlichen Familie und wie gefährlich dünn die Scheidewand werden kann zwischen jubelnder Zustimmung zur Erbmonarchie und potentieller Abkehr von ihr.

Hatte niemand eine Ahnung von dem Tief, das da im Laufe des Jahres 1936 in Großbritannien heraufzog? Doch, der Hof, die Mitarbeiter des Thronfolgers, auch die Spitzen der Politik. David, der Prinz von Wales, war ihnen längst als Kind seiner Zeit vertraut, unstet in seinen Launen und Überzeugungen, es sei denn der einen: dass die Monarchie um jeden Preis an die Moderne angepasst werden müsse. Ebenso er selber, als ein Prinz für die *roaring twenties*, die stürmischen 20er Jahre, zeitgenössisch, nicht nach rückwärts schauend, frei von erstickender Etikette. Mehrere Besuche an der Front während des Ersten Weltkrieges hatten dem 1894 Geborenen früh Gelegenheit gegeben, den einfachen Soldaten kennen zu lernen, was die Kluft schrumpfen ließ zwischen seiner herausgehobenen Position als Thronerbe und den *lower orders*, den unteren Schichten. Die Kriegsteilnehmer liebten ihn dafür, seine Popularität bezog aus solcher Zustimmung große Nahrung.

Aus dem Krieg hatte der Prinz obendrein eine pazifistische Grundeinstellung mitgebracht – auch dies eine Haltung, die ihn mit einer Mehrzahl seiner Landsleute verband. «Nie wieder Krieg!»,

war das überragende Gefühl der britischen Öffentlichkeit nach den
Verheerungen, die der erste große europäische Landkrieg zurück-
gelassen hatte. Dabei schwang zugleich viel Verständnis für das geschlagene Deutschland mit. Die Briten der Zwischenkriegszeit
machten es Hitler leicht: Ihre Sympathie für die in Versailles unfair
behandelten Deutschen, wie man es sah, konnte er voll für seine
Zwecke nutzen, die pazifistische Grundströmung erst recht. Um
jeden Militäretat gab es im Unterhaus lange Gefechte, die Tendenz
wies nach unten, zur Abrüstung.

Solche Strömungen bedeuteten aber nach Meinung des Hofes
nicht, dass sich ein Prinz von Wales irgendwie gemein machen dürfe mit dem Volk. Darüber führte Sir Frederick Ponsonby, der schon
Königin Victoria als Berater zur Seite gestanden hatte, im Jahr 1919
mit dem Thronfolger ein berühmtes Streitgespräch, von dem unter
anderen Philip Ziegler in seiner Studie «Crown & People» (1978)
berichtet. Sir Frederick argumentierte ganz im Sinne dessen, was
schon Walter Bagehot in seinem Hauptwerk von 1867, «The English
Constitution», klassisch vorformuliert hatte: dass nicht zu viel Tageslicht in das Geheimnis des Königtums eindringen dürfe. So
auch Ponsonby. «Die Monarchie muss immer ein Element des
Mysteriösen behalten», belehrte er seinen Gesprächspartner, «ein
Prinz darf sich nicht zu viel zeigen. Die Monarchie muss auf ihrem
Podest bleiben.» David widersprach: «Durch die gesellschaftlichen
Veränderungen, die der Krieg mit sich gebracht hat, besteht eine
der Hauptaufgaben des Prinzen von Wales darin, die Institution
Monarchie den Menschen näher zu bringen.»

Das Unglück war, dass bei diesem Bestreben ihm selber die Monarchie überhaupt nicht näher kam. Im Gegenteil. Der junge Mann
rang mit zunehmenden Jahren mit seiner Berufung zum Königtum
wie mit einem ungeliebten Erbe. Es ist daher nach allem, was wir
inzwischen wissen, was Tagebücher, Briefeditionen und Memoiren
ans Licht gebracht haben, zu einseitig zu sagen, die Politik habe
Edward VIII. 1936 vom Thron verstoßen, weil er von seiner Absicht,
Wallis Simpson zu heiraten, nicht lassen wollte: Diesen Thron hat
er früh selber als nicht besonders begehrenswert empfunden. In der
Schmach der Abdankung am 10. Dezember 1936 lag daher für ihn

auch fast so etwas wie Erlösung. Sein dandyhaftes Leben, sein erotisches Übersoll, auf Reisen und in der gehobenen Gesellschaft Londons ausgelebt, waren ja nicht nur Verbeugungen vor manchen Usancen der Zeit. Sie waren auch der lange Abschied von einer Zukunft, die ihm nicht zusagte, der er sich selber nicht gewachsen fühlte.

Entsprechend erschöpften und frustrierten ihn die Pflichten, in die sein Vater ihn nach 1918 einspannte, vor allem auf monatelangen Besuchen bei den Verbündeten, die England im Krieg unterstützt hatten und die bedankt sein wollten, darunter an erster Stelle die Dominien Australien, Neuseeland, Indien, Südafrika und Kanada. Schon 1919 ging es nach Kanada und in die USA, ein Jahr später nach Australien und Neuseeland, 1922 dann nach Indien, Pakistan und Japan – insgesamt sechzehn Reisen bis 1935. Die britische Krone, eine universale Monarchie, verlangt von dem Träger einen langen Atem und große Zähigkeit. Die heutige Queen hat in diesem Bereich an physischer Ausdauer schier Unmögliches geleistet.

Aus solchem Holz war ihr Onkel nicht geschnitzt. Die Monarchie den Menschen näher bringen – gewiss, aber da gab es doch einige recht unsympathische Spezies in Übersee zu besichtigen, die den Kronprinzen eher abstießen. Wir besitzen ein gutes Bild seiner Einstellungen aus der jahrelangen Korrespondenz zwischen ihm und seiner damaligen Geliebten, Freda Dudley Ward, verheiratet mit einem Abgeordneten der liberalen Partei. Ihr vertraute er sich in einer Unzahl von Briefen an, oft mehrere am Tag, vornehmlich auf seinen diversen Weltreisen zwischen 1919 und 1923 geschrieben. Den Prinzregenten von Japan, den späteren Kaiser Hirohito, bezeichnet er als «Preisaffen»; die indischen Bettler, die seinen Konvoi umringen, sind für ihn «der Abschaum des Ostens»; Japaner «vermehren sich wie Kaninchen», und australische Ureinwohner wirken auf ihn wie «die abstoßendste Form von Lebewesen, die ich jemals gesehen habe, ganz nahe bei den Affen.» Da fällt das Urteil über die Bewohner der britischen Mittelmeerinsel Malta noch glimpflich aus – «die schlimmstmöglichen Dagoes», das absolut pejorative Wort, das britische Arroganz damals für Südländer übrig hatte.

Die Welt, die dem gut aussehenden Prince Charming, einer Celebrity seiner Zeit, zujubelte, wusste von seinem latenten Rassismus nichts. Auch war sie nicht in der Lage, hinter seine lächelnde Fassade zu schauen und das tiefe Unwohlsein des Prinzen über seine königliche Rolle zu erfassen. Am 28. April 1920 schreibt er aus Neuseeland an Freda, seine «Fredie», in reißendem, fast interpunktionslosem Fluss:

«In was für einem hoffnungslosen Zustand die Welt sich doch derzeit befindet & jeden Tag sehne ich mich mehr & mehr danach diesen Job hinzuschmeißen & und von ihm befreit zu sein für Dich, meine Süße; je mehr ich über alles nachdenke desto sicherer bin ich dass tatsächlich (vielleicht oberflächlich betrachtet noch nicht bei den Briten) der Tag für Könige und Prinzen passé ist, Monarchien sind außer Mode obwohl ich weiß es klingt verdorben wenn ich so etwas sage & bolschewistisch.»

Mehrfach stöhnt er seiner Geliebten vor, wie leid er doch dieses ganze «princing» sei, das prinzliche Auftreten, diese Theaterrolle. Alles Zeremonielle, auch die Ehrenumzüge auf seinen Reisen, hält er für nichts als «royal stunts». «Was ich doch dafür gäbe», schreibt er am 5. August 1922, «diesen P of W [Prince of Wales] Job wegzuwerfen. Ich habe so die Nase voll davon, weißt Du, bin dafür überhaupt nicht geeignet.» Solche Empfindungen teilte der Thronerbe durchaus nicht nur mit Freda. In den Nachlasspapieren seines Privatsekretärs Sir Godfrey Thomas fand sich auch dieser erschütternde Brief des sich wie gefangen fühlenden 25-jährigen Königssohnes von Weihnachten 1919:

«Eine Art von hoffnungsloser Verlorenheit ist über mich gekommen, ich glaube, ich drehe durch, bin außer Stande, mich zusammenzunehmen. Himmel! wie ich meinen Job hasse und die Presse dazu, die ständig leere Erfolge aufplustert. Ich bin damit durch und sehne mich zu sterben. Um Himmels willen, kein Wort davon auch nur an eine Seele! Niemand darf wissen, wie ich über mein Leben denke und alles. Wahrscheinlich glaubst Du nach dem hier Geschriebenen, dass ich sowie schon in die Klapsmühle gehöre. Ich komme mir vor wie ein verdammter kleiner Scheißer» – «a bloody little shit». Und erneut, im April 1927: «I'm a misfit.» Sohn seines Vaters, Georges V., zu sein, bejammert er darüber hinaus als reines «Missgeschick». Das bekommt auch Freda zu hören.

Die Wissenschaft ist heute einhellig in dem Urteil, dass George V., der nach außen so honorig wirkende Vater seiner Familie und der Nation, der Großvater der heutigen Queen, die Hauptschuld trägt an den seelischen Beschädigungen seiner vier Söhne, besonders gravierend bei Elizabeths eigenem Vater Albert («Bertie»), dem späteren George VI., und bei David, dem Erstgeborenen. Dem fünften George kommen große Verdienste zu als klugem Balancierer in den politischen Umwälzungen seiner Thronzeit zwischen 1910 und 1936. Aber «die glückliche königliche Familie war ein Märchen», schrieb Alexander Lord Hardinge, Hofberater unter beiden Georges: «Der König benahm sich gegenüber seinen Kindern einfach brutal.» Er dressierte sie, als er noch Herzog von York war, nach Art eines Exerziermeisters, erzog sie wie junge Marinerekruten, die sie dann auch wurden, nach einem Regime, das sie zu psychischen Krüppeln machte. Nach eigener Auffassung handelte der Monarch nur recht und billig – so mussten Prinzen eben erzogen werden, unbeschadet ihrer Veranlagung, als in Härte erprobte Charaktere, nicht als geistig definierte Wesen. Harold Nicolson, der nach dem Zweiten Weltkrieg das Standardwerk über George V. und seine Thronzeit verfasste, äußerte in Freundeskreisen, dieser habe «die intellektuelle Kapazität eines Bahnhofgepäckträgers» gehabt. Das war keine Einzelstimme. Kulturell ohne Antenne, ein Mann, der den Maler Turner für «verrückt» erklärte und die Impressionisten für «einen Witz», stürzte sich George schon als junger Familienvater in seine Briefmarkensammlung und das Jagdfieber als die beiden großen Passionen seines Lebens, wann immer er eine neue Lektion mit seinen Söhnen hinter sich gebracht hatte. Seine Devise lautete: «Mein Vater [Edward VII.] lebte in Furcht vor seiner Mutter [Queen Victoria], ich selber in Furcht vor meinem Vater – und ich werde verdammt dafür sorgen, dass meine Kinder in Furcht vor mir leben.»

Und wie. Kein elterliches Wort der Ermutigung drang je an die Ohren der beiden ältesten Söhne. Der Vater schien Freude daran zu haben, seine Kinder bei jedem kleinsten Detail, das seine Kritik fand, zu demütigen. Uniformen zu Mahlzeiten natürlich und stramm stehen – wehe, ein Knopf saß falsch oder eine Hand rückte unachtsam in die Hosentasche. «Zunähen!», wurde die Nanny angeherrscht, und zwar sämtliche Hosen, damit solche Etikettenbrüche nicht mehr vorkommen konnten. Bertie, Elizabeths Vater, wurde entgegen seiner Veranlagung als Linkshänder zum Schreiben mit rechts gezwungen, und da er obendrein X-beinig zu werden drohte, bekam er jahrelang nachts metallene Schienen angelegt, die ihn quälten und schlecht schlafen ließen. Sein Mangel an Selbstvertrauen wurde auch nicht dadurch behoben, dass sein Vater ihn Gedichte aufsagen ließ, bei deren Vortrag der Sohn sich regelmäßig verhaspelte, eines zunächst nur leichten Stotterns wegen. Der König hatte dafür keine Geduld: «Krieg's raus, krieg's raus», brüllte er das Kind regelmäßig an. Diese Tortur flößte dem Jungen für sein ganzes späteres Leben einen Horror vor öffentlichen Redeverpflichtungen ein, wie der Film «The King's Speech» fesselnd nachzeichnet.

Eine Katastrophe kam mit dem ersten Kindermädchen der Brüder ins Haus, mit Mrs. Green, einer reinen Sadistin, die ihre Abart an den Söhnen ausspielte. Obwohl sie David vergötterte, erhielt ihre Eifersucht auf die Eltern meist die Oberhand. Beim Antreten zum High Tea zwackte sie den Ältesten daher gerne bis zur Schmerzgrenze oder drehte ihm den Arm um, bis er schreiend ins Elternzimmer stürzte – um umgehend von seinem Vater in die Hand des Kindermädchens zurückgestoßen zu werden ob seiner Ungezogenheit; da hatte die Nanny ihn wieder ganz für sich. Bertie litt weitaus mehr, deutlich zurückgesetzt gegenüber seinem attraktiveren älteren Bruder. Oft gab Mrs. Green ihm unpünktlich zu essen und gerne auf besonders holprigen Kutschenfahrten. Davon entwickelte der spätere König früh chronische Magenprobleme, die auch seinen Kriegseinsatz verkürzten – er nahm unter anderem 1916 an der Schlacht am Skagerrak teil – und die ihn bis zum Schluss plagten.

Es brauchte drei Jahre, bis die Eltern dieser Misshandlungen an ihren eigenen Kindern überhaupt gewahr wurden und die teuflische Mrs. Green schließlich entließen. Kirsty McLeod kommentiert in

ihrer faszinierenden Studie «Battle Royal» von 1999, der ersten lü-
ckenlosen Chronik dieser tragischen Ereignisse, wie merkwürdig
sich doch so viel elterliche Unachtsamkeit ausnahm in einem Haushalt, der ansonsten von Dienstpersonal und hilfreichen Geistern
jeder Art überquoll. Aber nicht zum letzten Mal begegnen wir hier
einer mehrfach angemerkten Insuffizienz des Gefühlslebens bei
dieser Familie, dem fast gänzlichen Fehlen jeglicher emotionaler
Intelligenz und, wie wir vielleicht hinzufügen sollten: emotionaler
Neugier. Auch George V. und seine Frau aus dem württembergi-
schen Hause Teck teilten die Unfähigkeit auszudrücken, was sie
fühlten. Besser, man griff zur Feder. Schon ihre Brautzeit verlief wie
ein Menuett in Briefen. «Es ist doch zu blöd», schrieb Mary einmal
an George vor ihrer Hochzeit, «so steif miteinander zu sein. Dabei
gibt es nichts, was ich Dir nicht auch mündlich sagen könnte, außer,
dass ich Dich mehr als jeden anderen in der Welt liebe. Das kann
ich Dir gegenüber nicht aussprechen, also schreibe ich es hier nieder, um meine Gefühle zu erleichtern.» Nicht einmal solche Erleichterung praktizierte die Herzogin, die spätere Queen Mary,
gegenüber den Kindern. Sie galt als unmütterlich, zu höfisch, um
Wärme zuzulassen. Immerhin brachte sie dem Erstgeborenen David die Kunst der Stickerei bei.

Davids und Berties Eltern folgten einem ungeschriebenen
Embargo gegen das öffentliche Vorzeigen von Gefühlen, eine englische Krankheit nicht nur in dieser Familie, aber bei ihr wegen der
königlichen Fassade der Unnahbarkeit und einer heute schwer be-
greiflichen Auffassung von Anstand stärker ausgeprägt als in der
übrigen Gesellschaft. Einmal telegrafierte der Monarch an Bertie
vor dessen Rückkehr von einem Besuch im industriellen Norden
Englands: «Umarme mich nicht in der Öffentlichkeit, und wenn
Du Deine Mutter küsst, nimm den Hut ab.» Hier hört man den
Drillsergeanten im König, dem Queen Mary die Kontrolle über die
Aufzucht der Kinder allein überlassen hatte, wie übrigens später
Elizabeth II. die Erziehung von Charles ihrem Ehemann Philip,
dem Herzog von Edinburgh. Die leidtragenden Kinder, zumindest
der Herzog von Windsor, der Edward VIII. nach seiner Abdan-
kung wurde, sowie Prinz Charles, haben der Welt Einblicke ge-

währt in ihre als lieblos empfundene Erziehung. Charles beichtete
es Jonathan Dimbleby in dessen 1994 erschienenem Buch «The
Prince of Wales: A Biography», der Herzog von Windsor in seiner
Autobiografie von 1951, «A King's Story». Die pädagogischen Fehl-
griffe in der königlichen Erziehung hat der frühere Leiter des
Archivs von Schloss Windsor, Sir Owen Morshead, einmal so
kommentiert: «Das Haus Hannover [die Linie, die väterlicherseits
Königin Victoria vorausging] produziert wie die Enten verrückte
Eltern. Sie trampeln auf ihren Jungen herum.»

Lassen wir einmal beiseite, wie Sir Owen zu diesem merkwür-
digen Urteil über Enten kommt – auf George V. trifft sein Diktum
ohne Abstriche zu. Das bestätigte auch Alan Lascelles, der Privatsekretär Edwards VIII., nach dessen Abdankung in einem Gespräch mit Harold Nicolson, dem unermüdlichen Tagebuchschreiber: «David hatte alles als Geschenk mit auf seinen Weg bekommen, nur das Wichtigste nicht – die offene Liebe und Unterstützung seiner Eltern.» Bei Prinz Charles urteilen viele Beobachter
ähnlich. Dass Charakterbildung ein unsentimentales Geschäft ist,
war auch Charles' Mutter, der Queen, von Jugend an vertraut. Es
gehörte zur Erfahrung ihrer Generation, gehörte zur Kultur der *stiff
upper lip*, die wegzustecken wusste, was zu Tränen verführen wollte,
einschließlich eigener Rührungen oder Verletzungen. Offene Darstellung von Emotionen galt in England als Overstatement, bis die
Post-Diana-Zeit eine komplette Umkehrung dieser Attitüde mit
sich brachte. Elizabeth II. aber gehört noch zur alten Ära des emotionalen Understatement, einer Haltung, die private Probleme mit
sich allein ausmacht und sie klaglos wegsteckt. Dahinter steht der
viel bewunderte britische Stoizismus, das Flair der Weltreich-
erbauer – und ihr Handicap. Als Charles während seiner Marine-
Ausbildung der Mutter einmal am Telefon seine Erschütterung
über den Tod eines Kameraden mitteilte, meinte die Queen, zu
Prinz Philip gewandt, «Charles muss wirklich härter werden» –
«Charles really must toughen up».

Einem Vater wie George V. gegenüber konnte David, der Älteste, keine Liebe empfinden. Die Beziehungen verschlechterten sich, als dem König die Liebschaften seiner Söhne zu Ohren kamen, bei David angefangen mit Freda Dudley Ward; aber auch Bertie, der damals noch nicht seine schottische Elizabeth gefunden hatte, bekam für seinen Lebenswandel königlichen Zorn zu spüren. An Freda schrieb der verliebte David am 21. Mai 1920 auf der Überfahrt von Neuseeland nach Australien:

«Mein Gott! Wie mich meine verdammte Familie anwidert und ich sie verachte, wo Bertie mir gerade drei lange traurige Briefe geschickt hat mit Berichten, wie hart er angegangen worden ist wegen seiner Freundschaft zu der armen kleinen Sheila [Lady Loughborough, einer verheirateten Dame der Gesellschaft, bei der der Herzog von York sich gerade seine Hörner abstieß]. Und TOI et MOI bekamen auch unser Fett ab. Aber wenn seine Majestät glaubt, er könnte mich ändern, indem er Dich beleidigt, dann ist er dabei, den größten Fehler seines albernen nutzlosen Lebens zu machen [...] Gott verdamm' ihn! Obwohl er mir irgendwie gut getan hat Sweetheart mit seiner extra Aufführung von Widerlichkeit Bertie und mir gegenüber da es mich von jeder Schwäche in mir kuriert hat!! Mein Gott! Ich werde fest ihm gegenüber auftreten wenn ich zurückgekehrt bin & ihm sagen er solle zur Hölle fahren & mich allein lassen mit meinen Freundschaften [...] Was für eine Tirade, Fredie, aber Wörter können nie beschreiben wie ich meinen Vater heute hasse und verachte & das wird andauern.»

George V. hatte Gründe, an der Zukunft der Monarchie in den Händen dieses Erben zu (ver)zweifeln. Nachdem das erste Feuer für Freda Dudley Ward erloschen war, stürzte sich der Prinz von Wales in erotische Abenteuer, die selbst den berüchtigten Appetit seines Großvaters, Edwards VII., in den Schatten stellten. Seine Mitarbeiter fanden den Kronprinzen «zum Verrücktwerden», was dieser frivol damit quittierte, er sei doch sowieso «the wrong man for the job», der Falsche für seine royale Aufgabe. Wie wahr. 1934, bei der Hochzeit seines jüngeren Bruders George, des Herzogs von Kent, mit der griechischen Prinzessin Marina, steckt sich der 40-Jährige während des griechisch-orthodoxen Teils der Zeremonie an einer der Kerzen in der Westminster Abbey eine Zigarette an. Thronfolger und Dandy. Auch las der Prinz fast nichts von dem, was man ihm zur Beurteilung vorlegte. Der bereits zitierte Lord Hardinge stellte ihm ein vernichtendes Zeugnis aus: «Er war unfähig, auch nur den simpelsten offiziellen Vorgang abzuwickeln.»

George V. wusste Bescheid. «Ich bete zu Gott, dass mein ältester Sohn nie heiratet und Kinder bekommt», bekannte der König, «und dass nichts zwischen Bertie, Lilibet und den Thron kommt.» Womit müssten England, das Empire und die Krone bei diesem Jüngling im Erwachsenenalter noch alles rechnen?, fragten Eingeweihte besorgt. Dafür haben wir als Zeugnis einen beklemmenden Dialog zwischen Alan Lascelles und Premierminister Baldwin, die beide im Herbst 1927 den Thronfolger auf einem offiziellen Besuch in Kanada begleiteten. Lascelles berichtete:

«Vor dem Ende unseres Kanada-Trips war ich in solcher Verzweiflung, dass ich zu Stanley Baldwin [während einer vertraulichen Unterredung im Regierungsgebäude von Ottawa] sagte, der ‹Heir Apparent›, mit seiner ungezügelten Gier nach Wein und Weibern und was sonst an selbstsüchtigen Umtrieben ihn okkupiert, gehe rapide zum Teufel und werde bald vollkommen unfähig sein, die britische Krone zu tragen. Ich erwartete, für diese Offenheit meinen Kopf abgerissen zu bekommen, doch der Premierminister stimmte jedem meiner Worte zu. So fuhr ich fort: ‹Wissen Sie, manchmal, wenn ich auf das Ergebnis eines dieser Pferde-Hindernisrennen warte, an denen der Prinz teilnimmt [David war ein eifriger, wenn auch nicht sehr begabter Reiter, der oft mit seinem Pferd stürzte], komme ich nicht umhin zu denken, das Beste, was ihm und dem Land passieren könnte, wäre, wenn er sich das Genick bricht.› ‹Gott verzeih mir›, antwortete SB [Stanley Baldwin], ‹das habe ich oft auch schon gedacht.›»

Und dann brach sich der Kronprinz tatsächlich das Genick, aber nicht beim Pferderennen, sondern weil er einer Amerikanerin begegnete: Wallis Simpson, geborene Bessie Wallis Warfield.

Dem moralischen Korsett Georges V. und seiner Gemahlin Queen Mary zum Trotz ging es mit dem Laissez-faire der Sitten unter der englischen Elite in den 20er und 30er Jahren recht munter zu. Die High Society, verheiratet oder nicht, stürzte sich in sexuelle Beziehungen mit permissiver Inbrunst. «Der Ehebruch war der Zeitvertreib der Aristokratie», wie Raymond Carr schrieb, vor der Öffentlichkeit schützte man sich mit eingespielter Diskretion. Bevorzugtes Ziel der Libido waren damals reiche Amerikanerinnen, die sich ihrerseits gern mit englischen Adelstiteln schmückten, etwa eine Consuelo Vanderbilt, verheiratet mit einem Cousin, dem 9. Herzog von Marlborough. Der Marquess of Londonderry, ein Ehebrecher der ersten Garnitur, hatte auch mit ihr ein Verhältnis, ehe er mit einer anderen Amerikanerin, einer verheirateten Schauspielerin, anbandelte, die ein Kind von ihm bekam – sechs Wochen vor seiner Hochzeit mit der adligen Edith Vane-Tempest-Stewart. Wie gut die *stiff upper lip* gerade unter solchen Umständen funktionierte.

In dem Panorama der freien Liebe durfte ein moderner Prinz von Wales nicht fehlen. So finden wir den Thronerben nach Abkühlen seiner Passion für Freda Dudley Ward und weiteren Amouren in den Armen der verheirateten Thelma, Viscountess Furness, wieder, Tochter aus amerikanischem Diplomatenhaus und Schwester der beiden Vanderbilt-Erbinnen Consuelo und Gloria. Thelma war ein mütterlicher Typ, ihre opulente Schönheit, so schrieb Cecil Beaton, erinnerte ihn an «die Blüte einer Treibhausmagnolie». Der Prinz fand in dieser Frau, deren Ehe kurz vor der Scheidung stand, jene Wärme und Zuwendung, nach der er seit seiner unerfüllten Jugend gesucht hatte. «Hinter seinem gewinnenden Lächeln verbarg sich eine einsame, traurige Person», befand Louis Mountbatten, Adjutant seines Vetters David auf mehreren von dessen Reisen. In der Tat schien eine undefinierbare Melancholie den Prinzen von Wales zu verfolgen, der Weltschmerz eines Byronschen Helden. So schaut er uns noch heute aus vielen seiner Fotos an.

Doch Thelma Furness beging im Januar 1934 einen folgenschweren Fehler: Wegen einer dringenden Reise nach Amerika bat sie ihre Freundin Wallis, verheiratet mit dem Schiffsmakler Ernest Simpson, sich «um den kleinen David während meiner Abwesenheit zu kümmern». Und wie sich diese um ihn kümmerte, die «katzengeschmeidige», «habgierige», «rücksichtslose» «Männer-Managerin», als die man Wallis bald wahlweise beschreiben sollte. Sie und der Thronerbe waren sich schon früher auf Empfängen und Partys der höheren Gesellschaft freundschaftlich nahe gekommen, aber nun ging alles ganz schnell: Als Thelma zwei Monate nach ihrem Abstecher in ihr Heimatland nach London zurückkehrte, war das Liebesnest besetzt. Wallis hatte ihre Chance wahrgenommen und das Herz des Prinzen auf Weiterfahrt in ihre Richtung gestellt. Schließlich hatte die 1896 Geborene schon auf der Mädchenschule in Baltimore gelernt, dass Initiative und Entschlossenheit essentielle Voraussetzungen seien für eine junge Frau, die im Leben aufsteigen wollte. In ihrer 1956 erschienenen Autobiografie mit dem Pascal-Wort «Das Herz hat seine Gründe» als bezeichnendem Titel, gab sie offen zu: «Eine junge Dame, so hatte man uns beigebracht, sollte auch den Wunsch zu siegen in sich tragen. Eine gewisse Aggressivität, einschließlich des freien Gebrauchs der Ellbogen, wurde als nützlich auf dem Weg empfohlen.»

1936, auf dem Höhepunkt der Krise, bestellte Nancy Dugdale, die Frau des parlamentarischen Privatsekretärs von Premierminister Baldwin, heimlich ein grafologisches Gutachten über Wallis Simpson bei der deutschen Handschriftenexpertin Gusti Österreicher, der sie eine Schriftprobe der Amerikanerin vorlegte. Die Grafologin sprach kein Wort Englisch und erfuhr auch nicht, von wem die Handschrift stammte. Dies war ihr Urteil, wie es Philip Ziegler uns in seiner Biografie über Edward VIII. überliefert: «Eine Frau mit einer stark männlichen Ausprägung, was Aktivität, Vitalität und Initiative angeht. Sie muss dominieren, muss Autorität ausüben und kann ohne genügenden Auslauf für ihre Macht ziemlich unangenehm werden. Sie ist ehrgeizig und verlangt vor allem, dass ihre Unternehmungen bemerkt und gewürdigt werden.»

Der Prinz war wie benommen von Wallis, ihrer Autorität geradezu sklavisch unterworfen. «Sie hat ihn verhext», äußerte Baldwin später. Doch war mehr als sexuelle Hörigkeit im Spiel. Die Amerikanerin, keine Schönheit, von jünglinghaftem Körperbau, aber von starker Ausstrahlung, wie viele anerkannten, kam dem Thronfolger in seinem tiefen Bedürfnis nach Befreiung von jeder Konvention entgegen. Frei von traditioneller britischer Höflichkeit, kannte Wallis keine Devotion gegenüber dem Thronfolger oder anderen Royals und belebte jede Konversation mit ihrer Scharfzüngigkeit. Keine Engländerin jener Zeit hätte sich solche Freiheiten herausgenommen oder herausnehmen dürfen wie Wallis Simpson. Schon im Spätherbst 1935 war der Königssohn bei sich im Klaren, wusste er, dass er diese Frau und keine andere heiraten wollte. Zu Neujahr 1936 schrieb er ihr: «I know we'll have Viel Glück to make us one this year» – «uns eins werden zu lassen im kommenden Jahr». Der Prinz, der fließend Deutsch sprach, schmückte gerne seine *billets doux* an die Mätresse mit solchen deutschen Einsprengseln.

Bei aller Hoffnung auf Glück hätte er freilich wissen müssen, dass sein Heiratswunsch mit der ungeschriebenen Verfassung des Landes kollidieren und er damit die Krone aufs Spiel setzen würde. Eine Geliebte, eine *maîtresse en titre*, wie die berühmte Alice Keppel, die bevorzugte Mätresse König Edwards VII. – das wäre tolerabel gewesen; im Wegschauen gegenüber solchen Verhältnissen waren die Briten groß. «Wäre sie eine respektable Hure, hätte ich nichts dagegen», verriet der Premierminister am Todestag von George V. dem Tory-Abgeordneten Duff Cooper. Umso eiserner die Ablehnung des Parlaments, der höchsten Machtinstanz im Lande, gegenüber der Heirat des Königs mit einer Geschiedenen. Wallis als Geliebte? Ja. Als Queen? Nein. Die Verfassung, auch die Kirche, dann die Dominien, die seit dem «Statut von Westminster» von 1931 das Recht hatten, bei konstitutionellen Fragen mitzubestimmen, war doch der Monarch in London auch ihr Monarch – eine geballte Phalanx der Ablehnung war zu erwarten, sollte der Thronfolger auf der Krone *und* auf Wallis Simpson als Ehefrau bestehen. Es zeigt die Traumverlorenheit Davids, dass er sich darüber nicht von Anfang an Rechenschaft ablegte.

Aber nicht nur für sich selber wich er nüchterner Bilanz aus. Auch mit seinem Bruder oder irgendeinem anderen Mitglied der Familie tauschte er sich nicht aus. Der Herzog von York und seine Frau steuerten so ungewarnt den Stromschnellen entgegen und erhielten keine Chance, sich rechtzeitig auf den Ernstfall, die Über-

Der melancholische Blick: Der Herzog von Windsor und Wallis Simpson,
die Herzogin von Windsor, am Tag ihrer Hochzeit
auf Château de Candé (Frankreich), 3. Juni 1937 (Foto: Cecil Beaton)

nahme des Throns, vorzubereiten. In seiner bereits erwähnten Autobiografie, «A King's Story» (1951), müssen dem Herzog von
Windsor nachträglich Schuldgefühle gekommen sein, plädiert er
doch geradezu um Verständnis dafür, dass er sich nicht früher seinem Vater und der Familie gegenüber eröffnen konnte. 1935 war das
Jahr des silbernen Thronjubiläums von George V., der König erlebte Jubel und großen öffentlichen Zuspruch, eine Feier folgte der
anderen, was den 70-jährigen Monarchen letztlich schwer erschöpfte; sein Ende folgte bald, im Januar 1936. In dieser Zeit, so schreibt
der Windsor-Autobiograf, konnte er bei den laufenden Verpflichtungen des Königshauses kein privates Wort anbringen. Hat man je
eine fadere Entschuldigung zu hören bekommen?

Als George V. unerwartet starb und der Prinz von Wales seinen Traum zerstört fand, er könnte noch Jahre des Verliebtseins zubringen ohne die Verpflichtungen des Throns, änderte sich seine Einstellung schlagartig. Als König wurde Edward VIII. bockig, erfüllt von dem Glauben, das Land seinen Wünschen, den Wünschen des Souveräns, der er zu sein glaubte, fügsam machen zu können. Schätzte das Volk ihn nicht als Erneuerer? Was bedurfte dringenderer Reform als das ihm im Wege stehende Eheverbot? Kann ein Monarch nicht die Frau heiraten, die er liebt, auch wenn sie geschieden ist? (Erst 50 Jahre später wurde diese Frage für Prinz Charles mit Ja beantwortet.) Galt er nicht als «Staubsauger, der allen Dreck aufsaugt, mit dem die antiquierten harten Bürsten nicht fertig werden», wie ihm ein Fan geschrieben hatte? Im Übrigen gab es den «Royal Marriage Act» von 1772, und der enthält eine kuriose Vorkehrung: Zwar müssen alle Mitglieder der Königsfamilie bei beabsichtigten Heiraten die Erlaubnis des Monarchen einholen, jedoch mit einer Ausnahme: Er selber muss niemanden fragen. Doch hat er dann auch die Konsequenzen zu tragen, wenn eine höhere Instanz, das Parlament, der eigentliche Souverän, Nein sagt.

Die Öffentlichkeit wusste freilich bis fast zuletzt nichts über das Liebesleben des Thronfolgers, weder aus seinen früheren Jahren noch von der schicksalhaften Verbindung zwischen ihm und Wallis Simpson. Die britische Gesellschaft war praktisch zweigeteilt: hier die Elite aus Hof, High Society und den führenden Politikern, wo man bestens über alles Bescheid wusste; dort das Bürgertum, das ahnungslos war, von den Medien vollkommen im Dunkeln gelassen, selbst als diese erste Signale der Krise auffingen. Das war zunächst ein Vorteil für den neuen König: Er konnte nach außen weiterhin in den Augen des Volkes als der inspirierende Mann der Moderne auftreten, der höfische Etikette verschmähte, ein offenes Herz für soziale Unterschichten besaß und sich vor allem bei den Kriegsveteranen größter Beliebtheit erfreute. Er war gut aussehend, weltberühmt, aber niemand außer den Eingeweihten ahnte, dass sich hinter der glänzenden Oberfläche möglicherweise der erste Burnout einer Celebrity des 20. Jahrhunderts anbahnte.

Was hatten die höheren Kreise an Mrs. Simpson auszusetzen, ganz abgesehen von der konstitutionellen Unmöglichkeit einer «Queen Wallis»? Vor allem, was ihr königlicher Geliebter so attraktiv an ihr fand – ihre Direktheit, ihren Mangel an Understatement und dass sie sich so gar nicht in höflicher Gesellschaft zu benehmen wusste. Auch übernahm die Aufsteigerin allzu offen das Kommando über ihren Geliebten. Sie fand nichts dabei, ihm vor anderen wegen seiner manchmal offen gezeigten Unreife über den Mund zu fahren, seine Kleidung zu kritisieren oder sich von ihm ihre Zehennägel lackieren zu lassen. Beobachter waren peinlich berührt von den vielen Anzeichen der Unterwürfigkeit des Prinzen. Chips Channon, Unterhausabgeordneter und einer der großen Tagebuchschreiber dieser Ära, fand, dass schon Thelma Furness die Veränderung von David/Edward vorbereitet hatte. «Sie hatte ihn amerikanisch, demokratisch, locker und ein wenig gewöhnlich gemacht», vertraute er seinem Tagebuch an. Nur Winston Churchill urteilte verständnisvoller gegenüber dem Mann, dem er lange Jahre freundschaftlich verbunden war und dessen Abdankung er zu verhindern suchte. Martin Gilbert, Churchills Biograf, zitiert ihn wie folgt: «Der König fand in Wallis Simpson Qualitäten, die so notwendig zu seinem Glück waren wie die Luft, die er atmete. In ihrer Nähe fiel alle Nervosität von ihm ab, er wirkte wie ein komplettes Wesen, nicht mehr wie eine kranke, gejagte Seele. Solch ein Erlebnis, das vielen Menschen in der Blüte ihrer Jugend widerfährt, kam spät in seinem Leben zu ihm und wurde gerade deshalb umso wertvoller für ihn, auch zwanghafter.»

Dagegen konnte Elizabeth, die Herzogin von York, Berties Gemahlin, die «amerikanische Abenteuerin» für ihr Leben nicht ausstehen. Einmal auf Besuch bei den Yorks, in der Royal Lodge in Windsor Great Park, verlor Wallis kaum eine Minute, ehe sie vorlaut Ratschläge erteilte über die Gestaltung des Gartens und selbst über das Arrangement des Mobiliars. Alles *so very un-British*. «Mummy, wer war das denn?», fragte unschuldig, aber ebenfalls betroffen die zehnjährige Prinzessin Elizabeth ihre Mutter. Wallis

Simpson wurde zur absoluten Unperson erklärt. Nur zweimal hat der Hof der Herzogin von Windsor, die sie nach dem Dezember 1936 wurde, eine Rückkehr nach England gestattet: 1967, bei der Enthüllung einer Büste von Queen Mary, an der Wallis und ihr Mann teilnahmen, dann 1972 aus Anlass der Beerdigung des Ex-Königs in Windsor. Neben ihm auf dem Gelände königlicher Gräber nahe dem Schloss bettete man auch Wallis Simpson 1986 zur letzten Ruhe. Die Frau an der Seite Georges VI. hat der Amerikanerin nie verzeihen können, dass Bertie ihretwegen gänzlich unvorbereitet die Krone übernehmen musste. Den Stress und die Strapazen, denen er dadurch ausgesetzt war, lastete die Schottin Wallis Simpson an und damit auch seinen frühen Tod im Alter von 56 Jahren. Für die spätere Queen Mother war Wallis «die Frau, die meinen Mann umbrachte».

⁂

Die britischen Medien schwiegen über das, was sich spätestens seit Beginn 1936 anbahnte. Während man im Ausland, sofern es nicht zum Commonwealth gehörte, zumal in den USA, aber auch auf dem europäischen Kontinent, schon 1935 dazu überging, über die Affäre des Prinzen als eine *cause célèbre* eingehend zu berichten, herrschte auf der Insel totale Stille. Das wirkte besonders grotesk, als die Weltpresse breit über die Kreuzfahrt des Königs mit seiner Geliebten an Bord der «HMS Nahlin» ins östliche Mittelmeer, von der Adria über Griechenland bis nach Istanbul, berichtete. Die Reise begann im August 1936, als in Berlin gerade die Olympischen Spiele anhoben. Natürlich bekam der Hof in London alles *en détail* mit – dafür sorgte allein der Geheimdienst, der Wallis Simpson seit 1935 beschattete. Aber als Edward am 14. September zurückkehrte und seine Mutter, Queen Mary, noch am selben Tag zum Abendessen traf, brachte diese das Thema mit keinem Wort auf den Tisch.

«War es nicht schrecklich heiß?», war so ziemlich alles, was die zugeknöpfte Queen von ihrem Sohn zum Thema erfahren wollte. Selbst ihrem Tagebuch vertraute sie nur an: «David kam heute zurück und sah sehr gut aus. We had a nice talk.» Eine die Monarchie erschütternde Krise steht vor der Tür – aber «wir hatten eine nette Unterhaltung». Das Schweigen der Windsors. Dabei besaß Queen Mary bereits mehrere sorgenvolle Briefe von Briten im Ausland sowie eine große Anzahl ausländischer Zeitungsausschnitte mit einschlägigen Berichten über die Lustpartie ihres Sohnes und der Amerikanerin. Aber darüber reden konnte sie nicht. Viel später reichte Queen Mary als Begründung nach, sie habe sich 1936 nicht in Edwards «Privatangelegenheiten einmischen» wollen. So argumentierte auch Elizabeth II., ihre Enkelin, immer wieder, wenn die Öffentlichkeit fragte, warum sie nicht früher in die sich abzeichnenden Krisen ihrer Kinder eingegriffen habe. Sie wollte nicht. Die Windsors leiden an einem großen Handicap: ihrer Sprachlosigkeit untereinander.

In seinen Memoiren beschreibt der Herzog von Windsor das kuriose Treffen mit seiner Mutter als die Farce von einer Konversation über das Wetter. «Aber so banal redete die Mutter schon, wenn wir aus dem Unterricht kamen», fügt er hinzu. An solche Zurückhaltung fühlten sich außerhalb ihres Landes lebende Briten nicht gebunden. Einer von ihnen, der in den USA die «Nahlin»-Etappen minutiös in der Presse verfolgen konnte, schrieb empört nach Hause, da werde Großbritannien «reduziert von einem ernsten, würdevollen Königreich zu einer Schwindel erregenden Balkan-Musical-Komödie im Jazz-Rhythmus».

Doch das eigentlich Frappante an der «Nahlin»-Episode war, dass kein Bericht darüber auf der Insel erschien, so dicht hielt der Ring der Verschwiegenheit. Auf Seite der Medien hatte das mit dem traditionellen Respekt vor dem Königshaus zu tun, dem man auf keinen Fall mit despektierlichen Berichten zu nahe treten wollte – das galt, man kann es sich heute kaum vorstellen, als schädlich für die Auflage. Fürwahr, eine andere Welt. Erstaunlich, was damals noch alles möglich war – zum Beispiel wurden Zeitungen aus den USA an den entsprechenden Stellen geschwärzt, oder der Zensor schnitt die Berichte einfach heraus, eine mühevolle Arbeit. Am Ende wurden amerikanische Presseerzeugnisse, wenn sie wieder einmal über Edward und Wallis schrieben, und das meist mit viel Sympathie für den König, einfach nicht mehr ins Land gelassen.

Die «New York Times» rügte diese Praktiken als «die freiwillige Preisgabe journalistischer Freiheit».

※

Es ist Mitte Oktober 1936, und der Verfassungskonflikt rückt immer näher. Wir erreichen an dieser Stelle das wichtigste Kapitel in der Biografie der modernen britischen Monarchie. Für den 20. Oktober ersucht Stanley Baldwin eine erste Aussprache mit dem König. Der Premierminister, in allen Dingen ein vorsichtiger Mann, nähert sich dem explosiven Zentrum der Krise mit äußerster Behutsamkeit. Von Verfassungsproblemen noch kein Wort – er wollte bei dieser ersten Begegnung mit dem Staatsoberhaupt nicht sogleich belehrend auftreten, das wäre unschicklich gewesen. Stattdessen versucht er, dem König darzulegen, dass der Respekt für die Monarchie über Nacht verschwinden könnte, wenn die Leute von den Vorgängen erführen. Wäre es nicht gut, wenn Mrs. Simpson für sechs Monate das Land verlassen und aus dem Blickfeld verschwinden würde? Edward weicht diesem Vorschlag aus, hält lediglich fest, dass Wallis «die einzige Frau auf der Welt» für ihn sei und er ohne sie «nicht leben» könne. Jetzt ahnte Baldwin, was auf ihn zukam. «Als ich ein Junge war und Geschichtsbücher verschlang», so würde er einem Mitarbeiter verraten, «hätte ich mir nie träumen lassen, dass ich eines Tages zwischen einem König und seiner Mätresse würde einschreiten müssen».

Am 13. November der nächste Vorstoß, diesmal von Alexander Hardinge, dem Privatsekretär des Königs. Er hat sich mit Baldwin und einzelnen Ministern abgesprochen und schreibt einen aufrüttelnden Brief an Seine Majestät. Es ist ein Digest mehrerer Papiere aus den inneren Kabinettszirkeln, in dem endlich all das ausgeführt wird, was der Premier bis dahin nicht den Mut oder die Zeit gefunden hatte dem König selber vorzutragen. Hardinge verheimlicht nichts, er droht fast. Nicht nur stehe der Damm des Schweigens der Presse unmittelbar davor zu brechen. Er weiß auch zu berichten, dass die Regierung zurücktreten werde, wenn der König unbelehrbar bleibe, aber dass keine Alternativregierung bereit stünde – das hatte Labour-Führer Attlee dem konservativen Premier bereits zu-gesichert –, mit der dann einzig denkbaren Folge: Auflösung des Parlaments. Und worum würde sich der folgende Wahlkampf dre-hen? Natürlich um Wallis Simpson. Eine unerhörte Vorstellung.

Um den Inhalt dieses Schreibens zu verstehen, muss man einen Schritt zurücktreten und die Verfassungsrolle von König und Poli-tik etwas genauer ins Auge fassen. Denn hier lag die Crux des Problems Edward VIII., wie Sir Henry Marten später der jungen Elizabeth eingehend darlegen würde. «In einer konstitutionellen Monarchie ist das Parlament der Souverän des Königs», schrieb der amerikanische Autor und Europa-Kenner John Gunther in seinem Buch «Inside Europe» von 1936 in griffiger Verknappung. Der Mo-narch kann nur handeln auf Anraten seiner Minister und des Pre-miers. Das hatte gültig schon Walter Bagehot, der mehrfach Ge-nannte, in «The English Constitution» festgehalten; es war aber lange vor ihm schon ungeschriebener Brauch gewesen, spätestens seit der Glorreichen Revolution von 1688, mit der die Macht vom König auf das Parlament überging, in einer Art kommissarischer Herrschaft.

Der Träger der Krone hatte nur noch drei grundlegende Rech-te, die Bagehot so formulierte: «The right to be consulted, the right to encourage and the right to warn» – das Recht, konsultiert zu werden, zu ermuntern und zu warnen. Der Regierung in den Weg treten kann er nicht. Sie heißt zwar euphemistisch «His» oder «Her Majesty's Government», gehört dem Monarchen aber keineswegs, da er dem Rat (*advice*) der Regierung in jedem Fall Folge leisten muss. Bagehot merkte ironisch an, der Monarch müsse sogar einem *advice* zu seiner Enthauptung zustimmen – es sei denn, er trete vor-her zurück. Die sogenannten Reserverechte (Prärogative), welche die Krone besitzt, berühren meist nur zeremonielle Fragen wie die Ernennung (nach Vorschlag) des Regierungschefs, die Auflösung des Parlaments am Ende seiner Laufzeit oder nach Verlust der Par-lamentsmehrheit einer Regierung sowie das Unterschreiben der Gesetze.

Edward VIII. stieß mithin frontal mit dem eigentlichen Hüter der Verfassung, mit Parlament und Regierung, zusammen. Beide ließen ihn wissen, dass man seine geplante Verheiratung mit der geschiedenen Wallis Simpson nicht mittragen werde. Schon die Beschreibung des Königs als «Verteidiger des Glaubens», noch heute auf allen britischen Münzen unter der Abkürzung «F.D.» (Fidei Defensor) anzutreffen, machte eine Zustimmung unmöglich. Wie konnte der König Kopf einer Kirche sein, die Scheidungen nicht anerkannte? Natürlich bestand theoretisch die Möglichkeit für das Parlament, auf Bitten des Königs ein Gesetz zu erlassen, das ihm die Ehe mit Wallis Simpson ermöglicht hätte. Allein, dafür gab es unter keiner der im Unterhaus vertretenen Parteien eine Mehrheit, ebenso wenig wie in den Dominien, die bekanntlich ein Mitspracherecht hatten, war doch der König in London auch ihr König. Schließlich befand man sich nicht mehr in der Zeit eines Monarchen von Gottes Gnaden wie Heinrich VIII., der aus eigener Machtvollkommenheit entscheiden konnte, seine Ehe mit Katharina von Aragon aufzulösen und das Band zum Papst gleich mit, der die Scheidung Heinrichs nicht billigen wollte.

Wallis Simpson, hart belehrt, schrieb in ihren Memoiren: «Wie verwundbar der König doch in Wirklichkeit war und über wie wenig Macht er tatsächlich verfügte, wie wenig seine Wünsche in Wahrheit zählten gegenüber denen seiner Minister und des Parlaments.» Sie hätte noch einen Verfassungsgrundsatz hinzufügen können, der aus dem Schreiben Hardinges klar hervortrat: Wenn das Vertrauen zwischen Regierung und König zerbrochen ist, kann man nicht mehr von «His Majesty's Government» sprechen, der Rücktritt der Regierung wird also zwingend. Dann könnte natürlich eine neue Regierung antreten, sofern sie die Mehrheit des Unterhauses findet. Aber dafür gab es keine Basis, wie der Sekretär vorsorglich geschrieben hatte: Alle Parteien standen in der Wallis-Frage gegen den König. Daher würden Neuwahlen nötig, was den Monarchen seine Neutralität gekostet hätte: Der Wahlkampf hätte sich um seine Geliebte gedreht und das Land in verfeindete Lager gespalten, mit der Gefahr der Bildung einer «Königspartei». Denn es gab, kaum war das Schweigediktat der Presse am 3. Dezember gebrochen, eine Grundströmung der Sympathie für Edward VIII., wie Susan Williams nach Freigabe der entsprechenden Dokumente in ihrem Buch von 2003, «The People's King – The True Story of the Abdication», hat nachweisen können.

Der König war erbost über die Eigenmächtigkeit seines Privatsekretärs. Dass ein enger Mitarbeiter ihm seine Sorgen mitteilen könnte, anerkannte er als dessen Recht. Doch nicht, dass er dabei die Partei der Regierung übernahm und sich zu deren Handlanger machte. Dennoch hatte der Brief die heilsame Folge, dass Edward die Verfahrenheit seiner Lage zum ersten Mal voll begriff – er öffnete ihm die Augen zu größerem Realismus. Am 16. November traf er sich erneut mit Baldwin und erklärte ihm, er sei zum Rücktritt entschlossen, wenn die Regierung ihn Wallis nicht heiraten lasse. Rücktritt war freilich eine Drehung mehr in der Verfassungskrise, was der Premier seinem König beschwörend klar zu machen versuchte: Der Monarch ist das Bindeglied, welches das Britische Empire zusammenhält – eine Abdankung kann nur zum Auseinanderbrechen führen. Umsonst. Edward beharrte darauf, Wallis heiraten zu wollen. Die Abdankung wird nun fast zur Gewissheit.

Darüber schenkt er einen Tag später nun endlich auch Bertie und seiner Schwägerin Elizabeth reinen Wein ein. «Oh Gott, wie schrecklich zu hören», ruft der Bruder verzagt, «keiner von uns will das, ich am allerwenigsten.» Edward bleibt ungerührt: «Ich fürchte, es gibt keinen anderen Weg. Ich bin entschlossen.» Auf einer bald folgenden Fahrt nach Schottland klagt Bertie vor seinem Privatsekretär: «Ich komme mir vor wie das sprichwörtliche Schaf, das man zur Schlachtbank führt.» Diesen Satz hörten wir wörtlich erneut aus dem Mund Diana Spencers, kurz vor ihrer Heirat mit Prinz Charles 1981.

Noch am Abend des 17. November trifft sich der König auch mit Queen Mary und seiner Schwester Mary, der Princess Royal, und enthüllt auch ihnen seine Absicht, auf den Thron zu verzichten. Es entwickelt sich zum ersten Mal ein substantieller Dialog zwischen Mutter und Sohn, fünf Minuten nach zwölf gewissermaßen. Queen Mary spricht vom Königtum als einer «heiligen» Institution und vom König als «einer Person, die anders ist als alle anderen». Die Krone sei ihres Sohnes Schicksal, und ihr zu dienen seine Pflicht, sein «wahres Glück». Edward gibt eine sehr moderne Antwort: Sein Glücklichsein, seine Bestimmung verlange, dass er Wallis heirate. Würde es ihn nicht zu einem besseren König machen? War nicht auch sein Vater ein besserer König aufgrund einer glücklichen Ehe gewesen? Wenn er Wallis nicht heiraten könne, könnte er auch seine Funktionen als König nicht richtig ausfüllen, ergo sei es seine Pflicht, abzudanken. «Was uns trennte», schreibt er darüber in seiner Autobiografie, «war nicht eine Frage der Pflicht, sondern eine unterschiedliche Auffassung vom Königtum. Ich war selbstverständlich bereit, den Menschen zu dienen in allem, was man vom König als Staatsoberhaupt erwarten durfte. Aber ich wollte gleichzeitig auf meinem Recht beharren, zu heiraten nach meinen Bedingungen.»

Die Eintragung ist nicht ganz vollständig, wie vieles in den Erinnerungen des Herzogs von Windsor; über Thelma Furness oder gar Freda Dudley Ward zum Beispiel findet sich in ihnen kein Wort, wohl aus Rücksicht auf Wallis, seine Frau, die er 1937 heiratet. «Dienen in allem, was man vom König als Staatsoberhaupt erwarten durfte» – dafür war gerade dieser zur Erneuerung entschlossene Mann kein Garant, wie sich schon wenige Tage nach diesen Aussprachen von Mitte November zeigen sollte, als Edward nach Südwales aufbrach, um sich ein Bild zu machen von der trostlosen Lage der Arbeitslosen in dem völlig heruntergekommenen walisischen Kohlerevier. Der König war ehrlich betroffen von dem Elend, das ihn in vielen ausgehungerten Gestalten ansprach, er zeigte sich von seiner warmherzigsten Seite. Und beging dann einen Fauxpas, den sich ein in allen Dingen neutraler britischer Monarch nicht erlauben darf: Er gab einen politischen Kommentar ab, den man in London wie eine Kritik an ungenügender Regierungsaktivität lesen konnte. «Something must be done» – etwas muss geschehen, meinte Edward noch an Ort und Stelle, Erwartungen schürend, die zu wecken ihm nicht zustand und die einzulösen auch gar nicht in seiner Macht lag. Solches privat zu äußern, bei einer seiner wöchentlichen Audienzen mit dem Regierungschef – das wäre der passende Ort gewesen für den Monarchen mit seinem Gewohnheitsrecht, «zu ermuntern und zu warnen».

Der Vorfall ließ in Whitehall neue Alarmglocken schrillen,

denn Edward hatte bei vielen anderen Gelegenheiten gezeigt, wie eigenwillig er mit Traditionen umzugehen entschlossen war. Bei Stilfragen konnte man sich kaum einmischen, da war er in seinem Recht – bei Fragen der Politik hatten andere das Sagen, und der Monarch musste sich tunlichst zurückhalten. Am Ende schälte sich fast so etwas wie Erleichterung heraus und ließ die Frage der Abdankung in weniger katastrophalem Licht erscheinen. In manchen Kreisen wurde Wallis Simpson geradezu als Figur der Vorsehung begriffen, England geschickt, um es von einem untauglichen König zu befreien. Noel Coward, beliebter Bühnenautor und Songwriter, empfahl, Wallis-Statuen im ganzen Land aufzustellen für den Dank, den man ihr schulde.

Am 3. Dezember konnten die Chefredakteure endlich ausschütten, was sie seit Monaten gehortet, aber dem Markt nicht mitzuteilen gewagt hatten: die Wallis-und-Edward-Story. Heraus kam sie durch einen kuriosen Zufall. Der Bischof des nordenglischen Bradford, ein gewisser Dr. Blunt, gab auf einer Diözesankonferenz seines Sprengels am Nachmittag des 2. Dezember zu verstehen, ihn bewegten christliche Sorgen im Blick auf die Krönung im kommenden Jahr. Zu diesem Ereignis, der Krönung, so führte er mit süßem Gift aus, «wollen wir den König der Gnade Gottes anempfehlen, die er so reichlich benötigt wie wir alle auch; denn der König ist ein Mensch wie wir – wenn er seine Pflicht getreu erfüllt». Da war nichts von Wallis Simpson zu hören, doch die unmissverständliche Kritik an der fehlenden christlichen Einstellung auf Seiten des Monarchen elektrisierte die Journalisten. Zunächst druckten nur Abendzeitungen in der Provinz die Worte des Bischofs ab, aber die Londoner Presse folgte prompt am andern Morgen. Blätter wie die «Times» oder der «Daily Telegraph» und die «Morning Post» legten sich eindeutig gegen Edward VIII. fest. Doch war ihre gesammelte Auflage ein Nichts gegen die neun Millionen Exemplare des «Express» und der «Mail», wo man sich für Edward VIII. aussprach («Die Menschen wollen ihren König!»). Demonstranten rie-

fen vor der Downing Street mit Plakaten wie «GOD SAVE THE KING FROM BALDWIN» zu öffentlichen Protestversammlungen auf.

George Bernard Shaw veröffentlichte am 5. Dezember im «Evening Standard» eine beißende Satire, welche die Heuchelei des Establishments aufspießte, unter dem Titel «Das Königreich der Halbverrückten». Darin sprachen sich Regierung und Kirche gegen eine Amerikanerin namens Mrs. Daisy Bell aus, die zweimal geschieden war und deshalb, so schrieb der Autor, «eine besonders gute Ehefrau abgeben würde für einen König, der noch nie geheiratet hatte». Im Übrigen ließ der König der Halbverrückten Premier und Erzbischof wissen, dass er die Ansicht von 495 Millionen Untertanen zu berücksichtigen habe [Shaw zählte das Empire mit], von denen nur elf Prozent Christen seien. Gut also, wenn die Kirche seine Ehe nicht einsegnen wolle, würde doch eine zivilrechtliche Trauung angesichts solcher Zahlen die religiösen Gefühle von fast keiner Seele in seinem Empire verletzen. «Auf eine kleine Londoner Clique, die zwei oder drei Jahrhunderte hinter der Zeit zurück liegt, mag ich zweifellos verrückt wirken», sagt bei Shaw der König zum Premierminister, «aber die moderne Welt weiß es besser».

Tatsächlich meldete sich diese moderne Welt mit vielen Sympathiekundgebungen, wofür hier nur zwei Zuschriften an den König als Beleg dienen mögen. Eine Waliserin schrieb: «Das Größte im Leben sind Liebe und Zuneigung. Mrs. Simpson muss ihrer offenbar würdig sein.» Politischer wurde eine Frau aus Mittelengland, die einen Tag lang in London gegen die Abdankung demonstriert hatte, mit Slogans wie «Hände weg vom König! Abdankung heißt Revolution!». «Mein Eindruck ist», so schrieb sie, «dass man in der Arbeiterklasse die Dinge sieht wie ich. Ich fühle mich beleidigt von Mitgliedern der Oberklasse. Ich ahnte ja gar nicht, dass so viel Humbug und Heuchelei unter den Engländern zu finden ist. Geben Sie nicht auf, Majestät. Die einfachen Menschen sind alle für Sie, und es schert sie einen Dreck, wen Sie heiraten.» Das lag ganz auf der Linie von Shaws Satire.

Aber es war nicht das letzte Wort. Die Vorstellung, dass mit

Wallis Simpson eine Frau mit zwei noch lebenden geschiedenen Ehemännern den britischen Thron an der Seite eines Dritten besteigen könne, ließ die Menschen nicht gleichgültig – Begriffe wie Familie und Verfassung gewannen allmählich die Oberhand. Typisch dafür ist, was Gewerkschaftsboss J.H. Thomas im Gespräch mit dem ihm befreundeten Harold Nicolson meinte und was dieser seinem Tagebuch anvertraute. «Dieser obstinate kleine Mann mit seiner Wallis Simpson – das haut nicht hin, Harold, ich sag's dir gradeheraus. Ich kenne die Menschen dieses Landes. Sie werden einen Hof ohne Familienleben nicht hinnehmen.» Auch der sozialistische «Daily Herald» stimmte zu, von anderer Warte aus: «Die Autorität des Parlaments muss gewahrt bleiben.» Spottverse zu Wallis («Wally») Simpson machten bald die Runde. Den heraldischen Spruch des renommiertesten aller königlichen Auszeichnungen, des Hosenbandordens, «honi soit qui mal y pense», dichtete man um in «Honi soit qui Wally pense». Ein bekanntes Weihnachtslied kam mit neuer Eingangszeile daher: «Hark the herald angels sing: / Mrs. Simpson pinched our King» – «hört, was die Engelsherolde singen: / Mrs. Simpson hat unseren König gestohlen.»

Dieser unternahm Ende November einen letzten verzweifelten Versuch, doch noch Krone *und* Wallis für sich zu retten. Er bat den Premierminister, im Kabinett und den Dominien nachfragen zu lassen, was man von einer «morganatischen» Heirat des Königs halte: Ihr zufolge würde Mrs. Simpson eine Bürgerliche bleiben, nicht Queen werden, und etwaige Kinder aus dieser Verbindung hätten keine Thronansprüche. Mit dieser Bitte gab sich Edward endgültig in die Hände der Verfassung, denn einmal offiziell um Rat (*advice*) fragen, heißt, sich diesem unwiderruflich auszuliefern. Die Antwort fiel natürlich negativ aus. Dem König wurde nicht einmal gestattet, sich per Radio an das Volk zu wenden, um die Idee einer morganatischen Verbindung vorzutragen. «In einer konstitutionellen Monarchie ist das Parlament der Souverän des Königs», hatte John Gunther geschrieben. Stanley Baldwin führte am 4. Dezember im Unterhaus aus: «Der König bedarf keiner Autorität, seine Ehe zu legalisieren [eine Anspielung auf den «Royal Marriage Act» von 1772]. Aber die Frau, die er heiratet, muss dadurch Königin werden.

Unser Recht kennt keine morganatische Ehe, und das Parlament ist nicht bereit, ein solches Gesetz einzubringen, das im Übrigen von allen Dominien abgesegnet werden müsste, die aber nicht zustimmen werden.» Winston Churchill andererseits machte sich keine Freunde im Parlament, als er in der Krise um «Zeit und Geduld» bat und dazu riet, die Krönung im folgenden Jahr von der Heiratsfrage abzukoppeln. Er hatte einen Hintergedanken, wenn er auf Zeit setzte: Wusste man, ob Edward Wallis Simpson treu bleiben würde, bei seinen wechselnden Frauengeschichten in der Vergangenheit?

Churchill irrte, die Geschichte lief anders: Wallis schaffte es tatsächlich, aus einem höchst promiskuitiven Charakter einen monogamisch anhänglichen Ehemann zu machen. Solche Anhänglichkeit kann man in den Jahren, von denen hier die Rede ist, bei der Amerikanerin nicht finden, wie Dokumente des britischen Geheimdienstes MI5, 2003 freigegeben, besagen. Die ehrgeizige Frau hatte mindestens einen, wenn nicht mehrere Liebhaber neben ihrem Prinzen. Einen gewissen Guy Marcus Trundle aus York, einen verheirateten Mann, beschrieb sie als «sehr charmanten Abenteurer, sehr gut aussehend, wohl erzogen und ein exzellenter Tänzer». Ob sie auch eine sexuelle Beziehung zu Joachim von Ribbentrop unterhielt, der 1936 Botschafter in London wurde, ist nie nachgewiesen worden. Kontakte zu ihm bestanden in jedem Fall, waren doch Wallis und Edward große Bewunderer der Nationalsozialisten und wurden es nach seiner Abdankung eher noch mehr, als das Paar auf Einladung von Reichsarbeitsminister Ley im Herbst 1937, wenige Monate nach ihrer Hochzeit in Frankreich, eine wochenlange Rundreise durch Deutschland absolvierte. Dabei kam man auch mit Hitler zusammen, dem der nunmehrige Herzog von Windsor später zu dessen 50. Geburtstag 1939 ein Grußtelegramm schicken würde. Heimlich hielt er sich wohl als Alternativkönig in Reserve, und auch die Nazis sahen in ihm einen solchen, sollte ihre Invasion Englands gelingen. Von allen verräterischen Umtrieben erlöste jedoch Churchill den Exkönig, als er ihn 1940 zum Gouverneur auf den Bahamas ernannte, was vor allem Wallis als Verbannung empfand – die Bahamas waren für sie «das St. Helena von 1940».

Der König also hatte aufgeben müssen, einen Rücktritt der Regierung wollte er nicht riskieren, eine bürgerkriegsähnliche Auseinan-
dersetzung um Wallis Simpson noch weniger, dafür stand er zu
sehr, trotz allen Eigenwillens, in der monarchischen Tradition seines Landes. Er wird es in seinen Memoiren festhalten: «Ich hatte
keine Absicht, an den fundamentalen Regeln der Monarchie he-
rumzubasteln.» Seine Radioansprache vom 11. Dezember, nachdem
er am Tag zuvor die Instrumente der Herrschaft an seinen Bruder,
jetzt George VI., übertragen hatte, ist in die Geschichte eingegangen als bewegendes Dokument eines Scheiterns, wie es die englische Königsgeschichte noch nie erlebt hatte. Churchill stand Pate
bei der Abfassung des Textes. Der Rede im Internet zuzuhören, wie
Edward sie mit quälend langsamen Kadenzen vorträgt, ruft noch
einmal das Drama des Augenblicks wach:

«Endlich bin ich in der Lage, ein paar eigene Worte vorzutragen.
Ich habe nie irgendetwas zurückhalten wollen, aber bis heute war es
mir aus verfassungsrechtlichen Gründen nicht möglich, für mich
selber zu sprechen. […] Sie alle kennen die Gründe, warum ich mich
genötigt sehe, auf den Thron zu verzichten. Aber ich möchte, dass
Sie verstehen, dass ich mit dieser Entscheidung nicht das Land noch
das Empire vergessen habe, dem ich als Prinz von Wales und zuletzt
als König 25 Jahre zu dienen versucht habe. Doch Sie müssen mir
glauben, wenn ich Ihnen sage, dass ich es unmöglich gefunden habe,
die schwere Last der Verantwortung zu tragen und meine Pflichten
als König wie von mir gewünscht zu erfüllen, ohne die Hilfe und die
Unterstützung der Frau, die ich liebe. […] Meine Entscheidung ist
mir weniger schwer gefallen durch die Gewissheit, dass mein Bruder
[…] meinen Platz ohne Unterbrechung und Beschädigung für das
Leben und den Fortschritt im Empire einnehmen wird.»

Dann folgte ein Satz, der wie ein bittersüßer Gruß an das
Glück der kommenden Königsfamilie formuliert war: «Auf [mei-
nem Bruder] ruht ein unvergleichlicher Segen, an dem auch viele
von Ihnen teilhaben, während er mir nicht vergönnt ist – ein glückliches Zuhause mit seiner Frau und seinen Kindern.»

Der Vorstand dieses Zuhauses war zunächst alles andere als glücklich. Bei seiner Mutter hatte er sich am Tag seiner Thronfolge ungeschützt ausgeweint, die Sprachhemmung war in den letzten zwei Krisenwochen wieder spürbarer geworden, seinem Vetter Louis Mountbatten klagte er: «Ich habe noch nie ein Staatspapier in der Hand gehabt, ich bin doch nur ein einfacher Marine-Offizier, es ist das einzige, wovon ich etwas verstehe.» Aber die Frau an seiner Seite, Königin Elizabeth, wie sie sich jetzt nennen durfte, wurde die entscheidende Figur dieser Stunde. Da es für Abdankungen keinen Präzedenzfall gab, war auch die automatische Anwendung der vorgeschriebenen Thronfolge nicht verbindlich. Berties jüngerer Bruder George, der Herzog von Kent, hatte bereits einen Sohn, Edward, 1935 geboren, der heutige Herzog von Kent. George hätte durch einen Parlamentsbeschluss durchaus König werden können, und dann gäbe es heute keine Elizabeth II., sondern ihr Cousin wäre König und Elizabeth bestenfalls Princess Royal. An solchen dynastischen Zufällen hängt manchmal eine ganze Epoche. Ja, es gab sogar Überlegungen, Queen Mary zur Regentin zu ernennen bis zur Vollreife ihrer Enkelin Elizabeth, damit der arme, gehemmte Bertie, nervös und unsicher, nicht die Bürde der Krone würde tragen müssen.

Aber es war Elizabeth, die Herzogin von York, die die Waagschale sich zugunsten ihres Mannes senken ließ. Seit dreizehn Jahren auf der königlichen Bühne, immens populär auch im Empire und den Dominien, von der Kirche als im Glauben verwurzelt eingeschätzt und eine Freude für jeden, der mit ihr zu tun hatte: an ihr konnte und wollte man nicht vorbeigehen. An der erstgeborenen Tochter, der populären Elizabeth, erst recht nicht; man sprach von ihr als dem eigentlichen «Bonus» der Abdankungskrise. Der König mochte ein gewisses Risiko darstellen, doch seine Frau war ein Hit, die passende Partnerin an der Seite des neuen Monarchen. Als bei dessen Krönung am 12. Mai 1937 der Erzbischof von Canterbury auch Königin Elizabeth das Diadem aufsetzte, flüsterte Churchill seiner Frau Clementine zu: «Du hattest recht, ich sehe jetzt, die andere wäre nicht die Richtige gewesen.»

Was aber bedeutete das alles für die zehnjährige Prinzessin, die

Familienporträt mit Corgi:
George VI. und Queen Elizabeth mit ihren Töchtern Elizabeth und
Margaret im Buckingham Palast, 1938 (Foto: Marcus Adams)

jetzt noch eine Stufe näher an den Thron gerückt war? Edwards
Abdankung galt als tiefe Beschämung für die Dynastie, die Erbmonarchie hatte einen Knacks bekommen, hatte sich als mangelhaft
erwiesen; davon musste sie sich erst wieder erholen. Das Parlament
hatte sich von einem Monarchen getrennt, den man für unfähig für
sein Amt erachtete – jeder wusste danach, wie und wo die Kräfte im
Königreich verteilt lagen. Der Vater des radikalen Labour-Politi-

kers Tony Benn, auch er ein glühender Sozialist, hatte seinem Sohn bei der Abdankung einen denkwürdigen Satz mit auf den Lebensweg gegeben: «Vergiss nie – Großbritanniens politische Führer werden immer den Monarchen opfern, um die Monarchie zu sichern.» Nirgends wusste man das nach dem Edward-Debakel besser als am Hof, und so stand über Elizabeths weiterem Lebensweg eine flammende Mahnung: Erweise Dich immer des Amtes für würdig, denn im Zweifelsfall bist Du entbehrlich. Das Königtum selber ist immer wichtiger als sein jeweiliger Träger.

So wurde Edward VIII. für sie zum überragenden Anschauungsunterricht ihrer Jugend. Seine Abdankung hatte die königliche Familie vor eine neue Verpflichtung gestellt: Wie ihr Vater speicherte auch Elizabeth die Überzeugung, dass die Monarchie die Sünden ihres Onkels wiedergutmachen müsse. Edward hatte gleichsam das Team im Stich gelassen, indem er sein persönliches «pursuit of happiness», das Streben nach dem Glück, über seine Pflichten gestellt hatte. Man kann das ganze spätere Leben der Queen als einen Versuch beschreiben, dieses Verhältnis umzukehren – die Pflichten über das private Glück zu setzen.

Elizabeths schottische Großmutter, Lady Strathmore, berichtete zwar, ihre Enkelin habe, als sie von der Abdankung ihres Onkels hörte, «glühend um einen Bruder gebetet», der sie in der Thronfolge übersprungen hätte. Ihre Mutter, nun Queen Elizabeth, war damals erst 36 Jahre alt, es hätte also leicht noch mehr Nachwuchs kommen können. Aber lange wird das Beten nicht gedauert haben, dafür waren die Kinder zu beschäftigt mit dem Umzug von 145 Piccadilly in den Buckingham Palast, mit seinen unwirtlichen 600 Räumen und den endlosen Korridoren, in denen sich Fahrrad fahren ließ. Man «campierte da wie in einem Museum», wie Miss Crawford später schrieb, livrierte Diener servierten «einfache englische Küche», doch wurde das Menü auf Französisch gedruckt. Der Umzug hatte aber auch einiges für sich: Die Prinzessinnen bekamen jetzt ihre eigenen Apartments, und es gab viel, viel mehr Platz für Elizabeths mehr als 30 Spielzeugpferde, jedes unterschiedlich gesattelt und bereit für imaginäre Ausritte.

IV

Philip

«*Sie konnte ihre Augen nicht von ihm lassen.*»
Marion Crawford über die dreizehnjährige Elizabeth,
als diese am 22. Juli 1939 dem griechischen Prinzen begegnete

«*Er war wie ein Hund, immer auf der Suche nach seinem Korb.*»
Alexandra von Jugoslawien über Philip, ihren Vetter

«*Weil ich auf die Dinge nicht als Romantiker schaue,*
sagt man mir nach, ich sei gefühllos.»
Prinz Philip zu Vorwürfen seines Sohnes Charles gegen ihn, 1994

Wie angenehm, einmal in einem Land zu sein, wo nicht das Volk regiert.»
Philip bei einem Besuch in Paraguay zu Präsident Alfredo Stroesser,
dem starken Mann des Landes, 1969

1939, das Unheil rückt heran. Hitler hat im März die «Rest-tschechei» überfallen und in das deutsche Protektorat Böhmen und Mähren verwandelt: Damit ist das Sudetenabkommen vom Herbst 1938 hinfällig. Wie viel der König mit Premierminister Neville Chamberlain in die Hoffnung investiert hatte, dass der Krieg verhindert werden könne. Wie zuversichtlich der Premier das berüchtigte Abkommen mit Hitler bei der Rückkehr aus München auf dem Flugplatz Heston, wie Heathrow Airport in seinen Anfängen hieß, geschwenkt hatte. George VI. und seine Queen waren am Abend dieser Rückkehr, es war der 30. September 1938, sogar so weit gegangen, Chamberlain im Buckingham Palast zu empfangen und unter der Begeisterung der Menge mit ihm auf den Balkon zu treten, die Bühne für königliche Auftritte damals und seitdem. Später, wieder in seinem Amtssitz, trat Chamberlain an ein Fenster, um sich noch einmal an die Jubelnden draußen zu wenden: «My good friends, dies ist das zweite Mal in unserer Geschichte, dass von Deutschland in die Downing Street ein Friede in Ehren zurückgekehrt ist. Ich glaube, es ist Friede für unsere Zeit.» «Peace for our time», elf Monate vor Ausbruch des Krieges. Das Balkon-Foto vom Buckingham Palast aus dem Jahr 1938 findet man nur ganz selten in den britischen Medien, lieber holen sie das Bild mit Churchill an gleicher Stelle aus den Archiven, das ihn am VE [Victory in Europe]-Day, dem 8. Mai 1945, zeigt. Zu tief sitzt noch immer die Beschämung über das Appeasement-Kapitel der britischen Geschichte.

Der Empfang für Chamberlain war ein Verfassungsbruch, wie selbst die Queen Mother später zugeben musste. Der Monarch hat neutral zu sein und darf sich nicht auf die Seite einer spezifischen Politik stellen. Aber wie William Shawcross 2009 in seiner offiziellen Biografie der großen alten Dame berichtet, war die Königin der Meinung, dass es sich eher um eine «lässliche Sünde» gehandelt habe, denn es ging ja nicht um Parteipolitik, sondern um eine alle Schichten des Volkes erfassende Erleichterung über das Abkommen von München, ein überparteiliches Phänomen also. «Aber natürlich», so fügte die ältere Elizabeth einsichtig hinzu, «war es nur für uns eine Erleichterung, nicht für die Tschechoslowakei.» Es war allgemein bekannt, dass das Königspaar der Politik der Beschwichtigung zuneigte, wie weite Kreise der Aristokratie und der Politik auch, wo man die Grundüberzeugung der Bevölkerung «Nie wieder Krieg!» im Tiefsten teilte. Ganz abgesehen davon, dass viele britische Deutschlandreisende der Entwicklung in Berlin mit einigem Verständnis gegenüber traten, schon deshalb, weil man im Bolschewismus die weitaus größere Gefahr zu erkennen meinte.

Noch im Mai 1939 teilte George VI. dem Außenministerium mit, er plane einen persönlichen Brief an Hitler zu schreiben, «as one ex-serviceman to another», als ein Exsoldat an einen anderen, in der Annahme, damit könnte der Krieg vielleicht doch noch ver-

«Friede für unsere Zeit»: Zwischen Queen Elizabeth und George VI.
Neville Chamberlain und seine Frau Annie Chamberlain auf
dem Balkon des Buckingham Palasts, 30. September 1938

mieden werden. Das Foreign Office fand die Idee nicht sehr attraktiv und untersagte dem König den Brief.

Doch in all diesen unheilschwangeren Wochen konnten und wollten die Briten von Elizabeth, der Nummer Eins in der Thronfolge, nicht lassen. Ein aufmerksamer Bildredakteur schrieb unter ein neues Foto des Mädchens im April, dem Monat ihres 13. Geburtstages: «Prinzessin Elizabeth wächst heran.» Mehr musste auch nicht gesagt werden, die abgebildete Figur sprach für sich. Vom Kind zur Frau, von Kniesöckchen zu Seidenstrümpfen – man glaubte, eine neue Haltung, eine neue Grazie an ihr zu erkennen. Im Juli des Jahres klappte Elizabeth ihre Schulbücher zu, um mit Margaret und den Eltern an Bord der königlichen Yacht

«Victoria and Albert» in die Ferien abzudampfen – und sie verliebte sich.

Der Tag war der 22. Juli und Ort des Geschehens das Navy
College in Dartmouth in Devon, wo schon George VI. und sein
Bruder David, der abgedankte Edward VIII., vor dem Ersten Welt-
krieg ihre Seeoffiziersausbildung erhalten hatten. Es sollte für den
König eine nostalgische Wiederbegegnung mit der Stätte der frü-
hen Schulung werden. Langsam schob sich der Dampfer in die
Mündung des Flusses Dart, auf das auf einem Felsvorsprung gele-
gene College zu.

Schicksal spielte an diesem Tag Lord Louis Mountbatten, als
Flottenadmiral Mitglied der Besuchergruppe an Bord der «Victoria
and Albert». Mountbatten war ein Verwandter der Königsfamilie,
denn sein Vater, Prinz Louis von Battenberg, hatte eine Enkelin
Königin Victorias geheiratet. Auf sie, die «Großmutter Europas»,
und ihre neun Kinder gingen ja letztlich alle Windsors und Batten-
bergs, gingen russische, jugoslawische, bulgarische und monte-
negrinische Fürstenhäuser verwandtschaftlich zurück, nicht zu vergessen etliche deutsche Duodezfürstentümer. Noch 1990 konnten
Adelsstatistiken 670 lebende Nachkommen von Victoria Regina
nachweisen.

Prinz Louis war naturalisierter Brite. 1917 hatte er, nachdem der
königliche Familienname Sachsen-Coburg-Gotha zu Windsor geändert worden war, auch seinen Namen ändern müssen; denn zusammen mit der Änderung im Königshaus wurden auch die deutschen Namen der in Großbritannien residierenden erweiterten
Royals anglisiert: Die Brüder von Queen Mary, der Herzog von
Teck und Prinz Alexander von Teck, wurden Marquess of Cambridge beziehungsweise Earl of Athlone; die Cousins des Königs,
Prinz Louis und Prinz Alexander von Battenberg, mutierten zu
Mountbatten und wurden Marquess of Milford Haven und Marquess of Carisbrooke. Milford Haven hatte bereits 1914, noch als
Prinz Louis Mountbatten, seine Stellung als «Erster Sealord» ver-
loren: Ein Deutschgebürtiger in so herausragender Position war im
Krieg gegen die «Hunnen» nicht akzeptabel. Die in Deutschland
lebenden königlichen Verwandten, jetzt im Feindeslager, traf es

noch härter: Sie wurden aller britischen Titel und königlichen Erbansprüche entkleidet. «Aus der deutschen Puppe schlüpfte ein britischer Schmetterling», wie Piers Brendon und Phillip Whitehead in «The Windsors – A Dynasty Revealed» es formulieren. Kaiser Wilhelm parierte den Vorgang der Namensänderung im Hause seines Vetters George V. – sie waren beide Enkel der großen Victoria – mit einem gekonnten Bonmot: Er freue sich darauf, nächstens Otto Nicolais komische Oper «Die lustigen Weiber von Sachsen-Coburg-Gotha» besuchen zu können.

Lord Louis Mountbatten, der Flottenadmiral an Bord der «Victoria and Albert», ein gut aussehender, schneidiger 39-Jähriger, hatte längst über die Zukunft der Prinzessin Elizabeth nachgedacht und wer sie einmal freien würde; er lag ähnlichen Gedanken in der engeren Königsfamilie um etliche Knoten voraus. So wusste er auch, wer damals gerade in Dartmouth zum Marineoffizier ausgebildet wurde: sein achtzehnjähriger Neffe, «Cadet Captain» Prinz Philip von Griechenland. Ein Stück Herrschaftswissen, wie man heute sagen würde.

Ein Ausbruch von Mumps und Windpocken am College hatte dessen diensthabenden Arzt bewogen, davon abzuraten, die beiden Prinzessinnen am Protokoll zu Beginn des königlichen Besuches teilnehmen zu lassen. Stattdessen wurde Kadett Philip, der griechische Prinz, abgestellt, die beiden Mädchen zu unterhalten. Amors große Chance. Man sprang auf dem Tennisplatz über das Netz, wobei Philip, wie Crawfie später schrieb, «ziemlich angab», während Elizabeth die ganze Zeit über «ihre Augen nicht von ihm lassen konnte». Man erzählte sich Geschichten, Philip mit Abstand die farbigsten, war er doch «teils dänisch, teils deutsch, teils russisch», wie Crawfie ihn in ihrem Erinnerungsbuch schildern wird; dabei fiel auch der Satz: «Ich kann in jedem Land Europas einen Verwandten finden, der mich aufnimmt.» Wenn das nicht abenteuerlich klang.

Man spielte auch Crocket – ein Foto zeigt Philip, wie er in der Uniform eines Fähnrichs zur See, den Kopf leicht geneigt, sich auf ein Crocket-Tor konzentriert, während Elizabeth, adrett in ihrem zweireihigen beigen Mantel, ihn neugierig fixiert. Beim Abschiedsdinner, so verzeichnet Marion Crawford, verspeist der immer hungrige Blondschopf eine große Menge Crevetten, zum Staunen der Mädchen. Ein blaublütiger Heimatloser, ein hungriger Teenager dazu. Philip war bereits in seinem zweiten Lebensjahr mit seiner Familie aus Griechenland vertrieben und seitdem unter diversen Verwandten herumgereicht worden wie ein Waisenkind; die Eltern hatten sich zu Beginn des Exils getrennt. Philips Cousine Alexandra von Jugoslawien verglich ihn einmal mit einem Hund, «immer auf der Suche nach seinem Korb». Das tarnte der junge Mann schon damals durch forsches Auftreten. Selbstmitleid war Philip grundsätzlich ein Gräuel, und zu Mitleid für andere findet er, wie man weiß, auch nicht immer leicht. Wie gut dies Muster später zu einer Partnerin passte, die sich ebenfalls, wenn auch nicht unter solchen emotionalen Entzugsbedingungen wie Philip, zur *stiff upper lip* erzogen und gelernt hatte, Gefühlsregungen schon als Kind zu unterdrücken.

Elizabeth und Philip sind beide Ururenkel von Königin Victoria – sie über die väterliche Linie, er durch seine Mutter, Prinzessin Alice, geborene Battenberg, die über zwei Generationen auf Victorias drittes Kind, ebenfalls eine Alice, zurückging. Die in Dartmouth Crocket spielenden Jugendlichen, Cousins dritten Grades, waren sich als Kinder schon einmal flüchtig begegnet, 1934 bei der Hochzeit eines Onkels von Elizabeth, des Herzogs von Kent, mit der griechischen Prinzessin Marina, einer Cousine Philips; Elizabeth hatte als Brautjungfer fungiert. Aber Verwandtschaften einmal beiseite gelassen – was der englischen Königstochter gleich zu Anfang an dem fünf Jahre Älteren aufgefallen sein muss, war seine unversenkbare Selbstsicherheit, ein Charakterzug, der sich merklich von ihrer eher vorsichtigen Art abhob. Sie ist scheu, er ist es im Übermaß nicht – das sollte sich zu einer gelungenen Symbiose ergänzen. Es hat nach Dartmouth viele Männer im Umkreis Elizabeths gegeben, freundschaftliche Beziehungen allemal, aber keine zweite Liebe. Die mit ihren dreizehn Jahren schon recht entwickelte junge Dame war nach diesem 22. Juli 1939, was ihr Herz angeht, ein für alle Mal festgelegt.

Philips Herkommen verdient es, einmal unters Mikroskop gelegt zu werden, denn seine Genealogie ist kompliziert; man muss über sie Bescheid wissen, um zu ermessen, was sich Elizabeth antat mit diesem Achtzehnjährigen, «in den sie sich verliebt hatte bei ihrer ersten Begegnung», wie die offiziell vom Hof autorisierte Biografie ihres Vaters von Sir John Wheeler-Bennett es 1958 ausdrücklich festhielt. Überhaupt ist die britische Monarchie ohne ihre Familienverzweigungen nicht zu verstehen, das Paar Elizabeth – Philip schon gar nicht. Machen wir also den Versuch, den Griechen zu entflechten.

In seiner blonden, hoch gewachsenen Erscheinung, seinen leuchtenden blauen Augen kam der griechische Prinz einer Marion Crawford wie «ein Wikinger» vor, doch sagen wir es lieber gleich heraus: Der «Grieche» war seinem Herkommen nach, und zwar auf beiden Seiten, Deutscher. Prinzessin Alice, die Mutter, war eine Battenberg aus hessischer Vorvergangenheit, Prinz Andreas von Griechenland, der Vater, ein Däne aus deutschem Geblüt. Ziemlich gemischt das Ganze. Philip war das jüngste von fünf Kindern aus dieser Verbindung. Seine vier älteren Schwestern – Margarita, Theodora, Cécile und Sophie – hatten alle in deutsche Adelsfamilien eingeheiratet, einige davon spätere Nazi-Größen, was dem Prinzen und seiner zukünftigen Frau noch Probleme verschaffen würde bei ihrer Hochzeit 1947: Zu der wurde keiner der deutschen Verwandten Philips eingeladen, mit Ausnahme seiner Mutter. Schlimm genug, dass mit dem Bräutigam erneut ein Deutscher ins britische Königshaus vorrückte, den Elizabeths Mutter anfangs schon mal als «Hunnen» apostrophierte, obgleich Philip sich gerne «skandinavisch» nannte und nennt. Hatte man nicht 1917 die deutschen Wurzeln entschieden hinter sich lassen wollen?

Was aber war in Philips Genealogie griechisch? Nachdem ihr Land 1832 Königreich geworden war, hatten sich die Griechen nach einem ersten Herrscher aus dem bayrischen Haus Wittelsbach ihre Monarchen in Dänemark bestellt, gewissermaßen nach einem königlichen Versandhauskatalog, der damals in Europa Herrscher anbot, die qua Geburt gar nicht zur jeweils beglückten Nation gehören mussten. Selbst die Dänen, die mit Georg I. den Griechen 1845 einen ersten König aus ihrem Stall schenkten, waren gar keine Dänen, sondern Angehörige des deutschen Hauses Schleswig-Holstein-Sonderburg-Glücksburg, das in Dänemark und Norwegen herrschte – und eben auch in Griechenland, ehe das Land 1974 per Referendum die Monarchie abschaffte.

Mithin war auch Philips Vater, Prinz Andreas von Griechenland und Dänemark, als Sohn des genannten Georgs I., nicht von griechischer, sondern von deutscher Abstammung, und so auch Philip; griechisches Blut floss in seinen Adern überhaupt nicht. Dann schon eher englisches, über die Urverwandtschaft mit Königin Victoria. Auch die hatte übrigens bereits Dänemark im Visier, denn sie verheiratete ihren Ältesten, den späteren Edward VII., mit der Dänenprinzessin Alexandra, einer Schwester von Philips Großvater Georg, dem ersten Dänenkönig auf griechischem Thron. Victorias Heiratspolitik war genial und paneuropäisch.

Aber wir müssen hier auf Lord Louis Mountbatten zurückkommen, den Admiral und Heiratsränkeschmied im Nebenberuf, einen Bruder von Philips Mutter Alice und damit Philips direkter Onkel, den er und die Familie immer nur «Uncle Dickie» nannten. Der sollte eine große Rolle spielen bei der Beförderung des englischen Lebenslaufs seines «griechischen» Neffen. Die Unterbringung Philips am traditionsreichen Dartmouth College war solch ein geschickter Schachzug Mountbattens. Man konnte nicht englischer werden, als wenn man sich eine Karriere als Leutnant der Navy baute und dann auch noch im Zweiten Weltkrieg seine Sporen verdiente bei Seekämpfen im östlichen Mittelmeer.

Lord Mountbatten war ein Glücksfall für den griechischen Prinzen aus dem Hause Schleswig-Holstein-Sonderburg-Glücksburg – er wurde praktisch Philips Adoptivvater. Denn zum Zeitpunkt von Philips Geburt im Juni 1921 war die Ehe seiner Eltern schon so gut wie gescheitert und brach nach dem Exil völlig zusammen. Die Familie musste nach einem Militärputsch in Griechenland im Dezember 1922 das Land verlassen, evakuiert aus Korfu auf der britischen «HMS Calypso», mit Philip in einem Kinderbett aus Apfelsinenkisten. Die Mutter blieb mit den fünf Kindern zunächst bei Verwandten in Paris, während der Vater später nach Monte Carlo übersiedelte, ein verarmter Charmeur, von reichen Freunden und Freundinnen unterstützt. Die übrige Familie, mittellose geflohene griechische Royals, waren auf Hilfe aus Verwandtschafts- und Freundeskreisen angewiesen. Lady Kennard, mit Philip seit Kindestagen befreundet, bestätigte, dass der Junge nie jammerte oder sich beklagte – «aber er hatte nicht genug Kleidung. So kauften ihm meine Eltern einen Mantel.»

Sehr bald traten bei Philips Mutter, die nach einer frühen Masernerkrankung nahezu taub geblieben war, Zeichen von Schizophrenie auf, sodass sie auf Druck ihrer beiden Brüder Louis und George Mountbatten in psychiatrische Kliniken eingewiesen wurde, kurzfristig zunächst nach Berlin-Tegel, dann in ein Sanatorium in Kreuzlingen, auf der Schweizer Seite des Bodensees. Die Prinzessin litt unter religiöser Manie, hielt sich für die Braut Christi, psychisch fixiert auch auf andere geistige Figuren wie Buddha, wie wir aus Hugo Vickers' Biografie «Alice, Princess Andrew of Greece», erfahren; es handelte sich um eine sogenannte neurotisch-präpsychotische libidinöse Kondition. Die hielt zum Glück nicht an, Alice wurde nach zwei Jahren entlassen und siedelte nach einem unsteten Leben europäischer Wanderschaft nach Athen über, wo sie sich während des Zweiten Weltkrieges mit karitativen Werken hervortat und 1949 einen Laienfrauenorden gründete. In ihrer Athener Zeit rettete sie auch einer griechisch-jüdischen Witwe und ihren zwei Kindern, die sie während der deutschen Besetzung versteckt hielt, das Leben. Dafür erhob man sie nach ihrem Tod in Yad Vashem zur Ehre einer «Gerechten». Prinz Philip und seine einzige damals noch lebende Schwester Sophie, in zweiter Ehe mit Prinz Georg Wilhelm von Hannover verheiratet, wohnten 1994 der Zeremonie in Jerusalem bei.

«Ich hatte Verwandte in England, die zahlen konnten», beschrieb der unsentimentale Prinzgemahl später den Grund, warum unter allen Möglichkeiten seine Laufbahn eine englische Richtung nahm, finanziell getragen von seinen beiden Onkeln Mountbatten, George und Louis, «Uncle Dickie» dabei an erster Stelle. Englisch hatte der Junge von der Mutter gelernt, die mit ihren Kindern fast nur in dieser Sprache verkehrte; aber Philip beherrscht auch Deutsch und Französisch fließend. Nach der *prep school* in Cheam, Grafschaft Surrey, schob sich in seinem englischen Curriculum 1933 eine kurze deutsche Phase dazwischen, im baden-württembergischen Salem, wo seine Schwester Theodora mit dem Markgrafen von Baden verheiratet und mit dem Pädagogen Kurt Hahn, dem bekannten Internatsgründer auf Schloss Salem, befreundet war. Hahn musste die Schule auf Druck der Nationalsozialisten bereits 1933 schließen, konnte sie aber im schottischen Gordonstoun weiterführen; Philip ging mit. Als Elizabeth den griechischen Prinzen, ihren entfernten Verwandten und künftigen Mann, im Juli 1939 traf, hatte er Gordonstoun gerade hinter sich und war in Dartmouth frisch als Kadett eingeschrieben.

Gordonstoun – hat es Philip und seinen Charakter «geschmiedet»? Höchstens in dem Sinne, dass die Botschaft der Härte, die Hahn als pädagogisches Ziel predigte, bei dem Schüler-Prinzen auf fruchtbaren Boden fiel. Wer hätte eine härtere Kinderstube nachweisen können als er? Nicht einmal eine Geburtstagskarte erhielt er von seiner Mutter zwischen seinem achten und fünfzehnten Lebensjahr, und kein Besuch aus seiner verzweigten griechisch-deutschen-englischen Verwandtschaft ließ sich zwischen 1933 und 1939 jemals im schottischen Norden sehen, wo man Philip «abgestellt» hatte. Zwar konnte er «in jedem Land Europas einen Verwandten finden, der mich aufnimmt», was in den Ferien auch geschah. Aber das war kein Ersatz für ein fehlendes Elternhaus. Kein Wunder, dass man dem Herzog von Edinburgh einen ausgeprägten Sinn für den Underdog nachsagt.

So nahm der Gordonstoun-Gründer Kurt Hahn mit seinen Maximen übergroßen Platz im Horizont des jungen Prinzen ein. Die Fenster in den Schlafräumen blieben geöffnet, der Wind pfiff kalt herein, dann um sieben Uhr Wecken und 300 Meter an die Wasserstellen gelaufen zur kalten Dusche, sommers wie winters. «Die Poren sollen sich schließen», pflegte Hahn zu sagen. Mehr als die Haut schloss sich da in Verkrampfung. Philip verlor damals so etwas wie seinen emotionalen Kompass, ein Umstand, den er hinter seinem brüsken, sportlichen, hyperaktiven Wesen dadurch zu erkennen gibt, dass er ihn ständig zu verbergen sucht. Bischof Michael Mann, lange Zeit über Dekan an der gotischen St. George's Chapel auf Schloss Windsor, lieferte in den späten 80er Jahren in einem Gespräch mit dem «Daily Telegraph» eine treffende Charakterskizze Philips: «Seine Kindheitserfahrungen legten ihm nahe, mit Gefühlen vorsichtig umzugehen, sie runter zu schlucken und statt dessen Streikposten um sich aufzustellen, mit Maschinengewehren bewehrt. Niemand wird da durchgelassen, dem er nicht total vertrauen kann.» Latente Gefühlsabwehr ging schon von Kurt Hahn selber aus. Nie verheiratet, in der Gesellschaft von Frauen unsicher, es sei denn, sie waren mittleren Alters und mütterlich, erklärte der Pädagoge das Thema Frauen in der Erziehung für tabu, jede Diskussion über Sex wurde untersagt. Das waren die Streikposten im Internat Gordonstoun. Selbst Konzerte meidet der Herzog von Edinburgh noch heute, wie sein Sohn, Prinz Charles, Jonathan Dimbleby mitteilte, in dessen Biografie des Prinzen von 1994. «Ich will doch nicht gerührt werden!», lautet Philips Devise in der Wiedergabe durch den Sohn. Charles hasste Gordonstoun, wohin ihn sein Vater abkommandierte. Der Sohn wurde oft regelrecht «gemobbt», wegen seiner Segelohren gehänselt, ohne Respekt vor dem Thronfolger.

Dabei operierte Kurt Hahn von einer pädagogischen Prämisse her, die sehr gut zum britischen Charakter passt: der Erprobung des Heranwachsenden im großen *outdoor*, der freien Natur, unter hart fordernden Bedingungen, ob in der schottischen Einöde oder zur See bei jedem Wetter. Ergänzend trat freilich der Einsatz im karitativen, sozialen Milieu hinzu. Dies alles war Teil des Curriculum und spiegelte als Erziehungsideal die eher geringe Bewertung des rein Intellektuellen wider, dem Hahn das Praktische mindestens gleichwertig zur Seite stellte. Ganz so, wie es auch die britische Königsfamilie immer gehalten hatte. Es kam dem Schulleiter darauf an, dass der junge Mensch Anforderungen an sich stellen lernte, um die eigenen Grenzen seiner Belastbarkeit auszuloten, sie womöglich zu erweitern, und zwar über eine breite Palette von Aktionen: praktisches Handeln, persönliche Erfahrungen in Natur und Umwelt, sportliche Betätigung, sogar Hobbys, aber eben auch soziales Engagement.

Prinz Philip war ohne Abstriche damit einverstanden. Es erlaubte ihm, sich in einer Welt vielfältiger Herausforderungen zu bewähren und damit Vorbild zu werden für viele, die ähnlich ihren Charakter bilden wollten. Auf Kurt Hahns Ideen geht der «Duke of Edinburgh Award» zurück, den Philip 1956 aus der Taufe hob und der jungen Menschen zwischen 14 und 24 die Möglichkeit gibt, Auszeichnungen zu erwerben in Abstufungen von Gold, Silber und Bronze, je nach der Leistung, die sie sich zutrauen. Nicht um Konkurrenz geht es dabei, sondern um Ziele, die sich jeder selber setzt, um zu sehen, wie weit er kommt. Der «Award» ist längst international, das «Internationale Jugendprogramm in Deutschland e.V.» zum Beispiel steht bei uns in der gleichen Tradition.

Prinz Charles ist, was die praktischen und sportlichen Fähigkeiten angeht, den Spuren seines Vaters durchaus gefolgt, ob als Seeoffizier, Airforce-Pilot oder auch als Polospieler; vielleicht wird er von dem 90-jährigen Patriarchen auch noch das Faible für Vierspännerrennen erben. Auch in seinem Engagement für die Umwelt und menschenwürdiges Leben setzt er fort, was Philip schon früh für sich auf die Fahnen geschrieben hatte. Aber er ist dennoch ein anderes Gemüt: nachdenklich, manchmal grüblerisch, ein grüner Hamlet, Musikliebhaber und ein vorzüglicher Aquarellist dazu. Manchmal spreche er mit seinen Blumen, gab Charles vor Jahren zu verstehen. Bei solchen Bekenntnissen fällt den Briten meist nichts Besseres ein als zu seufzen: «Natürlich, das deutsche Blut!»

Philip nennt seinen Sohn, mit dem er inzwischen so etwas wie einen Waffenstillstand erreicht hat, einen «Romantiker». Damit setzt er sich von dem ab, was Charles in dem mehrfach erwähnten Dimbleby-Buch von 1994 an Vorwürfen gegen die harte, nach seinem Urteil fast lieblose Erziehung des Vaters vorzutragen hatte; der Herzog von Edinburgh war damals tief verletzt. «Charles ist Romantiker, ich Pragmatiker», verteidigte er sich. «Das heißt, wir gehen die Dinge unterschiedlich an. Und weil ich auf die Dinge nicht als Romantiker schaue, sagt man mir nach, ich sei gefühllos.»

Gefühllos wohl nicht, aber doch ruppig, bis heute. Der Herzog besitzt zweifellos die Fähigkeit einzuschüchtern. Eine Cousine der Queen, die Honorable Margaret Rhodes – verwandt über die Strathmore-Linie – gab in einem Gespräch mit dem Autor in ihrem Haus in Windsor Great Park unumwunden zu, wie geradezu Furcht einflößend der Herzog manchmal sein könne. «Man sitzt da beim Essen neben ihm, unterhält sich, und plötzlich schießt er los: ‹Was hast du gerade gesagt? Was meinst du damit? Wie kann das gehen? Beweis' mir das!›»

Louis Mountbatten, der 1979 einem Terroranschlag der IRA zum Opfer fiel, erzählte immer gerne von einer Episode aus den frühen Jahren der Ehe zwischen Philip und Elizabeth, als die junge Frau dem Temperament ihres Mannes gelegentlich noch mit einer gewissen Ängstlichkeit begegnete. Man saß zu dritt in einem Automobil, von Philip gesteuert, aber mit überhöhter Geschwindigkeit, was Elizabeth veranlasste, in kritischen Momenten angespannt und hörbar die Luft einzuziehen. Endlich explodierte der Prinz: «Wenn du das noch einmal machst, werde ich dich einfach raussetzen.» Später fragte Mountbatten sie: «Aber du hattest doch Recht – warum hast du nicht protestiert?» Darauf die Queen, verwundert: «Aber du hast doch gehört, was er gesagt hat.» Solche Reverenz legte sich bald. Eher hört man die Königin gelegentlich, wie sie zu ihrem Mann sagt, er solle seinen Mund halten.

Philip selber erlaubte später in einem Vortrag Einblick in seine Natur und in die Erfahrungen, die ihn vor allem geprägt haben: «Ich bin kein Graduierter irgendeiner Universität, ich bin kein Humanist oder Naturwissenschaftler, ich schulde vielmehr meine ganze Treue einer anderen der wirklich großen Bruderschaften dieser Welt, von denen es nur noch wenige gibt – der Bruderschaft der See. Auf dem Meer finden sich alle Konflikte, mit denen der Mensch zu ringen hat, immer schon und auch heute noch.»

Doch dem selbstbewussten Ex-Seemann mit seiner unternehmerischen Energie hat noch niemand ins Gesicht zu sagen gewagt: «Sir, you are a bulldozer», wie Tim Heald in seinem Buch von 1991, «The Duke. A Portrait of Prince Philip», schreibt. Vielleicht, weil man weiß, wie unerbittlich sich Prinz Philip selber antreibt, bei al-

len Aufgaben, denen er seine Schirmherrschaft leiht oder in die er
selber gestaltend eingreift, vom «Duke of Edinburgh Award» über
den World Wildlife Fund for Nature (WWF), an dessen Spitze er
ab 1961 für viele Jahre als Präsident stand, über die International
Equestrian Federation (1964–1986) bis zum «Queen's Award for
Export and Technology», um aus dem Meer an Aktivitäten nur diese vier zu bergen.

Die Widersprüche in seinem Charakter sind Legende; sie ergeben ein schillerndes Kontrastbild. Da mischt sich Bescheidenheit
mit Arroganz, optimistische Energie mit kalten Duschen der Ab-
kanzelung. Der Prinzgemahl ist einmal liebenswürdig, dann abwei-
send, sicher und unsicher, sensibel und unsensibel, warm und über-
kritisch, gesellig und ein Einzelgänger. Er liebt das Debattieren,
aber kann es nicht ertragen, wenn er unterliegt. Er muss einen
Schritt hinter der Queen gehen, aber hält sich für ein Alphatier.
Doch hat er seine Frau immer mit beispielhafter Loyalität unterstützt, auch wenn beide sich manchmal in Hörweite der Dienerschaft Wortgefechte geliefert haben, die weit ab lagen von königlicher Contenance.

Nichts ärgert den Herzog mehr, als wenn man ihn auf seine
berühmten Fettnäpfchen zu reduzieren versucht, in die er mit ge-
schulter Regelmäßigkeit tritt wie in eine Rolle, die man von ihm
fast erwartet; seinen Beschwerden zum Trotz spielt er sie mit
pflichtschuldiger Bravour weiter. Es war für ihn schon immer ein
Ventil, seine Eigenart zu behaupten gegenüber einem Hof, der ihm
lange Zeit über nicht wohl gesonnen war. Heute ist es bei ihm
zweite Natur. Hat er sich bei seinem 80. Geburtstag vor zehn Jahren
auf einer Rede nicht selber als «der alte Stänkerer» bezeichnet?
Spaßvögel nennen die spezifische Kunst, die er führend beherrscht,
«Dontopädalogie» – die Fähigkeit, den Fuß in den eigenen Mund
zu stecken, «to put your foot in your mouth», wie die englische
Sprache sagt, wenn sich jemand verbal so richtig daneben benimmt.
Die Beispiele dafür sind in Philips Fall Legende, Ausfluss einer
großen politischen Unkorrektheit, die ihm soviel Tadel wie Beifall
einbringt. Er skandalisiert eben gerne – sein ganz persönliches Privileg.

Dem begegnete ich selbst zum ersten Mal im Sommer 1962, als der Herzog der Universität Cardiff, wo ich eine Lektorenstelle bekleidete, einen Besuch abstattete; er war Kanzler der Universität. Wir vom German Department standen schön aufgereiht, um dem Besucher die Hand zu schütteln. Er begann auch korrekt mit Professor T.P. Williams, dem damaligen Leiter des Germanistischen Instituts, ging die Reihe weiter und hielt plötzlich inne, wie von einem Gedankenblitz getroffen. Dann kehrte er zu Professor Williams zurück, hob dessen reichlich zerschlissenen Talar an seinem Ende hoch und kommentierte verschmitzt: «Sie haben hier wohl schon sehr lange unterrichtet, nicht wahr?» Dem Professor – und uns – verschlug es die Sprache.

Den Vorfall mit den Schlitzaugen sollte man sich eigentlich ersparen nachzuerzählen, er ist zu weltbekannt und nicht einmal der witzigste – oder rüpelhafteste – von Philips Aussprüchen. Solche Dinge haben leider im Cyberspace Ewigkeitsdauer. Philip traf während des Staatsbesuchs der Queen in China im Jahr 1986 an der Großen Mauer auf eine Gruppe schottischer Studenten, die ihm erzählten, wie viele Jahre sie bereits in China studiert hatten. Der Herzog warnte sie freundlich, es damit nicht zu übertreiben, sonst kämen sie alle womöglich noch «slitty eyed», mit Schlitzaugen, zurück. Doch jeder Philip-Fan führt seine eigene Hitliste von des Herzogs *gaffes*, wie man diese Verbalinjurien im Englischen nennt. Nicht anders auch dieses Buch.

Bald nach seiner Hochzeit bemerkte ein Freund des Prinzen, was für einen schönen Teint Elizabeth, die Herzogin von Edinburgh, die sie damals war, doch habe. «Ja, und sie ist so am ganzen Körper», erwiderte Philip mit unbekümmerter Indiskretion. Dem früheren starken Mann Paraguays, Alfredo Stroesser, machte er bei einem Besuch in dessen Land 1969 das Kompliment: «Wie angenehm, einmal in einem Land zu sein, wo nicht das Volk regiert.» Doch 1964, es war gerade das vierte Kind der Königin und des Prinzgemahls geboren, traf Philip mit seiner Kunst auf ein schlagfertiges Gegenüber. Einen brasilianischen Admiral, dessen ordensbestückte Brust er bewunderte, fragte er süffisant: «Auf welchem See haben Sie eigentlich alle diese Medaillen erstritten?» Darauf der: «Nicht im Ehebett.» Einer der seltenen Vorfälle, wo Philip nicht die Oberhand behielt. Anders gegenüber dem Chefredakteur des «Sunday Express», John Junor, in den 70er Jahren, als dieser bei einem Termin im Buckingham Palast den Herzog fragte: «Sind die Corgis gefährlich?», worauf Philip zurückschoss: «Sie meinen, sind sie in Gefahr durch Sie?» Er hasst Fragen, die nur pro forma gestellt werden, und ist deshalb auch kein Anhänger von Smalltalk. Einmal fragte ihn ein Offizieller nach einem Langstreckenflug nach Kanada: «Wie war Ihr Flug?» Darauf Philip: «Sind Sie schon mal geflogen? Ja? Nun, erst startet das Flugzeug, dann landet es. Genau so war es.» Leider ist nicht überliefert, was Helmut Kohl antwortete, als der Herzog von Edinburgh ihn einmal unverfroren mit «Guten Tag, Herr Reichskanzler!» begrüßte.

Im Zweifelsfall sind die *gaffes*, die sich die royaltyvernarrten Medien leisten, allemal größer als das, was dem Herzog von Mal zu Mal über die Lippen kommt. 1995 wusste eine deutsche Zeitung zu berichten, der Herzog von Edinburgh habe 24 uneheliche Kinder. Dem lag eine falsche Übersetzung des englischen *godchildren* zugrunde – Patenkinder.

V

Krieg, Nachkrieg, Hochzeit:
Die harten Jahre und das junge Glück

«Die Prinzessinnen würden nie ohne mich das Land verlassen,
ich nicht ohne den König, und der König würde nie gehen.»
Königin Elizabeth, 1940

«Das menschliche Äquivalent kostbaren Sèvres-Porzellans,
eingewickelt und sicher verwahrt»
Der Historiker Robert Lacey über die Prinzessinnen
Elizabeth und Margaret während der Kriegsjahre
auf Schloss Windsor

«Sie hatte ein Funkeln an sich,
das bis dahin keiner von uns gesehen hatte.»
Marion Crawford über Elizabeth bei deren
Wiedersehen mit Philip, Weihnachten 1943

«Ich erkläre vor euch allen, dass mein Leben,
ob es lang währt oder kurz, dem Dienst an euch gewidmet sein soll.»
Elizabeth an ihrem 21. Geburtstag am 21. April 1947
in einer Radio-Ansprache aus Kapstadt

Krieg, schon das bedrohliche Herannahen von Krieg ist geeignet, einen König und sein Volk besonders eng zusam-
menzuschweißen. In Großbritannien wurde dies unter
George VI. exemplarisch Wirklichkeit. Die Monarchie, lädiert
durch das Kapitel Abdankung, erfuhr im Zweiten Weltkrieg eine
Neubelebung ihrer Beliebtheit, wie man es Ende 1936 nicht für

möglich gehalten hätte. Schon bei der Krönung von George VI. am 12. Mai 1937 durchliefen die Briten so etwas wie eine Renaissance ihres nationalen Hochgefühls. Die besondere Würde des Zeremoniells veranlasste viele, den Ornat demokratischer Freiheit mit der choreographischen Vulgarität des europäischen Faschismus zu vergleichen, ein Vergleich, der England nur aufwerten konnte. Ein besonders begeisterter Kommentator nannte die festliche Prozession durch Londons Straßen «glänzender als alles, was Diktatoren auf die Beine stellen können; es schlägt Rom und Nürnberg um Längen in deren eigener Sparte, und das ohne jeden Zwang oder Horror.»

Vierzehn Monate später war es mit Ornat und Glanz vorbei, und der patriotische Trotz musste zu Spaten und Schaufel greifen: Im Juli 1938 wurden in London zum ersten Mal Gräben ausgehoben, Sandsäcke und Gasmasken verteilt, so groß war zu diesem Zeitpunkt dank des Säbelrasselns von Hitler in der Sudetenfrage die Furcht vor einem neuen Krieg; umso erleichterter dann das Aufatmen nach München. Hoffnungen auf Frieden hielten sich bis kurz vor Ausbruch des Krieges, ja, in einigen Kreisen auch darüber hinaus. So schrieb George Bernard Shaw noch im Oktober 1939 in einer Kolumne im «New Statesman»: «Unsere Aufgabe ist es, mit Hitler und überhaupt mit der ganzen Welt Frieden zu schließen, statt noch mehr Unheil zu stiften und unsere Leute damit zu ruinieren.»

Das Ruinieren war aber seit dem 1. September 1939 in vollem Gange, von anderer als von britischer Seite. Zwei Tage nachdem Chamberlain am 3. September für Großbritannien den Krieg erklärt hatte, trat auch der Monarch vor das Mikrofon der BBC, um in quälend langsamen Sätzen die Antwort der Krone vorzutragen: «Zum zweiten Mal im Leben der meisten von uns befinden wir uns im Krieg […], gezwungen in diese Herausforderung durch ein Prinzip, das, würde es sich durchsetzen, fatale Folgen hätte für jede Art ziviler Ordnung auf der Welt. […] Würde die primitive Doktrin, dass Macht gleich Recht ist, in der Welt etabliert werden, dann wäre auch die Freiheit unseres eigenen Landes und des Commonwealth in Gefahr.» Der Film «The King's Speech» hat die Kernsätze dieser Radioansprache übernommen, aber man kann sie sich mühelos in originaler Länge aus dem Internet herunterladen und die würdige Wucht der Worte dabei noch deutlicher erleben. George VI. hat nie lang gesprochen, man nahm immer Rücksicht auf seinen Sprachfehler; das erhalten gebliebene Originalmaterial wirkt umso eindringlicher. Der König steht neben Churchill als die zweite wichtige Figur vor uns, die in jenen Jahren den Briten den Rücken gestärkt hat.

Dabei war für die Insel der Krieg zunächst nur ein *phoney war*, ein unechter Krieg, der sich fern den eigenen Küsten abspielte. Das änderte sich schlagartig 1940, als nach dem Dünkirchen-Debakel von Ende Mai Invasionspläne Hitlers bekannt wurden und man sich auf das Schlimmste gefasst machen musste – auf eine deutsche Besetzung. Für die hatte das Reichssicherheitshauptamt (RSHA) in Berlin Einsatzgruppen vorgesehen, die nach der ersten militärischen Welle in sechs Schlüsselregionen die Kontrolle übernehmen sollten: London, Bristol, Birmingham, Liverpool, Manchester, Edinburgh. Ergänzend dazu verfügte Walther von Brauchitsch, Oberbefehlshaber der Heeresgruppe B und designierter Overlord der Insel, in einer «Direktive über die Militärregierung in Großbritannien» vom 9. September 1940 unter anderem, «dass die taugliche männliche Bevölkerung zwischen 17 und 45 Jahren, von Regelungen im Ausnahmefall abgesehen, interniert und auf den Kontinent verbracht werden soll». Hybris zeitigt merkwürdige Blüten.

Die englische Elite machte sich keine Illusionen, was ihr bei einer erfolgreichen deutschen Invasion blühen würde. Tatsächlich erfuhr man auf der Insel nach dem Krieg von der Existenz einer schwarzen Liste mit 2820 «besonders gesuchten Personen», alle präzise mit ihren Adressen gekennzeichnet, die nach erfolgter Invasion sofort verhaftet werden sollten, und zwar nicht nur Politiker, sondern auch Künstler, Verleger, Emigranten, Presseleute, Wissenschaftler und Gewerkschafter. Dieses Gestapo-Handbuch wurde im Jahr 2000 in englischer Übersetzung zum ersten Mal veröffentlicht.

Einer, der auch ohne die Kenntnis dieser Liste schon damals wusste, dass über ihm das Damoklesschwert der Verhaftung hing, war der in unserer Erzählung mehrfach erwähnte Harold Nicolson, parlamentarischer Staatssekretär im Informationsministerium, Essayist, Tagebuchautor und kundiger Kommentator deutschen Hochmuts; das genannte Verzeichnis trug in der Tat auch seinen Namen, nebst Adresse: «London S.E. 1, 4 King's Bench Walk. RSHA VI G1». Am 26. Mai 1940 schrieb Nicolson besorgt an seine Frau, die Schriftstellerin Vita Sackville-West: «Um Dir jede Demütigung zu ersparen, solltest Du eigentlich eine Giftkapsel bereithalten und damit, wenn nötig, abtreten. Ich werde mir ebenfalls eine besorgen. Ich fürchte mich überhaupt nicht vor einem so schrecklichen und plötzlichen Tod. Was ich wirklich fürchte, ist gefoltert und erniedrigt zu werden. Nur – wie an solche Kapseln herankommen? Ich werde meine Arztfreunde fragen.» Am 19. Juni dann die «beruhigende» Botschaft an Vita: «Ich habe jetzt das Gewünschte und werde Dir Deine Hälfte am Sonntag mitbringen. Es sieht alles ganz einfach aus.»

Nicht mit Gift, dafür mit Revolver bewaffnet war der König bei allen Terminen, zu denen er gefahren wurde. George VI. und seine Frau wollten kämpfen, wenn die Deutschen kämen – im Park des Buckingham Palasts nahm das Ehepaar Schießunterricht. Besonders ernst war Königin Elizabeth bei der Sache, sie erschreckte ihre Mitarbeiter geradezu mit dem Enthusiasmus, den sie bei ihren Zielübungen an den Tag legte; noch als Chef der Admiralty, der er bei Kriegsausbruch wurde, hatte Churchill ihr einen besonders zielgenauen amerikanischen Revolver beschafft. Außenminister Lord Halifax, der auf seinem Weg nach Whitehall die Abkürzung durch den Park des Buckingham Palastes nehmen durfte, beschloss diskret, künftig eine andere Route zu nehmen, nachdem er eines Tages die Königin und ihre Aufwartedamen bei deren Schießübungen erlebt hatte.

Natürlich steckte in diesen Gesten des Widerstandes eine gute Portion Kalkulation – wir haben Elizabeth bereits als einen geschickten Impresario der öffentlichen Meinung kennen gelernt.

9. September 1940: George VI. und Queen Elizabeth
im Buckingham Palast nach einem Angriff der deutschen Luftwaffe
(Foto: ILN)

Aber mehr als Propaganda war im Spiel. Während viele Mitglieder
der Aristokratie und anderer Schichten, die es sich leisten konnten,
sich zu ihrer Sicherheit ins Ausland absetzten oder zumindest die
Kinder dorthin verbrachten, machte Her Majesty mit einem berühmten Ausspruch klar, dass die Königsfamilie diesem Beispiel
nicht folgen werde: «Die Prinzessinnen würden nie ohne mich das
Land verlassen, ich nicht ohne den König, und der König würde nie
gehen.»

In der Einfachheit dieser Sätze lag ihre große Wirkung – auch
wegen des Mutes, den Elizabeth und ihr Mann mit dem Entschluss
zu bleiben demonstrierten. Am 7. September 1940 begann die Luftschlacht über England, die «Battle of Britain», auch die ersten
Bombenabwürfe, mit 400 Toten und 4357 Verletzten gleich am ersten Tag in London. Der Buckingham Palast wurde im weiteren
Verlauf insgesamt neun Mal getroffen. Churchill schrieb an den
König: «Dieser Krieg hat den Thron und das Volk enger zusam-

mengeschlossen als jemals zuvor.» Das Schicksal hätte dies leicht durchkreuzen können: Am 13. September 1940 verpasste eine Bombe das Königspaar im Buckingham Palast nur knapp. Der Pilot hielt im Tiefflug Kurs auf sein Ziel, der Einschlag zerstörte einen Teil der Gartenseite und die Kapelle im Hof des Gebäudes total. Nur weil bei einem früheren Angriff schon mehrere Fenster zu Bruch gegangen waren, kam die Bombe nicht zu ihrer vollen Wirkung, als sie in der Nähe der Tagesräume des Ehepaars einschlug. Die Majestäten begaben sich sofort ins East End von London, um das Ausmaß noch weit größerer Zerstörungen an Ort und Stelle zu inspizieren. Wieder fällt ein Satz, der geradezu ikonische Bedeutung entfalten sollte, und wieder ist es die Königin, die ihn spricht: «Ich habe das Gefühl, jetzt kann ich dem East End ins Auge schauen.» Während sie mit dem König über die Trümmer steigt, fügt sie hinzu: «Mir geht diese Zerstörung viel näher als die Bombe, die bei uns fiel.» Auf Augenhöhe mit den Menschen ihre bitteren Erfahrungen teilen – das war es, was die Windsors in den Kriegsjahren so populär machte.

Der Buckingham Palast war in dieser Zeit eine traurige Adresse. Eleanor Roosevelt, die Gattin des US-Präsidenten, kam Ende 1942 auf Besuch und schrieb erschüttert an ihren Mann über die Restriktionen bei Wasser, Heizung und Lebensmitteln. Die Königin hatte dem distinguierten Gast ihr eigenes Schlafzimmer überlassen, dessen zerborstene Fenster mit Brettern vernagelt waren, ein primitiver Heizkörper hatte nur eine funktionierende Röhre, die Wärme abgab. In der Badewanne markierte ein schwarzer Strich, bis wie weit man Wasser einlaufen lassen durfte – 12,5 Zentimeter. «Das Essen war sehr dürftig», resümierte Eleanor, «der Palast ist riesig und ohne Heizung. Der König und die Königin sind erkältet.» Was Wunder.

Nicht überall übrigens konnten George VI. und seine Frau nur Popularität ernten. Es gab auch Kritik, wenn das Ehepaar bombardierte Gegenden in London oder anderen Städten besuchte, sie in Hut und Pumps mit hohen Absätzen. Laute Zwischenrufe ließen sich gelegentlich hören. «Die Königin kann überhaupt nicht verstehen, wie es uns geht», meldete sich eine Frau in Lewisham, im Südosten Londons, «sie hat andere Häuser zu ihrer Zuflucht.» Jemand in Kensington sekundierte: «Sechs Adressen, und zu Hause wartet ein prasselndes Kaminfeuer auf sie.» Wir wissen um diese und andere öffentliche Kommentare, weil Anfang 1937 drei pfiffige Unternehmer eine eigene Form der Meinungsforschung gegründet hatten, «Mass Observation», wo Konversationen in Schulen, auf der Straße, in Pubs und Kirchen aufgefangen wurden, gesammelt von Hunderten von freiwilligen Helfern, die dem Volk aufs Maul schauten und daraus Stimmungen destillierten zum besseren Verständnis des jeweiligen Augenblicks. «Mass Observation» stellte erst in den 60er Jahren seine Arbeit ein, verdrängt von professionelleren Methoden der Meinungsforschung.

Der König wollte aber nicht nur während der Luftschlacht über England als Vater der Nation seinen Platz an der Seite Churchills behaupten. Von 1943 an besuchte er britische Truppen in Nordafrika, immer unter größter Geheimhaltung. Als Churchill sich bereit zu machen schien, am 6. Juni 1944 auf einem der Schiffe an der Landung der Alliierten in der Normandie teilzunehmen, erpresste ihn George VI. mit der Drohung, dann fahre auch er mit. «Haben Sie auch sichergestellt, dass Ihre Tochter die Prozedur der Thronnachfolge gut gelernt hat?», fragte ihn daraufhin sein Privatsekretär pointiert. Das war der Moment, in dem Churchill die Fragwürdigkeit seiner Idee einsah und sie aufgab. Am 15. Juni gelangte der König dann aber doch nach Frankreich, wo er sich von General Montgomery, dem britischen Oberkommandeur der alliierten Truppen, briefen ließ. Um seine angeschlagene Gesundheit zu tarnen, legte George VI. vor öffentlichen Auftritten seit 1942 Bräunung auf; nach 1945 war er verbraucht, restlos erschöpft – das ließ sich nicht mehr vertuschen.

⁂

Die Eltern verbrachten die Wochentage in London oder auf Besuchsreisen im Land, doch ihre beiden Töchter wurden nach Schloss Windsor gewissermaßen ausgelagert, und das für geschlagene fünf Jahre. Die Thronerbin, den frisch gebackenen Teenager,

Stricken für den Sieg: Queen Elizabeth, Prinzessin Margaret und
Prinzessin Elizabeth im Garten der Royal Logde, Windsor Great Park,
Juli 1941 (Foto: Studio Lisa/RBO)

und die jüngere Schwester wollte man nun doch nicht den Gefahren des Bombenkrieges aussetzen, das wäre unverantwortlich gewesen. So wuchsen die Mädchen unter Bedingungen noch größerer Isolation als bisher schon heran. Die meisten von Elizabeths Altersgenossinnen wurden in diesen Jahren schnell emanzipiert, entsprechend den Umwälzungen der Gegenwart, die viele traditionelle Bindungen lockerten und ihre Entwicklung beschleunigten, sei es durch vorgezogenen Arbeitseintritt, sei es durch frühe sexuelle Erfahrungen. Nicht so Elizabeth und Margaret. Sie waren «das menschliche Äquivalent kostbaren Sèvres-Porzellans, eingewickelt und sicher verwahrt», wie Robert Lacey schreibt.

In Windsor lebten sie «in einer Art von Unterwelt», wird Crawfie später mitteilen, in einer düsteren Umgebung von abgedunkelten Korridoren. Wenn Fliegeralarm gegeben wurde, stieg man zu noch besserem Schutz kalte, klamme Treppen hinunter in die Kellergewölbe des zentralen Turms der Schlossanlage. Zum Glück war

die Royal Lodge im Windsor Great Park in der Nähe, auch die
königlichen Residenzen in Sandringham und Balmoral kamen zu
Hilfe, nahe der Norfolk-Küste die eine, im schottischen Hochland
die andere. Dort konnte die Familie weiterhin die Idylle lächelnder
Normalität pflegen, obwohl man auf den Fotos schon damals sah,
wie sehr der Krieg mit seinen Verpflichtungen an den Kräften des
Monarchen zehrte.

Der genaue Aufenthalt der Kinder wurde nie preisgegeben,
man wollte dem Feind keine Hinweise geben. Die Fotos aus dieser
Zeit, mit stets lächelnden identisch gekleideten Prinzessinnen zu
Pferd, mit ihren Hunden, bei der Gartenarbeit oder beim Studium
ließen keine Rückschlüsse zu auf den Ort der Aufnahmen. Aber
was war mit der Furcht vor einer möglichen Invasion? Auch für die
hatte man Vorkehrungen getroffen und einen Fluchtplan geschmiedet, der unter dem Codewort «Cromwell» ausprobiert wurde: Gouvernante, limitiertes Gepäck, limitierte Kleidung – und ein einziger
Corgi, mehr bitte nicht; dann ab irgendwohin nach Wales oder
Gloucestershire im ländlichen Westen Englands.

Doch die Royals mussten zeigen, dass auch ihre Töchter, in Unschuld und Sicherheit aufbewahrt, einen Beitrag leisteten zum
Kriegsziel – «to defeat Hitler». Er bestand darin, Staniolpapier zu
sammeln, Mullbinden aufzurollen, Socken zu stricken, von ihrem
Taschengeld dem Roten Kreuz zu spenden. Und ans Radio zu gehen und eine Botschaft zu verlesen. So am 13. Oktober 1940, als
Elizabeth in der Kindersendung «Children in Wartime», die zu
Hause, ins Commonwealth und auch nach Amerika ausgestrahlt
wurde, aus Windsor Castle zum ersten Mal ihre Stimme durch den
Äther schickte, die Stimme einer leicht piepsenden Vierzehnjähri-
gen. «Wir wissen aus Erfahrung, was es heißt, fern von denen zu
leben, die wir lieben», intonierte Elizabeth, was nicht ganz stimmte,
denn sie und Margaret hatten ununterbrochen Zugang zu den Eltern, wenn auch unter der Woche weniger als vor dem Krieg. Aber
die aufs Land verschickten britischen Kinder aus bevölkerungs-
dichten Metropolen fühlten sich durchaus verstanden und angesprochen.

Elizabeth stellte sich sogar vor, «was für Abenteuer ihr erlebt bei all den neuen Dingen, die ihr seht». Tröstende, fürsorgliche Töne. «Auch wir versuchen alles, was wir können, unseren tapferen Männern auf See, auf dem Land und in der Luft zu helfen, und versuchen ebenfalls, unseren Teil der Bürde an Gefahr und Traurigkeit des Krieges zu tragen.» Dann die optimistische Coda: «Wir wissen, jeder von uns, dass am Ende alles gut ausgehen wird.» Woher Elizabeth das wusste, konnte sie nicht verraten, es sollte auch nur den unerschütterlichen Glauben widerspiegeln, mit dem Churchill zur gleichen Zeit die niedergedrückte Stimmung im Land aufzurichten versuchte. Jedenfalls meinte Jock Colville, Churchills damaliger Privatsekretär, nach dem Radiodebüt der Prinzessin: «Wenn die Monarchie diesen Krieg überlebt, dürfte Elizabeth II. eine sehr erfolgreiche Queen werden.» Ihre Radioansprache ist dank des Internets im O-Ton verfügbar, man findet sie auch auf der Website des Buckingham Palastes. Es ist ein eigentümliches Erlebnis, die Stimme der 85-jährigen Monarchin mit ihrem vokalen Selbst vor 71 Jahren zu vergleichen und das Phänomen der Kontinuität an diesem rein menschlichen Aspekt ablesen – abhören – zu können.

Wo blieb Philip, der griechische Prinz, der Wikinger, der Deutsche? Hatte Elizabeth keinen Kontakt mehr zu ihm in all diesen Jahren? Doch, sie schrieben sich, und auf ihrem Nachttisch stand ein gerahmtes Foto von ihm, was Crawfie ihr auszureden versuchte – es sei doch gar zu auffallend. Woraufhin der Teenager das Foto gegen eines von Philip mit Bart auswechselte, das ihn ziemlich verfremdet aussehen ließ. «Siehst du, Crawfie – so!», trumpfte sie gegen die Erzieherin auf. Philip «had a good war», wie man das nennt – er absolvierte verschiedene Kriegsschauplätze mit Auszeichnungen und in stetig verbessertem Rang, erst auf einem Schlachtschiff im Indischen Ozean zum Schutz von australischen Militärkonvois, dann im östlichen Mittelmeer im Kampf um Kreta, schließlich 1944 auf dem Zerstörer «HMS Whelp» als Teil der britischen Pazifikflotte, wo er in der Bucht von Tokio im August 1945 Zeuge der japanischen Kapitulation wurde. Der Kontrast zwischen ihm und der fernen Freundin in Windsor hätte nicht größer sein können. Hier «das menschliche Äquivalent kostbaren Sèvres-Porzellans, eingewickelt und sicher verwahrt», dort der in Gefahren bewährte Held,

Tarnung durch Bart: Prinz Philip als Leutnant der Royal Navy
während des Krieges (Foto: ILN)

der im Alter von 21 Jahren im Oktober 1942 zum jüngsten Leutnant
der Royal Navy befördert worden war. Doch halt, ganz so unerfahren mit Waffen war auch die Thronfolgerin nicht. In dem Monat, als Philip sein Patent als Leutnant erhielt, erlegte die Sechzehnjährige im schottischen Hochland ihren ersten Hirsch. Schließlich gehörte zur Palette dessen, was man von ihr als künftiger Königin erwarten durfte, auch der Sport der Aristokratie, die Jagd, den Elizabeth mit wachsendem Enthusiasmus betrieb. Die Fauna auf Balmoral war vor dieser Scharfschützin nicht sicher. In ihrer Familie waren bis auf Onkel David alle begeis-

terte Jäger, der Großvater George V. ein geradezu besessener. Doch
während die meisten mit der Flinte jagen gingen, also mit Schrot-
kugeln, zog Elizabeth den gezielten Schuss mit dem Gewehr vor.
Noblesse oblige.

爲

Der Krieg brachte scharfe Einschnitte in der Versorgung bei Nahrungsmitteln und Kleidungsstoffen mit sich. Die Rationierung begann am 8. Januar 1940 mit Bacon, Butter und Zucker und wurde
peu à peu um weitere Zutaten des heimischen Essenskonsums aus-
geweitet; das war auch einer Eleanor Roosevelt aufgefallen. Am
Ende blieben Lebensmittelkarten auf der Insel bis lange nach dem
Krieg eine alltägliche Erfahrung, erst am 4. Juli 1954 wurden sie
endgültig abgeschafft, Fleisch war bis zuletzt auf der nationalen
Speisekarte rationiert. Dass es so lange brauchte, hatte auch mit den
Nachkriegsverpflichtungen der Briten für ihre Besatzungszone in
Deutschland zu tun, wo Hunger drohte; das machte den Import
von Nahrungsmitteln nötig sowie den Griff in die eigene strategi-
sche Reserve. Im Unterhaus beschwerte sich der Abgeordnete
Crookshank 1946 über diesen «Don-Quichotischen Akt der Geschichte – da besiegen wir ein Land und bitten dann unsere Steu-
erzahler, ihm mit 80–100 Millionen Pfund im Jahr wieder auf die
Beine zu helfen.»

Nicht rationiert war Wild – ein Vorzug eher für die privilegierten Klassen. Zu den königlichen Besitzungen in Sandringham und
Balmoral gehörten ausgedehnte Jagdgründe, die einen ununterbrochenen Nachschub an Fasanen, Rebhuhn, Moorhuhn und Wild-
bret sicherstellten; auch Elizabeth lernte, wie gesagt, rasch, ihren
Beitrag dazu zu leisten. «Es ist ein Wunder, dass uns im Krieg keine
Geweihe wuchsen», ironisierte ein Angestellter auf Balmoral die
Versorgungslage. Auch bei dem recht bescheidenen Hochzeitsmahl
von Elizabeth und Philip am 20. November 1947 reichte man unter
den nur drei Gängen – mehr wäre ein Affront gegen die Einschrän-
kungen der Zeit gewesen – zunächst Rebhuhn, gefolgt von Seezun-
ge, «Filet de Sole Mountbatten», und zum Schluss «Bombe Glacée

Princess Elizabeth». George VI. entschuldigte sich später bei Philip, dass der zweite Gang unter dem Namen «Mountbatten» gereicht wurde. Er hätte eigentlich «Filet de Sole Duke of Edinburgh» heißen müssen, aber in diesen Stand hatte der König seinen Schwiegersohn erst am Vorabend der Hochzeit erhoben – die Speisekarten waren schon gedruckt, auf denen der Bräutigam schlicht «Philip Mountbatten, Lieutenant RN» hieß – «RN» für Royal Navy. Seinen griechischen Prinzentitel hatte Philip im Gegenzug für seine Einbürgerung im Frühjahr 1947 aufgegeben. Erst zehn Jahre später verlieh ihm die Queen den Titel eines «Prince of the United Kingdom», erst seitdem kennt die Welt ihn auch wieder als Prinz Philip.

Das Gettoleben unter lauter Tieren auf Land- oder Jagdausflügen (Margaret freilich konnte der Jagd nie etwas abgewinnen) lockerte sich für die Windsor-Girls im Krieg gelegentlich durch gesellige Abende auf, wenn die königlichen Grenadier Guards auf Schloss Windsor, deren Colonel-in-Chief die sechzehnjährige Elizabeth 1942 geworden war, zum Tanz aufforderten, lauter Angehörige der Aristokratie und der High Society, unter denen Königin Elizabeth für ihre Tochter heimlich nach einem möglichen Partner Ausschau hielt. Elf Kandidaten standen auf ihrer Liste, Philip, der «Hunne», unter ferner liefen. Aber das war für Elizabeth nicht von Belang, ihr Herz hatte sich längst entschieden. Es lag nicht in ihrer Natur, sich ständig neu zu verlieben – sie zog die attraktive Unberechenbarkeit eines Mannes wie Philip den Establishment-Figuren vor, die sie sattsam kannte. Philip brachte zwar kein Vermögen mit, dafür Verwegenheit und Überraschung. Die Eltern gaben ihrer Tochter halb nach, als sie den Griechenprinzen und Marineleutnant Mountbatten zu Weihnachten 1943 nach Schloss Windsor einluden, zu Tanzabenden und vor allem zum traditionellen Theatervergnügen der Saison, der Pantomime.

«Pantomime», als «Panto» abgekürzt, ist ein typisch britisches Vergnügen, nicht damit zu verwechseln, was wir im Deutschen unter der strengen Kunst der Pantomime verstehen. Die Pantomime *made in England* gehört zur Weihnachtszeit wie der Christmas Pudding oder die knallenden Crackers, die man nach den Festessen zieht. Bei der Panto vermischen sich Slapstick-Elemente mit Mär-

Prinzessin Elizabeth als Oberst der Grenadier Guards, 1942
(Foto: Cecil Beaton)

chenspiel, das auf bekannte Stoffe zurückgreift – Aschenputtel
etwa, Rotkäppchen oder Themen aus britischen Kinderliedern, in
denen es bekanntlich von Nonsens und schwarzem Humor nur so
wimmelt. Immer ist die Mithilfe des Publikums, vor allem der Kinder, gefordert, die mit Zurufen die Handlung begleiten; die männlichen und weiblichen Hauptrollen werden gerne Vertretern des
jeweils anderen Geschlechts übertragen, was die Komik des Ganzen verstärkt. Für die Erwachsenen baut man Scherze zum aktuellen Zeitgeschehen ein, und auch Musik darf nicht fehlen, dazu auf-
wendige Kostüme und Dekorationen.

Elizabeth und Margaret bei der weihnachtlichen Pantomime
im Schloss Windsor, 1943

Für diese Aufführungen erließ man der Familie die Rationierung für Stoffe, ein königliches Privileg; die beiden Mädchen und
die anderen Mitspieler aus dem Verwandtenkreis verkleideten sich
entsprechend opulent. «Lilibet» trat in diesem Jahr 1943 als Aladin
auf, die Fotos zeigen eine strahlende junge Frau, verliebt in ihr ba-
rockes Kostüm und den Mann, der ihr zuschaute. «Ich habe die
Prinzessin selten animierter erlebt», erinnerte sich Crawfie. «Sie
hatte ein Funkeln an sich, das bis dahin keiner von uns gesehen
hatte.»

Aber eigentlich war Elizabeth im Gegensatz zu Margaret und ihrer Mutter kein Partygirl. Eher scheu, fehlte ihr das richtige Temperament dazu, auch das nötige Selbstvertrauen, das ihr erst im Amt zuwuchs; Weihnachten 1943 war eine Ausnahme, ihr Zukünftiger wirkte beflügelnd. Um Pflichten und nicht um Vergnügungen ging es schließlich für die Thronerbin in der Ära nach Edward VIII. Zu den wichtigsten dieser Pflichten, man kann sagen: zu den Säulen der Monarchie in Großbritannien gehörte und gehört ihr Engagement in Fragen der Wohlfahrt, der Gemeinnützigkeit. Die «Welfare Monarchy», wie man sie seit langem nennt, wird außerhalb Großbritanniens so gut wie nie wahrgenommen; dabei ist sie für das Verständnis des Königtums auf der Insel unerlässlich. Für Elizabeths weiteres Leben erweist sich daher 1944 als besonders wichtiger Einschnitt: Mit achtzehn Jahren übernimmt sie ihre erste königliche Schirmherrschaft, und zwar über das Queen Elizabeth Hospital for Children in Hackney, im Osten Londons. Es ist der Beginn ihres sich kontinuierlich erweiternden Patronats über karitative Einrichtungen.

Abgesehen von solcher Schulung in Gemeinnützigkeit erlebte Elizabeth seitens ihres Vaters nichts als dessen beschützende, man kann schon sagen: erdrückend beschützende Hand. Dabei hatte George VI. noch als Herzog von York in den 20er Jahren seine bahnbrechenden «Youth Camps» ins Leben gerufen, eine sehr moderne Idee. Einmal im Jahr kamen für zwei Wochen je 200 Halbwüchsige aus Elitefamilien und 200 aus unteren Schichten zusammen, um sich in sozialer Interaktion zu üben, wie man das heute nennen würde. Elizabeth und Margaret besuchten 1939 mit ihren Eltern ein solches Camp, das damals nahe Balmoral stattfand. Die Fotos zeigen die beiden Mädchen, wie sie begeistert bei den Spielen mitklatschen – aber teilzunehmen blieb ihnen verwehrt. Fünf Jahre später jedoch gab es keinen Grund mehr, eine Achtzehnjährige vom Kontakt mit Gleichaltrigen fernzuhalten, zum Beispiel bei kriegsrelevanten Tätigkeiten. Wie sollte diese junge Frau zur Galionsfigur in einer Gesellschaft aufsteigen, mit der sie nie in Berührung gekommen war?

Doch erst am Vorabend ihres 19. Geburtstages, im März 1945, durfte die Prinzessin sich als «Second Subaltern Elizabeth Alexandra Mary Windsor» unter Nr. 230873 beim Auxiliary Territorial Service (ATS) anmelden, dem weiblichen Arm der Armee, und mit anderen Frauen ihres Alters noch kurz vor Ende des Krieges ihre Hand reichen zur Besiegung des Feindes – nur drei Wochen lang, bis zum 16. April. In Aldershot, Grafschaft Hampshire, westlich von London gelegen, teilte man sie mit elf weiteren Trainees einer Reparaturwerkstatt zu, wo sie lernte, Armeelastwagen zu fahren und deren Motoren instand zu halten. Damit nahm zum ersten Mal in der britischen Geschichte ein weibliches Mitglied des Königshauses an einem Lehrgang «mit anderen Leuten» teil. Elizabeth lernte alles über Kolben und Zylinderköpfe und wurde unter anderem dabei fotografiert, wie ihre Mutter ihr bei einem fachmännisch aussehenden Handgriff angelegentlich zuschaute. «Es war meine einzige Zeit», gab die spätere Queen in einem Gespräch mit der Labour-Politikerin Barbara Castle zu, «in der ich meine eigenen Fähigkeiten im Vergleich mit anderen in meiner Altersgruppe messen konnte». Aber bei den Vorlesungen saß sie in der Mitte der ersten Reihe, beiderseits flankiert von einem Sergeanten, und das Mittagessen nahm sie in der Offiziersmesse ein. Soviel zur sozialen Interaktion. Auch als Second Subaltern 230873 im ATS war sie noch immer «das menschliche Äquivalent kostbaren Sèvres-Porzellans, eingewickelt und sicher verwahrt».

Aber ihre ATS-Uniform trug sie mit Stolz und zeigte sich in ihr auch am 8. Mai, am VE-Day, auf dem Balkon des Buckingham Palastes – zusammen mit der Mutter, Winston Churchill in der Mitte, dann George VI. und die vierzehnjährige Margaret. Es folgte der einzige unkontrollierte Moment ihres Lebens, von dem wir wissen: Am Abend dieses historischen Taumels schlichen sie und Margaret sich aus dem Palast, verabredet mit einer Gruppe junger Gardeoffiziere, auch ein Freund der Familie, der adlige Henry George Molyneux, war mit von der Partie – er sollte später als Lord Porchester Elizabeths wichtigster Berater in Fragen der Pferdezucht werden. Eingetaucht in die jubelnde Menge draußen vor dem Palast und Weltkriegs-Hits singend, ging es erst zum Parlament,

Prinzessin Elizabeth, Königin Elizabeth, Winston Churchill,
George VI. und Prinzessin Margaret
auf dem Balkon des Buckingham Palasts,
8. Mai 1945 (Foto: ILN)

dann Whitehall hinunter zum Trafalgar Square und weiter nach Piccadilly bis zum Ritz Hotel, von wo der Weg durch den Green Park zurück zur königlichen Residenz führte. Dort traf Elizabeth auf einen Hofbeamten, dem sie auftrug, dem Königspaar mitzuteilen, dass sie unten vor dem Palast in der Menge sei und zum Balkon hoch schaue. Bald erhob sich erneutes begeistertes Rufen: «We want the King, we want the King», und George VI. und die Königin traten mehrfach heraus, um mit Winken zu antworten, während ihre Tochter unter all den Tausenden Gestalten zuschaute.

Elizabeth muss damals den unmöglichsten aller Träume erlebt haben – ein Gesicht zu sein in der Menge, etwas unvorstellbar Kostbares für den Menschen, der sie dem Schicksal nach werden sollte: das herausgehobene Gesicht der Queen. «Es war eine der denkwürdigsten Nächte meines ganzen Lebens», wie sie später zugab.

Im Sommer 1946, es war während eines Landurlaubs, hält Prinz Philip auf Balmoral bei George VI. und seiner Königin um die Hand ihrer Tochter an. Die Eltern hatten geahnt, dass da durch Gegensteuerung kaum mehr etwas auszurichten war. Auch schätzte der König den 25-jährigen, vielfach dekorierten Navy Leutnant, aus Loyalität eines Mariners zu einem anderen. Nur eine Bedingung legten die Majestäten den beiden auf: dass ihre Verlobung zunächst nicht bekannt gemacht werde. Das Königspaar plante für den Februar 1947 eine monatelange Reise nach Südafrika, das wie die übrigen Dominien während des Krieges kein Mitglied des Königshauses zu sehen bekommen hatte. Das Kriegsende machte jetzt den Weg frei, um lang aufgeschobene Besuche im Commonwealth nachzuholen und für die Unterstützung im Krieg mit Mannschaften und Material zu danken. Auch wollte George VI. so etwas wie eine Friedensdividende ernten, und das hieß für ihn: «us four», nur «wir vier» – zu viert noch einmal unbeschwert und ohne Ablenkung etwas gemeinsam erleben, wie es der Krieg so nicht erlaubt hatte. Ohnehin waren die Eltern noch nie in Begleitung der beiden Töchter auf große Reise gegangen. Bis zur Rückkehr sollte die Verlobung geheim gehalten werden. Elizabeth und Leutnant Mountbatten wurden also auf eine beträchtliche Geduldsprobe gestellt, fast ein Jahr lang. Wenn George VI. und seine Frau allerdings geglaubt haben sollten, diese neue Wartezeit könnte zu einer Abkühlung der Gefühle ihrer Tochter führen, dann sahen sie sich bald eines Besseren belehrt.

Derweil brachte der griechische Prinz so etwas wie frischen Wind in den Palast. Er hatte inzwischen einen Bürojob in der Admiralty in London übernommen und kam zum Palast im Sportwagen angerauscht, dem er mit Blazer und offenem Hemdkragen entstieg, um zielstrebig den Weg zu den königlichen Gemächern zu nehmen. Das konnte den Höflingen nicht verborgen bleiben und sollte es wohl auch nicht, von Philips Seite her. Seine Selbstsicherheit nahm eher zu, je mehr ihm das abweisende Flüstern der Hofmandarine zu Ohren kam. Er war ja ein rechter Habenichts, ein

Prinz ohne Land und Vermögen, seiner Kleidung sah man, wenn er nicht gerade im Sportwagen blendete, den typischen Nachkriegslook an. Bei seinem Besuch 1946 in Balmoral hatte er sich fast ein wenig vor dem Diener geschämt, der seine Sachen auspackte, darunter zwei alte Anzüge seines Vaters – seine einzigen. Zur Hochzeit in der Westminster Abbey im November 1947 trug er ein Paar gestopfte Socken; in ihre Flitterwochen würde Elizabeth fünfzehn Koffer mitnehmen, Philip zwei.

Die Gerüchte um die beiden verdichteten sich schon lange vor der Südafrika-Reise. Eines Tages kam Elizabeth sichtlich verstört von einem Fabrikbesuch zurück, um ihr Herz vor ihrer Gouvernante, die noch immer um sie war, auszuschütten. «Crawfie, die riefen andauernd: Wo ist Philip?» Öffentliche Auftritte waren für sie kein Vergnügen mehr. Dass wildfremde Menschen ihre geheimsten Hoffnungen und Gefühle gleichsam annektierten und damit ihr Innenleben bloßlegten, traf einen Nerv bei der so behütet aufgewachsenen jungen Frau und verletzte ihr Bedürfnis nach Diskretion zutiefst. Es war keine Entdeckung, die sie froh stimmte, als sie feststellen musste, wie stark ihre öffentliche Rolle sich mit ihrer Privatsphäre rieb. Als Folge ging sie in die Defensive, wurde zeitweilig sogar mürrisch und schottete sich gegen alles ab, was in ihr Privatleben eindringen wollte. Und so blieb es für den Rest ihres Lebens. Marion Crawford gelang in ihrer 1954 veröffentlichten Biografie «Queen Elizabeth II.» ein denkwürdiges Bonmot im Blick auf dieses Leben unter der permanenten Beleuchtung durch die Öffentlichkeit: «Die einzig wirklich private Etappe in der Existenz eines Mitglieds der königlichen Familie», so schrieb sie, «ist die zwischen Empfängnis und Bekanntgabe der Schwangerschaft.» Das ist besser nie formuliert worden.

Wenn sie sich nicht gerade als Opfer öffentlicher Zudringlichkeit fühlte, legte die Prinzessin ein strahlendes Lächeln an den Tag, unwiderstehlich für jeden Fotoreporter, der etwas auf sich hielt. Das International Artists Committee in New York ernannte im Januar 1947 Elizabeth zu einer der «most glamorous women in the world». Das «TIME»-Magazin sprach von ihrem «pin-up charm», und der «News Chronicle» sah sie bereits «mit einigem Abstand vor Shirley

Temple, ihrer nächsten Rivalin». Die Medien hatten keineswegs die Celebrity vergessen, die Elizabeth bereits zehn Jahre zuvor unter der geschickten Regie ihrer Mutter geworden war. Die Neugier nahm zu bei der Verwandlung des jungen Mädchens zur Märchenprinzessin der späten 40er Jahre. Wir haben über den Huldigungen für Diana Spencer, die Prinzessin von Wales, und der heutigen Aufmerksamkeit für Catherine Middleton, die Herzogin von Cambridge, vergessen, dass Elizabeth und bald auch ihre Schwester Margaret 40 Jahre vor «Lady Di» wahre Fotomagneten für die internationalen Medien waren, globale Figuren der Bewunderung, wenn nicht Vergötterung. Die Zeitungen machten Auflage, wann immer sie sich mit den Porträts der Prinzessinnen schmücken konnten. Das wiederholte sich bei Diana und wiederholt sich heute bei Catherine spiegelbildlich.

Der Winter 1946/47 sollte der härteste seit Menschengedenken werden, auf dem europäischen Kontinent wie auch auf der britischen Insel. Seit 1883 waren nicht mehr solche Tieftemperaturen gemessen worden wie in England im Februar/März 1947. Die Versorgung brach teilweise zusammen, weil die Züge buchstäblich in Eis erstarrten und viele Landstriche von jedem Nachschub, ob auf Straße oder Schiene, abgeschnitten waren. Inmitten der Härte dieses Winters brach die königliche Familie, von Hofdienern jeden Ranges begleitet, am 1. Februar auf ihre teure Schiffsreise nach Südafrika auf. Das war nicht populär: 32 Prozent der Bürger lehnten laut einer Umfrage diese Reise zu diesem Zeitpunkt ab, nur 29 äußerten sich positiv, der überwiegende Rest hatte keine Meinung – wohl weil man mit anderen Problemen beschäftigt war als mit der Ratsamkeit eines Weltausflugs der königlichen Herrschaften, der bis Ende April dauern würde.

Alan Lascelles, inzwischen Privatsekretär von George VI. – wir sind ihm bereits im Kapitel über Edward VIII. begegnet –, staunte über die Entwicklung, die Elizabeth genommen hatte. Ihre Selbstlosigkeit – «kein normales Charakteristikum in dieser Familie», wie er sich notierte – fiel ihm besonders auf. Und wie sie die Routine der zahllosen Auftritte, manche davon von unsäglicher Langeweile, bewältigte, «mit dem gleichen Geschick wie ihre Mutter». Sie kam ihm bereits «extremely business-like» vor. Mehrmals postierte Elizabeth sich hinter die Königin und gab ihr mit dem Sonnenschirm einen diskreten Stich in die Ferse, wenn sich die Mutter wieder einmal in unnötiger Konversation verlor und den Zeitplan damit durcheinander brachte. Auch der König musste sich von seiner Tochter gelegentlich gefallen lassen, zur Pünktlichkeit ermahnt zu werden.

Wenn es noch eines Beweises bedurft hätte, wie deutlich sich die kommende Monarchin in Elizabeth ankündigte, dann erbrachte ihn die Rundfunkansprache vom 21. April aus Kapstadt an das Commonwealth und die Menschen zu Hause. Man hatte das Ereignis lange im Voraus angekündigt, ein großes Publikum war der Sprecherin sicher. Es war Elizabeths 21. Geburtstag, sie war also nach damaligem Verständnis volljährig geworden. Die kurze Rede wurde schon seinerzeit als historisch empfunden: Keine der Tausenden von Ansprachen, die Elizabeth seitdem hat halten müssen, kommt dieser frühen gleich, vielleicht höchstens noch ihr äußerst wirkungsvoller Fernsehauftritt nach dem Tod ihrer Schwiegertochter Diana. Fünfzig Jahre zuvor stand sie am Anfang der über sie verhängten Lebensaufgabe, aber wie die junge Frau diese deutete, ließ ihre weltweiten Zuhörer aufhorchen. Man muss den Text in Gänze auf sich wirken lassen, er nimmt die sechzig Thronjahre der Queen leitmotivisch vorweg:

«Es gibt da ein Motto, das viele meiner Vorfahren geführt haben, ein nobles Motto: ‹Ich dien›. [Der Prinz von Wales trägt diesen deutschen Spruch noch heute in seinem Wappen.] Diese Worte waren eine Inspiration für viele frühere Thronerben, wenn sie sich bei Erreichen des Mannesalters zu ihrer ritterlichen Aufgabe verpflichteten. Ich kann es nicht so machen wie sie, aber dafür erlaubt mir die Erfindung der Technik etwas, was ihnen nicht möglich war: Ich kann meinen feierlichen Akt der Hingabe sprechen, während das ganze Empire zuhört. Diese Verpflichtung möchte ich jetzt abgeben. Es ist ganz einfach.

Ich erkläre vor euch allen, dass mein ganzes Leben, ob es lang währt oder kurz, dem Dienst an euch und der großen Familie des Empires, der wir alle angehören, gewidmet sein soll. Aber ich werde nicht die Kraft haben, diesen Vorsatz allein auszuführen, wenn ihr nicht hinzutretet, wozu ich euch hiermit einlade. Ich weiß, dass eure Unterstützung mir unwandelbar gegeben wird. Möge Gott mir helfen, dieses mein Gelöbnis zu erfüllen, und möge Gott alle segnen, die gewillt sind, mir dabei zu helfen.»

Elizabeths Worte, zart aber entschieden vorgetragen, hatten eine religiöse Färbung, sie klangen nach einer Mischung aus Eheversprechen und feierlicher Profess einer Nonne nach Abschluss ihres Noviziats. Der Dienst der Prinzessin war ein unmittelbarer: Die Krone ging nach dieser Zäsur neuen Höhen der Zustimmung entgegen, selbst der Unmut über die Südafrika-Reise des Königs war nach dieser Radiobotschaft wie verflogen. Dass Elizabeths akademische Erziehung eher dürftig ausgefallen war, störte niemanden. Ihr Charakter war es, der beeindruckte: anständig, ehrlich, geradeheraus, pflichtbewusst. Lord Templewood, als Samuel Hoare eine Schlüsselfigur der britischen Politik vor dem Krieg, sprach vielen aus der Seele, als er schrieb: «Wir können uns auf die Zeit Königin Elizabeths freuen». Sie habe die Monarchie gestärkt, die jetzt «in clean hands» sei.

Kapstadt am 21. April 1947 lieferte auch den überwältigenden Beleg für das, was Sir Henry Marten seiner Schülerin 1939 eingeschärft hatte: dass die Monarchie ihr Überleben der Fähigkeit verdanke, «sich auf Veränderungen einzustellen». Welche beiden Veränderungen hatte der Provost aus Eton doch gleich als die wichtigsten in der Moderne heraus gearbeitet? Das Commonwealth – und das Radio. Letzteres sollte sich als wichtiges Instrument beim Zusammenhalt der Völkerfamilie erweisen, die Elizabeth nach altem Brauch noch «Empire» nannte. Doch schon als sich Indien im August 1947 von England unabhängig machte, war das Empire praktisch erloschen, trat das 1931 mit dem «Statut von Westminster» avisierte Commonwealth an seine Stelle. Kopf desselben war der Monarch in London jetzt nicht mehr automatisch. Vielmehr entschied erst der Konsens unter den Mitgliedsländern – in den späten

40er Jahren freilich nicht mehr als acht –, ob der Krone diese Stellung anzudienen sei. Das geschah 1949, als George VI. solcherart bestätigt wurde, und es wiederholte sich im Herbst 1952, als der Ministerpräsident der indischen Republik, Jawaharlal Nehru, Elizabeth II. einlud, die Leitung des Commonwealth zu übernehmen. Wir hören mit dem Jahr 1947 noch in eine Welt hinein, in der Respekt, Höflichkeit, fast eine gewisse Scheu vor der Krone die Regel waren. Das Zeitalter solcher Ehrerbietung und des damit einhergehenden Codex öffentlicher Moral ist längst der Mentalität des «anything goes» gewichen, und der Ansehensverlust von Autoritäten jeder Art hat auch die britische Monarchie erfasst, die sich an schonungslose Behandlung durch die Organe der Öffentlichkeit hat gewöhnen müssen. Ein Satz wie «Ich weiß, dass eure Unterstützung mir unwandelbar gegeben wird» ist daher heute schlechterdings nicht mehr denkbar, wie die Queen selber in ihrem «*annus horribilis*», dem Schreckensjahr 1992, als ihr alles aus den Händen zu gleiten drohte, in einer denkwürdigen Rede festhielt: «Keine Institution sollte davon ausgehen, frei zu sein von dem prüfenden Blick derjenigen, die ihr Loyalität und Unterstützung geben. Diese Art kritischer Haltung kann, ja, sollte zugleich ein effektvolles Scharnier des Wandels sein.» 1947 «unwandelbare» Unterstützung, 1992 eine Unterstützung unter Konditionen; hier ein verlässlicher Konsens, dort ein Konsens, den sich die Krone immer wieder neu verdienen muss. Und doch verdanken wir beide Reden derselben Person, in der sich Kontinuität und Wandel auf bemerkenswerte Weise begegnen, verklammert durch einen Begriff: Dienst.

Ein französisches Magazin, «France Soir», hatte Ende 1946 bereits behauptet, man wisse von der bevorstehenden Einbürgerung Prinz Philips und einer bald danach anberaumten Hochzeit; das griffen die britischen Medien begierig auf. Der Hof sah sich genötigt zu dementieren – was den Gerüchten nur weitere Nahrung gab. Es musste also schnell gehandelt werden, der Antrag auf Naturalisierung des griechischen Prinzen ohne Griechisch und griechisches

Elizabeth und Philip nach Bekanntgabe ihrer Verlobung
im Buckingham Palast, 10. Juli 1947

Blut nahm entsprechend schnell seine bürokratischen Hürden,
während die königliche Gesellschaft noch ihren Staatsbesuchs-
pflichten in Südafrika nachging. Doch musste man die Hunde von
der Fährte «Verlobung und Heirat» abbringen. Schon wurde im
Unterhaus gefragt, warum diese Bewerbung mit solcher Priorität
behandelt werde. Darauf hatte die Regierung durch ihren Innenminister eine Standardantwort bereit: «Weil Philip eine Karriere in
der Royal Navy anstrebt.» Das war durchaus glaubhaft, schließlich

hatte die britische Marine während des Krieges viele ausländische Seeleute an Bord genommen, die jetzt ebenfalls beschleunigt naturalisiert wurden. Mitte März gab Prinz Philip von Griechenland, Dänemark und Schleswig-Holstein-Sonderburg-Glücksburg seine sämtlichen königlichen Titel auf, konvertierte, griechisch-orthodox getauft, zur Church of England und wurde einfacher Brite unter dem Namen Philip Mountbatten, Leutnant, RN.

Am 10. Juli 1947 löste der Hof endlich die allgemeine Spannung und gab die Verlobung bekannt. Die Hochzeit wurde auf den 20. November festgelegt. Es war kein gutes Jahr für prunkvolle Anlässe, ökonomisch ein wahres Jahr des Schreckens. Rationierung herrschte, eine neue Labour-Regierung arbeitete an ihren Verstaatlichungsplänen, die hohe Verschuldung, ein Erbe des Krieges, drückte, die Arbeitslosigkeit auch, selbst Flutlicht am Buckingham Palast war aus Ersparnisgründen nur in zwei Nächten erlaubt, am 19. und 20. November. Die Kritiker lagen auf der Lauer, was die Monarchie sich zu leisten beabsichtigte.

Aber wie so oft bei königlichen Anlässen, die im Vorfeld skeptisch analysiert, wenn nicht abgewertet werden, löste auch dieser am Ende nationales Wohlgefallen aus. Wie konnte es anders sein, wenn man einen Star wie die junge Elizabeth und ihren gut aussehenden Leutnant in der Bühnenmitte bewundern konnte. Selbst der Erzbischof von York – nicht Canterbury diesmal –, der die Trauung vornahm, ließ sich von rührender Begeisterung hinreißen. Zu dem Brautpaar gewandt sagte er: «Die eine von euch beiden, Tochter unseres geliebten Königspaares, hat durch Charme und einfache Grazie bereits die guten Wünsche und die Zuneigung aller erworben. Der andere, ein Seemann – wie viel wir doch dem starken Schutzschild unserer Marine verdanken!» Ein Trostpflaster der Epoche, eine Glanznummer der Zeit, hellte die Hochzeit an diesem trüben Novembertag die Gemütslage der Gesellschaft für Tage auf, eine Woche lang feierte auch der Mann auf der Straße auf seine Weise mit. Zahllos die Feste, denen sich der Hof und aus aller Welt angereiste Potentaten und Königliche Hoheiten hingaben, viele von ihnen von ihrem Volk davongejagt. Die Queen sprach später gerne ironisch von ihren «Fabergé-Tanten», wenn sich wieder einmal Verwandte von Philips Seite, weibliche Ex-Durchlaucht aus europäischen Fürstenhäusern, diskret herablassend über ihre nur halbadelige Herkunft (die schottische Mutter besaß ja kein blaues Blut) äußerten.

Aufsehen, auch kritisches, hatte zunächst das Hochzeitskleid erregt. War der Stoff mit seiner fünf Meter langen Schleppe etwa in Frankreich genäht statt in heimischen Landen, wo Arbeitsplätze rar waren? Die Aufregung legte sich bald, als bekannt wurde, dass 350 Damen und Mädchen sieben Wochen lang in Braintree in Essex fleißige Arbeit geleistet hatten an dem Traum aus Seide – nur etwa ein Meter Stoff war in Frankreich gewirkt worden. Nächste Aufregung: die Seidenwürmer. Doch nicht etwa aus Rotchina oder gar Feindesländern wie Japan oder Italien? Nein, keine Sorge: Nationalchina, Taiwan, zeichnete verantwortlich. 10 000 Zuchtperlen aus den USA schmückten das Kleid, entworfen in schlichter Manier vom Hofausstatter Norman Hartnell. Aufgesetzt waren Stickereien, die von Botticellis Gemälde der *Primavera*, des Frühlings, inspiriert waren – das richtige Gegenstück zum Monat November –, die Perlen waren nach dem Muster der weißen Rose von York arrangiert, verbunden mit Ähren von Weizen.

Ein schönes Bild der Welt von damals liefert die Liste der 2500 Geschenke, vor allem in ihren Spitzenstücken. Von Mahatma Gandhi kam ein Tuch aus Spitzen, eigens von ihm gewoben und gedacht für ein größeres Tablett. Es fand freilich die Missbilligung von Queen Mary, Elizabeths Großmutter, die es für ein Lendentuch hielt. Der Aga Khan, berühmt für seine Vollblutpferde, schenkte eines davon, eine Stute, der Pferdenärrin Elizabeth. Auch einer der letzten Nabobs von Indien, der Nizam von Heyderabad, ließ sich nicht lumpen und wartete mit einem Halsgeschmeide aus Diamanten auf, Baumblättern nachgebildet. Die Kolonie Kenia schließlich stellte, in Anbetracht der Jagdleidenschaft der Braut, den Neuvermählten die Sagana Jagdhütte – mehr eine Residenz als eine Hütte – in ihrem heimischen Nationalpark zur Verfügung; dort sollte Elizabeth am 6. Februar 1952 – sie und Philip waren gerade auf Weltreise durchs Commonwealth – vom Tod ihres Vaters erfahren. Pikant der Glückwunsch des griechischen Premierministers schon zur Verlobung an «Seine Königliche Hoheit Prinz Philip». Da Philip damals nicht mehr Prinz und noch nicht «Königliche Hoheit» war, verrenkte sich das britische Außenministerium zu einer Danksagung, die bewusst den Namen des Verlobten vermied, für den Fall, dass die Griechen es als Brüskierung empfunden hätten, wenn man im Namen von «Leutnant Mountbatten» gedankt hätte.

George VI. dagegen hatte sich für Philip ein besonderes Geschenk ausgedacht. Am Vorabend der Hochzeit und mit einigen Tagen Abstand zu seiner Tochter, die er ähnlich ehrte, verlieh er dem Schwiegersohn die älteste Auszeichnung des Königreichs, den Hosenbandorden, sowie das Recht auf die Anrede «Seine Königliche Hoheit» als Präfix zu Leutnant Philip Mountbatten RN und erhob ihn gleichzeitig in den Stand eines Herzogs von Edinburgh, mit dem ausladenden vollen Titel: «Baron Greenwich of Greenwich in the County of London, Earl of Merioneth and Duke of Edinburgh».

1947 war im Übrigen noch ein Ereignis ganz für das Medium Radio, an dem Millionen auch in Übersee lauschten, um sich eins zu fühlen mit dem Glanz aus London. Der Film von der Hochzeit ging danach auf seine weltweite Reise; in einem 4000-Sitze-Kino in der britischen Zone von Berlin war die Vorführung auf sieben Tage ausgebucht. Die drei noch lebenden deutschen Schwestern des Bräutigams, zwei von ihnen mit Nazigrößen verheiratet, bekamen zum Trost für ihre Nichteinladung zur Hochzeit einen 22 Seiten langen Brief der Mutter, Prinzessin Alice, mit genauer Beschreibung der Feierlichkeiten.

In der «Times» las man am Tag nach der Zeremonie in der Westminster Abbey, eine «machtvolle Vergangenheit» habe an diesem Tag «ein neues, hoffnungsreiches Kapitel hinzugewonnnen». Und sah die Braut nicht tatsächlich «glücklich und zugleich überaus kindlich» aus? Wie schon 1937 bei der Krönung von George VI. und dann erneut bei Elizabeths eigener Krönung 1953 unterlegte man dem Prunk demokratische Signifikanz, hob sich das Geschehen doch friedlich von den Unterdrückungen ab, die zur gleichen Zeit aus dem kommunistischen Machtbereich bekannt wurden.

«Royalty keeps down communism», hieß es erneut 1953. Im «Farbspritzer» dieser Hochzeit sah vor allem Churchill «eine Propagandasalve gegen den Totalitarismus» zu Beginn des Kalten Krieges. Das Land könne stolz auf die Stabilität seiner Institutionen schauen, die Grundlage seiner Einheit. Diese speise sich aus zwei Quellen: Respekt für die Tradition und Loyalität gegenüber dem Thron.

Vergleicht man einmal die Hochzeit anno 1947 mit dem Jahr 1981, als ein anderer Thronerbe sich vermählte, Prince Charles mit Diana Spencer, dann fällt auf, welch tiefe Bedeutung dem Königtum 1947 noch zukam, eine Bedeutung, die sich unter der Oberfläche des späteren Ereignisses verflüchtigt hatte. In Elizabeth und Philip trafen sich stabile Demokratie und stabile Monarchie zu einer überzeugenden Verbindung. 34 Jahre später, 1981, dominierte dagegen das reine Spektakel, aufgeführt zur dynastischen Bestätigung des Hauses Windsor. Es ging nicht mehr um eine Neuverankerung der britischen *raison d'être*, um ihre konstitutionelle Wurzel. Was zählte, war Unterhaltung, das, was Malcolm Muggeridge, einer der scharfsichtigsten Beobachter, schon 1957 die «royal soap opera» genannt hatte. Wir werden uns noch genauer mit ihr befassen müssen.

Die Hochzeitsreise geht zunächst für fünf Tage zum Landsitz Broadlands in Hampshire, wo die Mountbattens seit langem residierten, dann nach Birkhall, einer Villa auf dem weiten Gelände von Balmoral. Schon im Mai 1948 vertritt das Paar den König auf einem Staatsbesuch in Frankreich; Elizabeth hatte im Januar des Jahres zum ersten Mal vertrauliche Depeschen des Außenministeriums zu lesen bekommen. Die Vorbereitungen zur wahrscheinlichen Thronbesteigung werden intensiver, je mehr die Gesundheit des Königs verfällt. Pünktlich ein Jahr nach der Trauung, am 14. November 1948, kommt – fast möchte man sagen: pflichtschuldig – auch ein männlicher Erbe zur Welt, Prince Charles. Die Mutter ist stolz, aber nicht sonderlich mütterlich mit ihrem Sohn, wie das einhellige Urteil der Biografen lauten wird. Wiederum ein Jahr später zieht Prinzessin Elizabeth, die Herzogin von Edinburgh, wie sie sich jetzt nennt, zu ihrem Mann nach Malta, der dort im Herbst 1949 wieder seine Navy-Karriere aufgenommen hat; Charles bleibt derweil bei seinen Großeltern, wie Elizabeth als Kleinkind bei den ihren geblieben war, während die Eltern 1926 auf Weltreise gegangen waren. Es werden glückliche Monate in Malta, die Elizabeth auskostet, auch weil sie zum ersten Mal mit ganz normalen Menschen zusammen kommt, den Kollegen ihres Mannes und deren Ehefrauen, einkaufen geht, Abende feiert. Die Malta-Idylle wird unterbrochen, als im August 1950 ein zweites Kind zur Welt kommt, Prinzessin Anne; Elizabeth aber zieht es bald wieder zurück ans Mittelmeer.

Im Oktober 1951 – das Paar hat jetzt seine Residenz im Clarence House bezogen, unweit des Buckingham Palastes – vertreten der Herzog und die Herzogin erneut den König auf einer längeren Reise nach Kanada und in die USA. George VI. muss sich einer Lungenoperation unterziehen, ein Lungenflügel wird dem starken Raucher entfernt. Alan Lascelles hat auf die Reise nach Kanada vorsorglich die offiziellen Papiere zur Thronbesteigung, die *accession papers*, mitgenommen, man kann nie wissen. Das wiederholt sich am 31. Januar 1952. Der König schickt seine Tochter und ihren Mann statt seiner auf die lange aufgeschobene Reise nach Australien und Neuseeland, denn er ist zu solchen Anstrengungen nicht mehr in der Lage. Das Paar legt in Kenia einen Zwischenaufenthalt ein, steigt in der Sagana Lodge ab, um zu angeln, zu wandern und vor allem zu filmen, das große Hobby der beiden. Am 5. Februar geht es weiter zu «Treetops», einem eigens zu ihren Ehren gebauten Baumhaus, das viel später die Aufständischen der Mau-Mau niederbrennen werden: Der Wachmann am Fuße des Feigenbaumes, angeblich beauftragt, die Hoheiten vor wilden Tieren zu schützen, hat in Wahrheit ein Auge auf mögliche Mau-Mau-Guerillas, die in dieser Gegend bereits aktiv sind. Bei Morgenanbruch können Elizabeth und Philip Großwild beobachten, wie es sich an einem Wasserloch labt. Über ihnen kreist ein Adler, es ist der 6. Februar 1952.

VI

Der König ist tot,
es lebe die Königin

«Welche Formalitäten muss ich in dieser Stunde erfüllen?»
Elizabeths erste Frage an ihren Privatsekretär,
nachdem sie vom Tod ihres Vaters erfahren hatte

«Eine Frau absolviert dies alles doch weitaus anmutiger,
als ein Mann das könnte.»
Der Herzog von Windsor in Paris über die
TV-Übertragung der Krönung seiner Nichte

«Lametta-Schwärmereien»
Norman Birnbaum, amerikanischer Soziologe,
über den Überschwang einiger Kommentare zu Elizabeths Krönung

Bei Hofe hatte man sich auf ein Codewort geeinigt für den Ernstfall, das Ableben des lungenkranken Königs, und wie dann zu verfahren sei: «Hyde Park Gardens». Am Morgen des 6. Februar 1952 findet ein Diener, der nach alter Sitte den Monarchen mit einer Tasse Tee zu wecken hatte, diesen tot in seinem Bett vor, auf Sandringham, der königlichen Residenz in Norfolk. Und der vereinbarte Plan läuft an. «Hyde Park Gardens», informiert Sir Alan Lascelles seinen Stellvertreter Edward Ford: «Benachrichtigen Sie umgehend den Premier und Queen Mary.» Als Ford um 9.15 Uhr in der Downing Street eintrifft, hat Winston Churchill es sich in seinem Bett noch bequem gemacht beim Studium von Papieren, die wahllos auf dem Boden gehäuft sind. Auf dem Nachttisch eine Kerze, an der der große alte Mann seine Zigarre anglüht. «Ich habe schlechte Nachrichten für Sie, Prime Minister. Der König ist tot.» «Schlechte?», erwidert Churchill. «Die schlimmsten.» Und gibt sich ungeniert seinen Tränen hin. «Wie unwichtig doch all dies jetzt ist», kommentiert er mit großer Geste die Papierflut auf dem Boden. Später besucht ihn sein Berater Jock Colville, den der Buckingham Palast an die Downing Street abgegeben hatte, und sieht ihn, noch immer Tränen in den Augen, im Bett sitzen. Churchill: «Ich kenne sie doch gar nicht, und sie ist doch nur ein Kind.»

6500 Kilometer weiter südlich befinden sich der Herzog und die Herzogin von Edinburgh in den Aberdare-Bergen von Kenia in ihrem Gäste-Baumhaus «Treetops» und schauen versunken zu, wie Giraffen, Elefanten und andere Tiere der Savanne zur morgendlichen Tränke finden. Sowie sie zurück in der Sagana Lodge sind, meldet sich der Chefredakteur des «Nairobi Standard» telefonisch bei Martin Charteris, dem Privatsekretär der Prinzessin, und bittet um Erlaubnis, drucken zu dürfen, was er gerade über Telex erfahren hat: Der König ist tot. So waren die Sitten im Umgang mit Nachrichten aus dem Sanktuarium der Krone: Es wurde höflich angefragt, ob die Schlagzeile möglicherweise inkonveniere.

Charteris, der im Gouverneurssitz in Nairobi um Auskunft ersuchte, erfuhr lediglich, einige verschlüsselte Botschaften seien angekommen, die niemand dechiffrieren könne: Der Gouverneur war verreist. So half einzig der direkte Draht nach London, der alle Zweifel beseitigte. Charteris informierte als erstes Philip, dann dieser seine Frau, auf einem längeren Spaziergang im Garten der Sagana Lodge. Michael Parker, Philips langjähriger australischer Sekretär und freundschaftlicher Begleiter, schilderte später, der Herzog habe beim Anhören der Nachricht ein Gesicht gemacht, «als habe man die ganze Welt auf seine Schultern fallen lassen». Philip weiß sofort: Die unbeschwerte Zeit des Zusammenlebens mit «Lilibet» und seiner jungen Familie ist auf einen Schlag beendet. Mehr als das: Zu der erhofften Karriere in der Marine wird es nicht mehr kommen, künftig wird es nur eine Rolle für ihn geben – Diener seiner Herrin, der Königin, zu sein. Prinz Philip hat am Vorabend seines 90. Geburtstags im Juni 2011 in einem Fernsehinterview der

BBC mit seltener Offenheit zugegeben, wie gut es der Monarchie – und ihm – getan hätte, wenn er eine erfüllte berufliche Laufbahn hätte einbringen können, «statt mit in der Welt herumzustapfen».

Elizabeth, die Nicht-mehr-Prinzessin, gab sich gefasst – ihr typisches Verhalten in allen späteren Krisenlagen, wenn sie bei der Etikette Zuflucht suchte, um mit ihren Gefühlen fertig zu werden. «Welche Formalitäten muss ich in dieser Stunde erfüllen?», war ihre erste Frage an den Privatsekretär. «Nur eine, Ma'am», erhielt sie zur Antwort: «Sie müssen unter ihren Vornamen denjenigen auswählen, mit dem Sie als Monarchin genannt werden möchten.»

Für Elizabeth Alexandra Mary Windsor keine Frage: Sie würde bei ihrem ersten, dem Rufnamen, bleiben und sich Queen Elizabeth II. nennen, in ehrendem Andenken an ihre große Vorgängerin. Ihr erster Auftritt als Königin, die überstürzte Abfahrt zum nächstgelegenen Flugfeld, zur Heimreise in ihr Reich, ist im Bild nicht überliefert. Fünf Fotojournalisten, die Kameras auf den Boden gelegt, standen Spalier vor der Sagana Lodge und verbeugten sich artig vor der abreisenden Hoheit, ergriffen von einer anderen Pflicht als der des berufsbedingten Voyeurismus. Es war eine andere Zeit.

Harold Nicolson notierte am 6. Februar in seinem Tagebuch: «Prinzessin Elizabeth fliegt heute von Kenia zurück. Sie wurde Königin auf dem Hochsitz eines Baumes in Afrika, während sie Nashörnern beim Trinken zusah.» Auch William Shawcross, der Historiker, kann sich der Besonderheit dieses Bildes nicht entziehen. «Elizabeth ist die einzige Frau, die wir kennen», schreibt er in «Queen and Country», «die Prinzessin war, als sie auf einen Baum stieg, und Königin, als sie wieder herunter kam.»

In der britischen Kontinuität gibt es – mit Ausnahme der Zeit des Interregnums unter Oliver Cromwell im 17. Jahrhundert – keinen monarchiefreien Tag. Beim Tod eines Papstes muss erst ein Konklave zusammentreten, um den neuen Pontifex zu wählen, vorher ist sein Name der Spekulation anheimgegeben. Anders in England: Am Tag des Todes eines Herrschers tritt der designierte Erbe automatisch an die Stelle des Vorgängers. Der Kronrat ruft auch sogleich am Todestag im Beisein des Nachfolgers dessen Namen feierlich aus, was in Elizabeths Fall ohne sie geschehen musste, denn sie befand sich auf dem Heimflug nach England. Es war zum ersten Mal nach 200 Jahren, dass die Proklamation nicht in Gegenwart des neuen Monarchen stattfand.

Bei der Ankunft in Heathrow am 7. Februar erblickte die Königin als erstes die Reihe der schwarzen Dienstlimousinen, von denen die beiden Mädchen, Margaret und sie, untereinander immer nur als «die Leichenwagen» sprachen. «Schau mal, sie haben die Leichenwagen geschickt», sagt sie zu ihrer mitreisenden Cousine Pamela Mountbatten, als die Maschine ausrollt. Bei der Queen muss man auf die Zwischentöne achten, sie drückt sich gerne indirekt aus. So enthielt der Satz über die Leichenwagen nicht nur ein Lamento über ihren mit 56 Jahren allzu früh verstorbenen Vater, es war auch ein Begleitkommentar zum Ende ihrer eigenen unbeschwerten Jugend. 25 Jahre alt, musste sie Abschied nehmen von mehr als nur dem Vorgänger auf dem Thron.

«Gottlob, dass wir noch Churchill haben», lautete die landläufige Meinung nach dem unerwartet plötzlichen Tod des Monarchen; Winston Churchill war nach der verlorenen Unterhauswahl von 1945 sechs Jahre später wieder in die Downing Street zurückgekehrt. Die Macht seiner Worte, das Elixier des Widerstandes im Krieg, wurde nun zur Quelle tröstender Zuversicht für eine trauernde Nation. An die wendete er sich übers Radio noch am Abend des 6. Februar in warmherzig-realistischen Worten: «Der König wandelte mit dem Tod an seiner Seite, als sei der Tod ein Gefährte. Am Ende kam der Tod als Freund, nach einem glücklichen Tag mit Sonne und Jagdsport.» George VI. war, was inzwischen jedermann wusste, am Nachmittag des 5. Februar noch auf Hasenjagd gewesen, ehe er, offenbar zufrieden mit dem Ergebnis, zu Bett gegangen war; in den frühen Morgenstunden ereilte ihn eine Embolie – dass er an Lungenkrebs litt, hatte man der Bevölkerung vorenthalten. Churchill schloss in seiner Radio-Botschaft mit einem Blick nach vorn und zurück, Vergangenes und Zukünftiges in den Blick nehmend, wie es seine Art war: «Ich, dessen Jugend noch der illustren, unangefochtenen und friedlichen Größe der viktorianischen Ära angehörte, fühle einen Schauder, wenn ich erneut das Gebet und die Hymne aufrufe: ‹God save the Queen›.»

Am Tag danach legte der große Redner im Unterhaus nach: «Sie kommt auf den Thron in einem Moment, da eine gemarterte Menschheit unsicher zwischen Weltkatastrophen und einem goldenen Zeitalter balanciert [...] Lasst uns hoffen und dafür beten, dass das Nachrücken Königin Elizabeths II. auf unseren alten Thron ein Signal sein wird, das wie ein glückhaftes Licht die menschliche Szene erhellt.» Hintergrund dieser gewaltigen Worte waren die ersten Erfahrungen mit Atomwaffen und dem Wettrüsten zwischen den Siegermächten des Zweiten Weltkrieges um den Besitz dieser neuen Machtinstrumente. Großbritannien zündete noch im August 1952 in Westaustralien seinen ersten atomaren Sprengkopf, die Sowjetunion folgte 1953 mit dem ersten Test einer Wasserstoffbombe, die USA 1954 mit dem ihren. Auch der Koreakrieg warf seine Schatten – die erste Amtshandlung der neuen Königin bestand darin, einem ihrer 12 000 in Korea kämpfenden Soldaten den höchsten Tapferkeitsorden, das Victoria Cross, zu verleihen.

Die junge Queen wird sich ihren Teil gedacht haben bei solchen Redewendungen, wie Churchill sie gebrauchte, als sei er mit ihnen geboren. Es entsprach nicht ihrem eigenen, eher simplen Stil. Aber sie empfand gerade deshalb besondere Zuneigung zu ihrem ersten Premier – es sollten elf weitere folgen –, der ihr, aus alter Zeit kommend, eine lebende Brücke zu den Geheimnissen der englischen Geschichte bauen konnte, ein Anschauungsunterricht, der hervorragend ergänzte, was Sir Henry Marten ihr vor dem Krieg in der Theorie beigebracht hatte. Churchill liebte es, mit Geschichte und seinem eigenen Lebensweg darin zu jonglieren; schließlich hatte er noch 1898 an der letzten Reiterattacke der englischen Armee gegen den aufständischen Mahdi im Sudan teilgenommen und unter allen Monarchen seit Königin Victoria militärisch gedient, was hervorzuheben er nicht müde wurde. «Ich diente unter der Ururgroßmutter der Queen, unter ihrem Urgroßvater, ihrem Großvater, Vater und jetzt ihr», brachte er im Mai 1953, zwei Wochen vor der Krönung, stolz in Erinnerung. Er verkörperte Kontinuität, die er in einer früheren autobiografischen Skizze «den eigentümlichsten Vorzug und die vornehmste Eigenschaft des englischen nationalen Lebens» genannt hatte.

Der alte Mann und die junge Königin begegneten sich fast in Ehrfurcht voreinander, er wegen ihrer Ausstrahlung und ihres Lerneifers, sie wegen seiner illustren Vita. «Ich kenne sie doch gar nicht, und sie ist doch nur ein Kind»: der Satz war vergessen. Jugend und Unschuld waren auf Alter und Erfahrung gestoßen, das ergänzte sich gut. Die regelmäßigen Treffen mit ihrem Premier waren für Elizabeth II. «always such fun», wie sie später gestand, wohingegen er einmal die Frage, worüber sie gesprochen hatten, spöttisch abwiegelte: «Oh, über Pferderennen.» Als Churchill 1955 zurücktrat, schrieb ihm die Queen voller Bedauern, sie werde vor allem die wöchentlichen Audienzen mit ihm vermissen, die für sie so instruktiv und, «wenn man das von Staatsgeschäften sagen kann, so unterhaltsam» waren.

Aber der Premierminister war für seine Monarchin die größte Hilfe in einer weniger unterhaltsamen als vielmehr heiklen Frage, die Staatsräson betreffend: Wie sollte der Nachname der neuen Herrscherfamilie lauten? Uncle Dickie, Admiral Lord Louis Mountbatten, Philips Quasi-Adoptivvater, hatte nach dem Tod von George VI. frohlockt: «Jetzt regiert das Haus Mountbatten!» Er war dabei von der Annahme ausgegangen, der Landesbrauch, wonach bei einer Eheschließung die Frau und die gemeinsamen Kinder den Namen des Mannes übernehmen, werde auch bei seinem Neffen gelten. Die Frage war nicht akut, solange Elizabeth und Philip als «Her Royal Highness Princess Elizabeth, the Duchess of Edinburgh» und «His Royal Highness, the Duke of Edinburgh» durchs Leben gingen, mit Charles und Anne als Prinz und Prinzessin ohne Nachnamen. Mit «Königin Elizabeth» änderte sich die Lage grundlegend.

Eine mächtige Lobby baute sich gegen Mountbatten als Herrschernamen auf. Sie reichte von Queen Mary über das Kabinett, das Parlament bis hin zu Churchill selber und fand in ihm den entschiedensten Befürworter einer Beibehaltung des Namens Windsor. Churchill war erbost, wie Mountbatten überhaupt habe annehmen können, die Weichenstellung aus dem Jahr 1917, als George V. den Weg aus der deutschen Peinlichkeit zum englischen «Windsor» fand, könne jemals rückgängig gemacht werden. Er stärkte den Rücken der Königin, die genauso dachte. Und so gab der Kronrat im April 1952 bekannt, Elizabeths Familie werde künftig den Namen Windsor führen.

Philip ging auf die höchste Palme, das Alphatier in ihm, der Navy-Macho, fühlte sich gedemütigt. «Ich bin eine verdammte Amöbe», ließ er hören, «der einzige Mann im Land, der seinen Kindern nicht seinen Namen geben darf.» Dabei hatte doch Elizabeth bei der Trauung laut altem Brauch versprochen, ihrem Mann «zu gehorchen». Über solche Petitessen setzte sich die Staatsräson hinweg, zu Philips großem Verdruss. Zwischen ihm und seiner Frau kam es zu Spannungen, die sich lange nicht legen wollten. Die Queen versuchte es mit Appeasement, übertrug Philip wichtige Zuständigkeiten, die sein erhitztes Mütchen würden kühlen können, so hoffte sie zumindest. Darunter – fatalste aller Entscheidungen – die Erziehung von Prinz Charles, sodann das Management der königlichen Schlösser in Sandringham und Balmoral, wo sich Philip, nach Meinung von «Elizabeth the Queen Mother» – wie die Mutter jetzt hieß –, «aufführte wie ein deutscher Junker».

Noch zu Lebzeiten von George VI. war Philip vom König selbst die Reorganisation des Buckingham Palastes anvertraut worden, was dem umtriebigen Herzog aber schon damals nicht genügte. So erhielt er zusätzlich, ganz im Sinne der «Welfare Monarchy», die Leitung eines gemeinnützigen Großprojekts, der National Playing Fields Association (NPFA), deren Auftrag es war, grüne Spielflächen vor allem rund um Sozialwohnsiedlungen anzulegen, damit die Kinder zu sinnvoller Freizeitbetätigung in frischer Luft fanden und nicht kostbares offenes Gelände mit neuen Bauvorhaben zugepflastert würde. Ein nach den klaustrophobischen Kriegsjahren besonders dringliches Anliegen, das Philip mit seiner gewohnten Energie anpackte. «Ich möchte Ihnen versichern», kündigte er bei der ersten Komiteesitzung, die er leitete, an, «dass ich nicht die Absicht habe, hier einen Ölgötzen abzugeben.» «Bloody workaholic», kommentierte ein Mitarbeiter, «der Mann weiß nicht, was eine Pause ist.» Das könnte man fast noch heute von dem nunmehr 90-Jährigen sagen.

Man vergisst bei der Hyperaktivität, in die sich der Herzog in seinem kommenden Leben stürzen sollte, welch schwieriges Standing Philip bei Hofe hatte. Nicht nur wegen des Argwohns, der ihm als Erben ohne Land und Vermögen, noch dazu aus deutschem Stamm, entgegenschlug. Eine für ihn undurchdringliche Schicht von Bürokratie hatte sich um die Zentralfigur, seine Frau, gelegt – Privatsekretäre, stellvertretende Privatsekretäre, Hunderte von Hofbeamten mit spezifischen Aufgaben in der höfischen Rangordnung, die keine Rolle für ihn vorsah. Kein Vergleich zu der Zeit, als Prinz Albert, der Gemahl Königin Victorias, dieser zur Seite stand. Albert war Victorias Auge und Ohr, der Manager ihrer öffentlichen Angelegenheiten, Privatsekretär und Leiter ihres Büros in einem. Für solche Aufgaben kam Philip einhundert Jahre später nicht in Frage. Der Hof hatte sich verdichtet in einer strengen Hierarchie, der gegenüber der Ehemann immer ein Außenseiter blieb. Auch ließ sich die Queen von ihrem Mann nicht in die *red boxes* hineinsehen. Ordnung muss sein, Etikette erst recht. So suchte sich Philip zur Kompensation seine eigenen Betätigungsfelder, wo er nicht mehr drei Schritte hinter der Monarchin gehen musste, sondern selber Takt und Tempo der Gestaltung bestimmte.

Übrigens erzielten er und sein Onkel in der Namensfrage wenigstens ein spätes Unentschieden: Die Regierung, dazu sanft angestoßen von Elizabeth selber, gab im Februar 1960, kurz vor der Geburt von Prinz Andrew, bekannt, alle Mitglieder der königlichen Familie, die nicht in der unmittelbaren Thronfolge stünden, sollten künftig den Doppelnamen Mountbatten-Windsor tragen. Tatsächlich übernahmen sogar Andrew und seine ältere Schwester Anne für sich diese Regelung und unterzeichneten ihre jeweiligen Heiratsurkunden als «Mountbatten-Windsor». Die «Amöbe» aber blieb für alle Zeiten in der Erinnerung aufbewahrt.

Die Queen gab Philip auch die Oberaufsicht über die Vorbereitungen zu ihrer Krönung, die man spät anberaumte, für den 2. Juni 1953; es war der Tag vor dem Derby, dem Höhepunkt der Pferderennsaison. Alles musste von Grund auf neu entworfen werden, es gab keine Schubladenpläne wie 1936, als lange vor der Abdankung Edwards die Organisation für die Krönung im Mai 1937 angelaufen war, sodass Stanley Baldwin sein berühmtes Bonmot anbringen konnte: «Same date, different King» – dasselbe Datum, nur ein anderer König. Für Churchill war der Juni 1953 obendrein eine politische Deadline: Vorher wollte er auf keinen Fall als Premierminister abtreten, was viele dem 1874 geborenen, inzwischen gesundheitlich angeschlagenen Regierungschef nahezulegen begannen. Unruhig scharrte sein designierter Nachfolger Anthony Eden mit den Füßen – umsonst: Die Krönung der jugendlichen Elizabeth, seiner gelehrigen Herrin, wollte Churchill nicht als Pensionär erleben. Tatsächlich hielt er sich noch bis fast zwei Jahre danach in seinem Amt.

Elizabeths Doppelrolle als Staatsoberhaupt und junge Mutter löste eine Reihe besorgter Betrachtungen aus. Die National Federation of Women's Institutes, der Dachverband der Frauenorganisationen des Landes, verfasste sogar eine Resolution des Inhalts, die Nation solle sich «bemühen, unsere geliebte junge Königin nicht überzubeanspruchen, im Gedanken daran, dass sie auch noch Pflichten hat als Frau und Mutter». Das medizinische Establishment stimmte zu. Im «Lancet», der Fachzeitschrift des Ärzteverbandes, plädierte man dafür, die Queen müsse sich aus der Öffentlichkeit heraushalten dürfen, «solange ihre Kinder jung sind». Es sei wichtig, dass sie ihre Familie an die erste Stelle setze, «zum Schutz ihrer Gesundheit und Vitalität».

Doch die Königin folgte diesen Ratschlägen nicht, aus ihrem Pflichtbewusstsein, fast einem Pflichtfatalismus, heraus. Gegenüber der BBC, die 1992 unter dem Titel «Elizabeth R» einen Film über ihre ersten 40 Thronjahre drehte, gab sie ein bezeichnendes Bekenntnis ab: «Mein Vater starb viel zu jung und ganz plötzlich. Es kam darauf an, das Beste aus dem zu machen, was in meinem Vermögen stand, und die Tatsache zu akzeptieren, dass dies jetzt mein Schicksal war.» Da sprach eine Frau, die sich im Gefolge der Abdankungskrise von 1936 entschlossen hatte, die Pflichten gegenüber dem Amt an die oberste Stelle ihrer Prioritäten zu setzen. «Ich dien», wie sie in der Kapstadt-Ansprache in Erinnerung gerufen hatte. In ihrer ersten Weihnachtsansprache als Monarchin griff sie den Gedanken der «Verpflichtung» aus dieser Rede wieder auf und ersuchte das Gebet ihrer Zuhörer, «dass Christus mir Weisheit und Stärke geben möge, die feierlichen Versprechen einzulösen, die ich bei meiner Krönung geben werde.»

Churchill hatte den richtigen Einfall: Er ordnete an, vor der Krönung die Rationierung von Süßigkeiten und Schokolade zu beenden. Der Gaumen sollte nachschmecken, was das Auge zu sehen bekommen würde: ein Festival britischer Exklusivität, mit der ganzen Welt als Zaungast. So konnte im Juni 1953 das Medium Fernsehen seine globale Rolle antreten: Die Krönung und der Festumzug durch die nieselregennassen Straßen Londons, kulminierend mit der Szene auf dem Balkon des Buckingham Palastes, wurde das erste Megaspektakel der Fernsehgeschichte, 300 Millionen Menschen in aller Welt nahmen an ihren Geräten teil, in Großbritannien stieg die Zahl der TV-Besitzer über Nacht von einigen Hunderttausend auf vier Millionen an. Wer nicht im Besitz eines Fernsehers war, fuhr oder radelte zu Freunden, um das Ereignis live verfolgen zu können. Wir Heutigen, die per Mausklick zu sehen bekommen, was an den vier Enden der Welt gerade geschieht, können uns kaum mehr vorstellen, wie das im Juni 1953 in der Morgenröte des Fernsehens war: Zum ersten Mal in der Geschichte erhielten damals diejenigen, die bei einem Ereignis nicht physisch dabei waren, die Chance, ihr Empfinden mit denen zu teilen, die es tatsächlich selber sahen.

In Paris verfolgte es ein Exkönig, der nicht eingeladene Herzog von Windsor, um beeindruckt von seiner Nichte zu kommentieren: «Eine Frau absolviert dies alles doch weitaus anmutiger, als ein Mann das könnte.» Cecil Beaton, dem wir einige der eindrucksvollsten Fotos von diesem Tag verdanken, beschreibt Elizabeths prunkende Erscheinung in seinem Tagebuch hübsch süffisant als «Hochzeitskuchen in Bewegung». Wenn man sich in späteren Generationen gegenseitig fragte: Wo warst du bei der Ermordung

Ein «glückhaftes Licht», das «die menschliche Szene erhellt»:
Elizabeth II. auf der Fahrt zu ihrer ersten Parlamentseröffnung,
4. November 1952

John F. Kennedys? Beim Fall der Mauer? Am Tag von Prinzessin
Dianas Tod? Wo am 11. September 2001?, so hieß es nach 1953: Wo
warst du bei der Krönung von Queen Elizabeth? Zumal am Tag
zuvor noch eine historische Nachricht die Welt erstaunt hatte: die
Erstbesteigung des Mount Everest durch den Neuseeländer Ed-
mund Hillary und seinen nepalesischen Scherpa Tenzing Norgay.

Auch Christian Dior, berühmter Modedesigner, gab sich berührt und gerührt von dem königlichen Ereignis in London: «Die Krönung der jungen Elizabeth hat nicht nur die Briten, sondern seltsamerweise auch die Franzosen mit neuer Hoffnung, neuem Optimismus für die Zukunft erfüllt.»

Dabei war es zunächst alles andere als ausgemacht, dass das Fernsehen bei einer so heiligen, symbolgesättigten Handlung überhaupt anwesend sein könne. Elizabeth stellte sich strikt dagegen – in seiner Anfangszeit galt das «telly» als schrecklich gewöhnlich, eine Vulgarisierung, vor der man das Königtum bewahren müsse. Selbst Philip an der Spitze des Organisationskomitees, sonst Neuerungen gegenüber eher aufgeschlossen, teilte die Abneigung seiner Frau. Der Erzbischof von Canterbury wetterte gegen diese «massenproduzierte Form der Unterhaltung, potentiell eine der größten Gefahren für die Welt». Wenn an irgendeiner Stelle etwas schief gehen würde mit der Zeremonie – sollte das dann live überall verfolgt werden können? Die Berichte über Königin Victorias Krönung anno 1837 machten die Runde, einen berühmten hatte die junge Königin selber aufgeschrieben: wie der 82-jährige Lord Rolle beim Anstieg der Treppen zur Huldigung seiner Herrscherin ins Stolpern kam und herunter purzelte und wie die Königin aufstand und ihm bei seinem zweiten Versuch entgegenkam; oder wie der Erzbischof den eigens für Victorias kleinen Finger gefertigten Krönungsring ihr unter großen Schmerzen auf den vierten Finger nötigte, von wo sie ihn später nur mit Hilfe von eisgekühltem Wasser frei bekam.

Aber die Organisatoren begingen einen Fehler und gaben bereits im Oktober 1952 bekannt, dass es eine Krönung ohne Fernsehen sein solle. Das gab den Medien Gelegenheit zum Protest. Sie drehten stark auf und verurteilten einhellig diese «dumme Entscheidung», sei doch das Fernsehen geradezu prädestiniert, die Verbundenheit zwischen der Krone und den Menschen herauszustellen. An diesem Casus wurde zum ersten Mal und sogleich musterhaft deutlich, wie fast plebiszitär die Medien sich in die Entscheidungen des Hofes einzumischen verstanden und diesen zwingen konnten, sie zu revidieren. Solche Kollisionen zwischen Mediendemokratie und Königshaus sollten Elizabeth zeit ihrer Amtszeit begleiten. Das konnte bis zur Gehemmtheit auf Seiten der Queen führen, wie sich 1997 nach dem Tod der Prinzessin von Wales, ihrer Schwiegertochter Diana, zeigte, als sie für die Erschütterung der Nation zunächst keine Worte fand. Aber wie damals lenkte die Queen auch 45 Jahre zuvor am Ende ein – in beiden Fällen war der Druck der veröffentlichten Meinung zu groß geworden. Das Diktat gegen die TV-Übertragung der Krönung wurde aufgehoben. Elizabeth ist selten die Erste auf dem Weg zu Neuerungen, aber sie hat immer verstanden nachzugeben, wenn es unumgänglich wurde.

Wer sich heute den Film der Krönung noch einmal anschaut, mag sich fragen, was diese zwischen religiösem Akt und mittelalterlichem Pomp angesiedelte Zeremonie in einem demokratischen, liberalen Gemeinwesen zu suchen hatte. Und doch bewahrheitete sich 1953 das alte Junktim zwischen Monarchie und Moderne: Je gefestigter die Demokratie, desto gläubiger – so muss man es hier ausdrücken – versammelte sich die britische Gesellschaft um die Krone. Ihre Altertümlichkeit ist geradezu ihr stärkster Werbeträger, eine unbedrohliche Altertümlichkeit, die der Gesellschaft im Verlauf der Reformen nicht mehr im Wege gestanden hat. Richard Eyre, der frühere Direktor des National Theatre in London, von seinem intellektuellen Herkommen eher ein Republikaner, wie man die Antimonarchisten auf der Insel nennt, schrieb 1992 in seinem Tagebuch von der «religiösen Passion» der Briten für das Königtum: Dieser Passion müsse auch er sich anklagen, habe er doch einen hohen Verdienstorden, den «Commander of the British Empire» (CBE), angenommen, den er eigentlich hatte ablehnen wollen. Robert Lacey, der Historiker, sagt es blumiger: «Wie die Liebe selber ist auch die Beziehung zwischen der Krone und den Menschen fundamental irrational.» Aber stimmt das? Dieser Beziehung liegt auch ein Gutteil Rationalität, bewusste Wertschätzung zugrunde – man weiß, was man an dieser alten Institution hat. Harold Wilson, Elizabeths erster Labour-Premier in den 6oer und dann erneut in den 70er Jahren, pflegte gerne seine Audienzen bei der Queen als den erfreulichen Moment zu bezeichnen, «wo die Demokratie und der Monarch sich begegnen». Das sagte ein Sozialdemokrat, der weit entfernt war von dem Verdacht, der Aristokratie Komplimente machen zu wollen.

Und doch spiegelte das in der Westminster Abbey versammelte Publikum ein Stück schnöder Selbstbestätigung der *ruling classes*, der herrschenden Klassen, wider. So undemokratisch wie damals wird die Einladungsliste zu einer Krönung nie mehr ausfallen dürfen, will das Königshaus seine Wertschätzung nicht aufs Spiel setzen. Auch so opulent in den Formen wird es nicht mehr zugehen. Es gibt ein Verfallsdatum selbst für königliche Riten und ihr Kostüm, man wird das spätestens bei der Krönung von King Charles III. erleben. 1953 lief im Grunde noch wie ein Stammesritual der alten Aristokratie ab. Im Oberhaus saßen damals nur Erbadlige (erst 1958 kamen auf Lebenszeit ernannte Peers hinzu, die sogenannten *lifers*), und natürlich wurde die ganze obere Kammer eingeladen, dafür vom Unterhaus nur circa einhundert Abgeordnete, wie ein demokratisches Feigenblatt; die müssen sich tatsächlich recht *common* vorgekommen sein, entsprechend dem Namen ihrer Kammer, House of Commons, das «Haus der Gemeinen». Aber anno 1953 beherrschte Ehrerbietung die Köpfe, es kam niemandem in den Sinn, gegen den königlich-aristokratischen Stachel zu löcken – noch nicht, muss man hinzufügen, denn die Dinge sollten bald anfangen, sich zu ändern. Im Übrigen war das Schauspiel selber schier atemberaubend in seiner historischen Prachtentfaltung – das stand im Vordergrund und entzückte mit den Briten die Zuschauer weltweit.

Wie hatte Churchill die Kontinuität doch beschrieben? Als den «eigentümlichsten Vorzug und die vornehmste Eigenschaft des englischen nationalen Lebens». Eigentümlich und vornehm – so nahm sich auch das Zeremoniell in der Westminster Abbey aus. Die Monarchin nahm Platz auf dem Krönungsstuhl Edwards I. aus dem 13. Jahrhundert. Unter den Juwelen an ihrer Hand sah man einen Saphir von dem Ring, den schon Edward der Bekenner getragen hatte, der letzte angelsächsische König aus dem Hause Wessex,

gestorben im Jahr der normannischen Eroberung, 1066. Auch der
Rubin Heinrichs V. funkelte, ein Erinnerungskleinod des Sieges
über die Franzosen in der Schlacht von Azincourt 1415. Und an den
Ohren hing der Schmuck ihrer großen Vorgängerin Elizabeth I.
Die Salbungsformel selber war der wohl älteste Teil des Rituals,
entnommen dem Buch der Könige aus dem Alten Testament, eine
Passage, die bereits König Edgar bei seiner Krönung im Jahr 973 gesprochen hatte. Diesmal begleitete die Hymne «Zadok the Priest»,
von Georg Friedrich Händel 1727 für die Krönung von George II.
komponiert, die alten Worte. «So wie Salomon gesalbt ward durch
Zadok, den Priester, und Nathan, den Propheten [...]», so konse-
krierte Dr. Geoffrey Fisher, der Erzbischof von Canterbury, Elizabeth zur Herrscherin über Britannien und das Commonwealth –
mehr eine Priesterweihe als eine weltliche Amtseinführung, zugleich
eine Salbung und eine Unterwerfung unter die Gesetze. Die
konstitutionelle und die spirituelle Monarchie.

1953 glaubten laut einer Umfrage noch 34 Prozent der Briten an die
göttliche Sendung des Monarchen. Shakespeare hatte es 350 Jahre
zuvor in «Richard II.» so formuliert:

> «Nicht alle Flut im wüsten Meere kann
> Den Balsam vom geweihten König waschen.
> Der Odem ird'scher Männer kann des Herrn
> Geweihten Stellvertreter nicht entsetzen.»

In der renommierten «Sociological Review» schrieben im Krö-
nungsjahr Edward Shils und Michael Young über die Krönung als
einen «Akt nationaler Kommunion» und erinnerten an den «magischen Moment, als die zerbrechliche Gestalt, in Kontakt mit dem
Göttlichen, verwandelt wurde zum König/Priester, von einer blo-
ßen Person in ein Gefäß aller Tugenden, die nun durch sie in die
Gesellschaft fließen.» Gegen so viel Schwulst erhob ein junger
amerikanischer Rechtsgelehrter und Soziologe, Norman Birnbaum,

energisch die Stimme. Die Zeitschrift gab ihm Gelegenheit, auf seine Kollegen in Großbritannien zu antworten. Birnbaum nannte deren promonarchische Argumente «Lametta-Schwärmereien» und «Stützpfeiler einer unfairen gesellschaftlichen Ordnung, dank derer der Herrscher versucht, die Beherrschten blind zu machen gegenüber der verdorbenen Natur des Systems, das beide umfängt». Das war die erste Salve einer Diskussion, die ab Mitte der 50er Jahre das Königshaus voll erreichen sollte und in der Folge zu tiefgreifenden Veränderungen führte.

Viele «Lametta-Schwärmereien» waren damals zu hören, Winston Churchill und seine geliebte «Fairy Queen», seine Feenkönigin, waren nicht ganz unbeteiligt. «Die Krone ist heute breiter und sicherer in der Liebe des Volkes und im Willen der Nation eingebettet als in den Tagen, da Rang und Privileg die Gesellschaft regierten», sagte der Premier am Abend des 2. Juni. Der zweite Teil dieser Aussage traf, wie wir sahen, eher weniger zu: Rang und Privileg konnten sich noch einmal behaupten. Auch Elizabeth übertrieb, wenn sie verkündete: «Meine Krönung ist kein Symbol einer Macht und eines Glanzes von gestern, sondern eine Deklaration unserer Hoffnungen für die Zukunft.» Hoffnung – gewiss, aber eben auch noch einmal «Macht und Glanz von gestern», und zwar sehr bewusst inszeniert. Dabei war es ein verblassender Glanz, mit seinen durch die Straßen marschierenden Abordnungen aus dem alten Empire ein letzter Tribut an eine entschwindende Welt. Und auch eine verblassende Macht, wie sich 1956 zeigte, als die britische Politik, von kolonialen Illusionen verführt, zusammen mit Frankreich in Suez ein klägliches Debakel erlebte.

Standen die Briten am Anfang eines zweiten elisabethanischen Zeitalters? Auch diese Lametta-Schwärmerei kam nach 1952 sehr in Mode. Elizabeth allerdings wollte davon nichts hören, wie sie in ihrer Weihnachtsbotschaft 1953 deutlich machte. Sie und Philip befanden sich damals gerade in Neuseeland, auf jener Commonwealth-Reise, die wegen des Todes ihres Vaters fast zwei Jahre zuvor hatte abgebrochen werden müssen. «Ehrlich gestanden», hob sie mit erfrischendem Witz an, «komme ich mir ganz und gar nicht wie meine große Tudor-Vorgängerin vor, die weder mit Mann noch

Kind gesegnet war, die als Despot herrschte und die kein einziges Mal die Küsten ihres Heimatlandes verlassen konnte. Aber da gibt es wenigstens eine sehr signifikante Ähnlichkeit zwischen ihrem Zeitalter und meinem. Ihr Königreich, obwohl klein und arm im Vergleich zu ihren europäischen Nachbarn, war von einem großen Geist durchweht.»

Ein großer Geist auch nach 1953? Wir werden sehen. Erst einmal huldigte das Commonwealth der neuen Queen auf ihrer Sechs-Monate-Reise. Es wurde ein einziger Triumphzug – nirgends brauchten die Monarchin und ihr Mann britisches Territorium zu verlassen, das alte Empire lag ihnen zu Füßen.

VII

Margaret

*«Ich bin einzigartig, ich bin die Tochter eines Königs
und die Schwester einer Königin.»*
Prinzessin Margaret Rose, Elizabeths Schwester

«Du musst entweder verrückt sein oder verrucht.»
Sir Alan Lascelles zu Peter Townsend,
als dieser ihm seine Liebe zu Margaret beichtete

*«Ich bin zutiefst dankbar für die Fürsorge all jener,
die beständig für mein Glück gebetet haben.»*
Margaret in ihrer Verzichtserklärung vom 31. Oktober 1955

Das Bild prägte sich ein als die Summe ihrer Erscheinung,
als Querschnitt ihrer Existenz. Es war ein sprechender
Kommentar, und so breitete der «Sunday Telegraph» das
Foto am 10. Februar 2002, dem Tag nach dem Tod von Prinzessin
Margaret, über seine halbe Titelseite aus; aufgenommen worden
war es 1986 im Kensington Palace, Margarets letzter Residenz.
Noch nie bis dato gesehen, zeigte es die Countess Snowdon,
geschiedene Armstrong-Jones, in einem knallbunten Brokatkos-
tüm, den Blick fragend an der Linse vorbei gerichtet, in der Hand
ein Steckkissen, auf das die ironische Botschaft gestickt war: «Es ist
nicht leicht, eine Prinzessin zu sein.» Der Eindruck des Theatrali-
schen ist überwältigend, wie für die Nachwelt inszeniert. War nicht
das Theater, die Bühne, waren nicht Tanz und Auftritt ihre ganze
Leidenschaft?

«It's not easy being a Princess»: Den Satz hörte man sie oft variieren. Noch frustrierter klang er so: «Ich bin einzigartig, ich bin die Tochter eines Königs und die Schwester einer Königin.» Das Schicksal, gleichsam reichsunmittelbar zu sein und doch nur in untergeordneter Rolle – es war Prinzessin Margaret ebenso wenig in die Wiege gelegt wie der Älteren die Berufung zur Königin. Mit diesem Zwiespalt ist sie zeit ihres komplizierten Lebens nicht zurechtgekommen. Der Konflikt trat früh zutage, und mit ihm muss beginnen, wer sich einen Vers machen möchte auf das Faszinosum genannt Prinzessin Margaret Rose.

Wir sahen, wie mit der Abdankung Edwards VIII. eine tiefe Erschütterung nicht nur durch das britische Establishment, sondern auch durch das Leben der königlichen Familie ging. In dieser Krise ergriff die Königin, die ältere Elizabeth, energisch die Zügel, half ihrem Mann in Zusammenarbeit mit dem australischen Logopäden Lionel Logue über sein schreckliches Stottern hinweg, baute sein Selbstvertrauen auf und ließ ihre Älteste, Elizabeth, in der Rolle der Thronfolgerin unterweisen. Margaret, die Zweite, verschwand vom Radarschirm der Mutter; umso mehr verwöhnte sie der Vater, der selber wusste, was es hieß, als Zweiter in der Thronfolge ein Leben im genealogischen Halbschatten zu führen. Als Marion Crawford den Teenager wegen seiner gelegentlichen späten Abende kritisierte und bei der Mutter Rat suchte, winkte diese ab: «Wir sind doch nur einmal jung, Crawfie, wir wollen doch Spaß haben am Leben.» Margaret wurde verwöhnt durch Güte, ein Synonym für Unaufmerksamkeit, wo ihr straffere Zügel vielleicht geholfen hätten. Fehlbarkeit wurde ihr Markenzeichen.

Dass George VI. 56-jährig dem Lungenkrebs erlag, war ein zweiter Schock für die vom Vater Vergötterte. Sie fiel in ein «schwarzes Loch», wie sie später dem Historiker Ben Pimlott gestand. Ihre Schwester trat an, worauf sie getrimmt worden war, und wurde Königin. Margaret, temperamentvoller, witziger, auch intellektueller, war wie Elizabeth ohne jede formale Erziehung geblieben, aber da sie keine Aufgabe für sich sah, ergab sie sich nun dem schillernden Glanz der High Society und der Bohème als der ihr gemäßen Welt. «Der Ungehorsam ist meine Freude», brüstete sie sich einmal gegenüber dem großen französischen Schriftsteller und

Der verstohlene Blick: Margaret, Elizabeth und Peter Townsend
in der königlichen Loge in Ascot, 13. Juni 1951 (Foto: Keystone)

Regisseur Jean Cocteau. So wurde sie die Vorläuferin aller Probleme, die sich den Windsors bald auf die Fersen heften würden wie ein unaufhaltsames Schicksal. Eine gewisse Ziellosigkeit schwebte um Margaret, die Ahnung von Entgleisungen – die Großmutter, Queen Mary, hatte sie mit Vorliebe «espiègle» genannt, das schelmische, mutwillige Mädchen. Chips Channon notierte sich 1948, nachdem er der knapp Achtzehnjährigen beim Pferderennen in Ascot begegnet war, in sein Tagebuch: «Ich entdecke ein Marie-Antoinette-Aroma um sie.»

※

Alles begann mit dem Krönungstag, dem 2. Juni 1953. Die Kameras sind überall, sie sind auch dabei, als Prinzessin Margaret einen Flusen vom Revers des königlichen Rittmeisters Group Captain (Oberst) Peter Townsend wegwischt, so leichthin und, ach, so verliebt. Damit wurde eine heimliche Liebe, die sich seit 1947 anbahnte, öffentlich. Townsend war 1944 als Equerry – das männliche Pendant zu den Ladies-in-waiting, den Kammerfrauen – in den Dienst Seiner Majestät getreten und hatte die Königsfamilie unter anderem auf deren Südafrika-Reise 1947 begleitet. Die drei Monate unterwegs brachten ihn der damals sechzehnjährigen Margaret näher, eine Beziehung zunächst auf Abstand – Hofbeamte hatten Eunuchen zu sein, persönliche Beziehungen zur Familie des Herrscherhauses waren streng tabu. Im Übrigen war Townsend seit 1941 verheiratet, in einer typischen Kriegsehe – schnell geschlossen, bald erkaltet und in Townsends Fall zudem ein Opfer der immensen Beanspruchung, die der Dienst bei Hof mit sich brachte. George VI. schätzte seinen Adjutanten sehr, seine diskrete Art, die auch mit den häufigen Zornesausbrüchen des Königs besser fertig wurde als andere Bedienstete in der Umgebung. Pilot in einem «Hawker Hurricane» und Teil der berühmten Schwadron 43, hatte Townsend sich mehrfach in der «Battle of Britan» ausgezeichnet. Schon 1950 machte George VI. seinen tüchtigen Equerry zum stellvertretenden Leiter der inneren Organisation des Palastes, von dort holte ihn die Königin an ihre Seite, als Controller ihrer Geschäfte, praktisch ihr Finanzchef. Seine Ehe hielt dieser Dauerbelastung nicht stand, er wurde 1952 schuldlos geschieden, da seine Frau eine Beziehung zu einem anderen Mann eingegangen war. Der überaus geschätzte Townsend und der Hof – das sah dagegen nach einer langen, stabilen Beziehung aus.

Dies änderte sich, als Margaret und er sich Elizabeth noch vor der Krönung eröffneten und ihre Liebe gestanden, er darüber hinaus auch gegenüber seinem unmittelbaren Vorgesetzten, Sir Alan Lascelles, dem Privatsekretär der Queen. Er müsse «entweder verrückt oder verrucht sein», so dieser zu seinem Untergebenen, wenn er glaube, nach 1936 sei auch nur daran zu denken, ein prominentes Mitglied der Königsfamilie könne einen geschiedenen Mann heiraten. Wenn die Regierung dies gestattete – und sie, zusammen mit den leitenden Figuren des Commonwealth, hatte wie schon 1936 das Sagen –: warum dann die Aufregung um Edward VIII., warum sein Rücktritt?

Die Queen gab sich verständig, lud beide zum Dinner zu viert in den Palast ein. Townsend spricht in seinen 1978 erschienenen Memoiren von der «informal supportiveness» der Monarchin, was einen Grad diffuser klingt als «support», Unterstützung. Und was sollte «informal» heißen? Man hört förmlich die Qual der Wahl heraus, vor die sich Elizabeth gestellt sah, sie musste jetzt die Rolle Stanley Baldwins spielen und mochte das überhaupt nicht. Am liebsten, so dürfen wir annehmen, wäre sie davongelaufen. Townsend nennt ihre Worte denn auch «opaque», unklar, undurchsichtig, er schreibt, selber reichlich gedrechselt (die Höflichkeit des Exbediensteten), von ihrer «sehr bewegenden einfachen und mit Sympathie gemischten Hinnahme der beunruhigenden Tatsache der Liebe ihrer Schwester zu mir». Philip spricht das Problem offener an, man einigt sich aber erst einmal auf Verschwiegenheit bis nach der Krönung; für Elizabeth ist dies alles etwas viel, wo auch gerade noch im März 1953 ihre Großmutter, Queen Mary, gestorben ist.

Die Unachtsamkeit Margarets, der Flusen vom 2. Juni, war natürlich gegen die Verabredung zur Verschwiegenheit, und so bekamen die Medien eine satte Affäre frei Haus, allerdings mit Zeitverzögerung und auch erst via die amerikanische Presse, die wieder einmal schreiben durfte, was das Diktat der Ehrerbietung auf der Insel zunächst nicht erlaubte. Aber ausländische Presse kolportieren durfte man dann doch: Am 13. Juli 1953 präsentierte der linke «Daily Mirror» auf seiner Titelseite einen Fragebogen «Für oder gegen eine Heirat Prinzessin Margarets mit Group Captain Peter Townsend». Es trafen über 70 000 Zuschriften ein, Resultat: 67 907 für eine Heirat, 2 235 dagegen. Der Presserat sah sich genötigt, das Blatt wegen «Impertinenz» zu rügen. Ungefragt über das Königshaus zu spekulieren, war ein Staatsverbrechen. Als ein Fotograf einmal den jungen Charles auf dem Weg zu einer Geburtstagsfeier in Schwarz-Weiß-Aufnahme erwischte, ließ der Chefredakteur der Zeitung im Palast anfragen, ob man ihm die Farbe des Mantels mitteilen könne, nur um brüsk zurückgewiesen zu werden: «Die Farbe des Mantels ist eine private Angelegenheit.» Und erst eine Prinzessin «in love»! Was die Medien angeht, befinden wir uns hier noch immer in der Vorzeit der Moderne. Aber nicht mehr lange.

Das Parlament baute vor: Der «Regency Act» wurde novelliert. Dieses Gesetz hatte bisher besagt, dass im Falle des Todes des Staatsoberhauptes und eines noch zu jungen Thronfolgers – Prinz Charles war erst vier Jahre alt – der nächste in der Thronfolge, in diesem Fall Prinzessin Margaret, die Regentschaft übernehmen würde. Das schien jetzt ein Risiko zu viel, und so wurde stattdessen der Herzog von Edinburgh als möglicher Regent bestimmt, womit die Kontroverse, sollte Margaret auf ihrer Heirat bestehen, verfassungsmäßig unter Kontrolle gehalten werden sollte. Bitte kein 1936 mehr! Derweil schickte man Peter Townsend, nein, nicht nach St. Helena, Napoleons Verbannungsort, aber doch auf einen ähnlich verlorenen Posten, als Verteidigungsattaché an die britische Botschaft nach Brüssel, und zwar für zwei Jahre.

Die Königin, so urteilte man damals, machte keinen guten Eindruck in dieser Affäre. Es fehlte an jeder Deutlichkeit auf ihrer Seite, auch wenn man Sympathie haben musste für ihre Zwickmühle, da ja laut «Royal Marriage Act» von 1772 Margaret bei ihr um Erlaubnis zur Ehe nachsuchen musste. Die Staatsräson oder die Schwester? Wäre es um sie, Elizabeth, gegangen, wäre ihr die Entscheidung leichter gefallen: Bei ihr kam die Pflicht immer zuerst. Aber durfte sie Margaret zu der gleichen Priorität verdammen? Wir wissen freilich aus mittlerweile freigegebenen Dokumenten des nationalen Archivs in Kew, dass die Regierung Anthony Edens mitnichten, wie man lange Zeit über annahm, schwerste Strafen androhte, sollte die Prinzessin auf ihrem Heiratswunsch bestehen. Es hatte immer geheißen, Margaret hätte für diesen Fall der Verlust aller ihrer Privilegien gedroht, deshalb habe sie nachgegeben und auf ihre Liebe verzichtet. Doch keineswegs: Sie hätte nur auf die Thronfolge verzichten müssen – ein Leichtes, wo es bereits einen männlichen Erben gab –, hätte aber ihre Apanage aus der Civil List, welche die Bezüge der Königsfamilie regelt, behalten und auch den Titel «Königliche Hoheit». Eden war selber geschieden, der erste Premierminister mit einem solchen Familienhintergrund, und vielleicht besaß er daher ein besseres Gespür für die Zeichen der Zeit und die Botschaft der erdrückenden Mehrheit der Zuschriften an den «Daily Mirror». Und schließlich war Townsend ein unschuldig Geschiedener.

Als zwei Jahre später der Medienlärm immer stärker anschwoll, trafen sich die königliche Familie und Margaret wieder einmal zu ihrem Urlaub in Balmoral. Doch was geschah im Schoß der Windsors? *Ostriching*, das übliche Nicht-Hinschauen. Niemand raffte sich auf, das Problem anzugehen, «aus dieser sehr englischen Aversion heraus, die Dinge von Angesicht zu Angesicht durchzudiskutieren», wie Robert Lacey schreibt. Damals lebten Margaret und ihre Mutter, die Queen Mother, gemeinsam im Clarence House, wo sie ihre Mahlzeiten über Wochen hinweg «in langem und frostigem Schweigen» einnahmen, wie die Chronisten zu berichten wissen.

Das konnte nicht so weitergehen, der gordische Knoten wollte zerschlagen werden. Im August 1955 war Margaret 25 geworden und damit frei, alleine zu entscheiden. Aber es war die Politik, die voranging, genauer: der 5. Marquis von Salisbury, Enkel des letzten Premierministers unter Königin Victoria, als Anführer des Oberhauses und Präsident des Kronrats (Privy Council) eine wichtige Kabinettsfigur. Salisbury drehte die Frage der Heirat ins Religiöse und drohte am 20. Oktober 1955 mit Rücktritt, sollte Margaret ernst machen mit ihrem geschiedenen Liebhaber – er könne «diese Subversion der Lehre der Kirche» nicht stillschweigend hinnehmen. Eine Kabinettskrise: Das war Schach dem Premierminister Eden, der eigentlich milderen Sinnes war, aber sich jetzt genötigt sah nachzugeben, auch den Versuch zu einer anderen Lösung, etwa zur Überredung seiner Kollegen im Commonwealth, erst gar nicht zu unternehmen.

Es naht der 26. Oktober, der Tag, an dem eine zermürbte Prinzessin Margaret sich für eineinhalb Stunden mit Peter Townsend aussprechen will, den sie seit Monaten nicht mehr gesehen hat. Der Tag ist für unsere Erzählung aber aus einem anderen Grunde wichtig: Am Morgen hat sich die «Times» wieder einmal als Sprachrohr des Establishments ins Zeug gelegt und durch den Chefredakteur Sir William Haley höchst persönlich eine Stellungnahme abgegeben, die tief blicken lässt in die Mentalitätsgeschichte Englands in diesem bestimmten Augenblick. Sir William nähert sich seinem Thema mit lauter vergifteten Komplimenten. Über Peter Townsend gebe es nichts Nachteiliges zu sagen, außer dass seine geschiedene Frau noch lebe. In der Queen, so fuhr der Autor fort, fänden die Menschen Großbritanniens und des Commonwealth «ihr besseres Selbst gespiegelt». Margaret dagegen plane eine Verbindung, «die eine große Zahl von Leuten unter der Herrschaft ihrer Schwester guten Gewissens nicht als Ehe ansehen kann».

Dann diese Coda: «Ihre Mit-Untertanen werden der Prinzessin jedes mögliche Glück wünschen, ohne zu vergessen, dass Glücklichsein im vollen Sinne einen geistigen Zustand beschreibt, dessen kostbarstes Element das Gefühl umschließt, seine Pflicht getan zu haben.» Die Predigt eines Laienapostels, wenn nicht eines verhinderten Erzbischofs. So war es: In der Frage der Ehemoral hatten die Tonangeber der öffentlichen Meinung, im Gegensatz zu den sich verändernden Gewohnheiten in weiten Teilen der Gesellschaft, ihre Haltung seit Jahrzehnten nicht geändert, was für viele Ohren nur noch heuchlerisch wirkte. Auch das war Kontinuität, eigentümliche, wenn vielleicht auch nicht mehr vornehme, um Churchills Worte abzuwandeln. Am Tag nach dem «Times»-Artikel schrieb der «Daily Mirror», die Zeitung spreche «für eine verstaubte Welt und ein vergessenes Zeitalter».

Vergessen? Nein, durchaus nicht, jedenfalls nicht in der Beletage des Establishments. Man muss zum Vergleich heranziehen, was der Erzbischof von York und spätere Primas der Anglikaner Cosmo Lang 1923 vortrug, als er in der Westminster Abbey Elizabeths Eltern, den Herzog und die Herzogin von York, traute: «Von ganzem Herzen», so wandte er sich damals an das Brautpaar, «wünschen wir, dass eure Ehe glücklich ausfallen möge. Ihr selber könnt und werdet beschließen, dass sie nobel sei. Ihr werdet dabei nicht so sehr an Vergnügen [enjoyment] denken als daran, etwas vollbracht zu haben.» Wie sich die Botschaften über die Zeiten hinweg doch grüßen. Der Erzbischof appellierte an die Leistung, der Publizist 32 Jahre später an die Pflicht. Beide sprachen, als sie Glück meinten, vom Entschluss zu moralischer Konformität. Das kann gut gehen, es kann aber auch als «pursuit of unhappiness» enden.

So bei Margaret. Das Gespräch mit Townsend schloss mit der Einigung beider, aufeinander zu verzichten. Der Artikel in der

«Times» hatte seine Wirkung nicht verfehlt, die Bataillone der Gegner waren zu stark. Am nächsten Tag begibt sich die Prinzessin zum Erzbischof von Canterbury, Geoffrey Fisher. Der hat alle relevanten Bücher und Zitate um sich versammelt, um den Casus gegen die Heirat zu stützen, aber Margaret winkt ab: «Erzbischof, Sie können Ihre Bücher beiseite legen. Ich habe mich bereits entschlossen.» Darauf der: «Was für eine wunderbare Person doch der Heilige Geist ist.» Darüber sind sich die Gelehrten in diesem Fall bis heute nicht einig. Einig sind sie dagegen darin, dass in der Causa Margaret, auch wenn es so aussah, die Kirche legal nichts zu sagen hatte. Es war eine rein politische Entscheidung: ein Schachzug Salisburys, der freilich jahrzehntelang geheim bleiben sollte, verschlossen unter der Auflage, dass Staatsdokumente erst nach 30 Jahren und manchmal noch später freigegeben werden dürfen.

In ihrer Verzichtserklärung vom 31. Oktober legte auch Margaret den Hauptakzent auf den religiösen Aspekt, die politischen Kabalen hatte man ihr vorenthalten. «Eingedenk der Lehre der Kirche, dass die christliche Ehe unauflöslich ist», so stand da zu lesen, «und im Bewusstsein meiner Pflicht gegenüber dem Commonwealth, habe ich mich entschlossen, diese Erwägungen über alle anderen zu stellen [...] Ich bin zutiefst dankbar für die Fürsorge all jener, die beständig für mein Glück gebetet haben.»

Dankbar auch für die «Times»? Das Blatt frohlockte am folgenden Tag: «Alle Menschen des Commonwealth werden Dankbarkeit empfinden, dass sie diesen selbstlosen königlichen Weg gewählt hat, wie sie es tief in ihrem Herzen von ihr erwartet hatten.» Der «Daily Mirror», trotzig wie immer, lehnte es ab, «in diesen erstickenden Singsang ‹Gut gemacht!› einzustimmen». Der «Guardian» prophezeite: «Diese Entscheidung wird von der großen Mehrheit als unnötig und womöglich als große Verschwendung angesehen werden. Und langfristig wird sie nicht günstig auf die Glaubwürdigkeit und den Einfluss jener abfärben, welche der Prinzessin beharrlich dieselbe Freiheit verweigert haben, die den übrigen Mitbürgern offen steht.»

Zwei Verzichtserklärungen in neunzehn Jahren und aus ähnlichem Anlass: Elizabeth musste sich fragen, ob es nicht an der Zeit sei, Sir Henry Martens Lektion, dass die Monarchie ihr Überleben der Fähigkeit verdanke, sich auf Veränderungen einzustellen – ob es nicht an der Zeit sei, diese Lektion ernst zu nehmen und nach Wegen der Reform zu suchen. Aber die Queen war noch jung, und in den ersten Jahren ihrer Herrschaft wurde sie zum Fixpunkt einer Verherrlichung, ja, fast einer Beweihräucherung «ohne Parallele seit den Tagen von Ludwig XIV.», wie Sir Charles Petrie 1961 in seiner Studie «The Modern Monarchy» rekapitulierte. Davon ließ sich Elizabeth in ihrer nüchternen Art zwar nicht blenden – aber es war auch kein Anreiz für sie da, das Königshaus einer Überprüfung zu unterwerfen, die ihm gut getan hätte. Sie badete in allgemeiner Zustimmung, unbeschadet der Querschüsse aus bestimmten antimonarchistischen Kreisen. Im Übrigen war sie voll damit beschäftigt, sich auf die Regularien ihrer Herrschaft einzustellen und den «top job», wie Diana Spencer 1995 die Position der Königin schmucklos nannte, zu erlernen. Bald aber fühlte sie sich in ihrem Element. Elizabeth Longford berichtet uns in ihrer Biografie «Elizabeth R» von 1983, wie die Queen einer damaligen Freundin verriet: «Es ist erstaunlich, ich fühle mich überhaupt nicht mehr ängstlich oder besorgt. Ich weiß gar nicht, wie mir geschieht, aber ich habe alle meine Schüchternheit verloren in Bezug darauf, Monarchin zu sein und zum Beispiel regelmäßig den Premierminister zu empfangen.»

Ihre jüngere Schwester fühlte sich nicht in solcher inneren Festigkeit geborgen. Sie wählte den Weg der Extravaganz, umgeben von Schauspielern, Künstlern, von Alta Moda und Demimonde – ein ewiger Wirbel von Namen, Stars und Sternchen, Echo der Welt ihres Onkels Edward VIII., als dieser noch Prinz von Wales war. Wie für diesen bestand auch für Margaret das Problem darin, wie man innerhalb einer alten Institution eine moderne Person sein könne. Dissens und Glamour waren ihre Antwort. Zeitweilig standen eine Soraya, die erste Gattin des Schahs von Persien, und eine Prinzessin Margaret in unfreiwilliger Konkurrenz um die Titelseiten der Hochglanzmagazine. Das Geschwätz der Yellow Press und die keimende Kultur der Paparazzi profitierten von dem Schmetterling Margaret – und sie von ihnen. Alles, was man sich der Queen gegenüber an Zurückhaltung und Dezenz der Berichterstattung auferlegen musste, konnte man bei ihrer Schwester fallen lassen.

Margarets öffentliche Laufbahn ab 1953 fiel mit den *angry young men* der 50er Jahre zusammen, mit Jim Dixon in Kingsley Amis' Roman «Lucky Jim» (1954) und mit Jimmy Porter, der Hauptfigur aus John Osbornes «Blick zurück im Zorn» (1956). Die Prinzessin entsprach dem Kult des Widerspruchs und des Eigensinns, dem Gegenteil des pflichtbewussten England und seiner konformistischen Gesellschaft in der Verkörperung durch die Queen. Kritik blieb der aufmüpfigen Schwester natürlich nicht erspart – sie war eine willkommene Zielscheibe für die nationale Heuchelei, die sich als Moralität maskierte; die *upper classes* lehnten Margaret als vulgär ab, wie Harold Nicolson in seinem Tagebuch schrieb. Doch ihre bildschöne Erscheinung gab ihr einen zusätzlichen Publicity-Trumpf in die Hand. Eine Zeitung schrieb, wenn die Menschen von der königlichen Familie träumten, «träumen die Frauen, dass die Königin bei ihnen zum Tee erscheint, und die Männer, dass Margaret sich in sie verliebt». Ikonische Bilder entstanden. Die Prinzessin mit ihren Zigaretten, elegant auf einen langen Halter mit silberner Spitze gezogen, erinnerte die Welt an Audrey Hepburn, die dieses Image in dem Film «Frühstück bei Tiffany's» 1961 unsterblich gemacht hatte.

Weniger unsterblich – es sei denn gemessen an der Qualität der Streitereien – verlief die Ehe Margarets mit dem Society-Fotografen Antony Armstrong-Jones. Zu der hatte sie sich durchgerungen an jenem Tag im Oktober 1959, an dem Peter Townsend ihr aus Brüssel, seinem neuen Wohnsitz, mitteilte, er werde sich demnächst mit einer Belgierin verloben. Margaret heiratete *on the rebound*, wie das im Englischen heißt, von der Wand eines möglichen Glücks abgeprallt, mit einem noch ungelinderten Schmerz im Herzen. Die Bilder der Hochzeit in der Westminster Abbey im Mai 1960 waren die erste falsche Fährte einer heilen Windsor-Welt, auf die das globale Dorf geführt wurde. Alle liebten anfänglich das wilde

Die falsche Fährte einer heilen Windsor-Welt:
Prinzessin Margaret und Anthony Amstrong-Jones am Tag ihrer
Hochzeit, 6. Mai 1960 (Foto: Cecil Beaton)

Paar, die unkonventionelle Margaret und ihren zum Earl of Snowdon beförderten Ehemann und Bohemien. Der Rolls-Royce wurde
gegen einen Mini Cooper eingetauscht, und die Prinzessin sah man
gelegentlich auf dem Soziussitz von Tonys Vespa durch die Straßen
Londons rauschen. Zwei Kinder kamen binnen drei Jahren nach
der Hochzeit zur Welt, David, Viscount Linley, 1961 und Lady Sarah Armstrong-Jones 1964.

Doch der Rausch der Liebe war bald verflogen, von ehelicher

Untreue auf beiden Seiten weggeblasen. Die Trennung kam 1976, die Scheidung 1978. Damit bestätigte sich für die öffentliche Meinung, dass die Entscheidung des Establishments gegen Margaret und Townsend in menschlicher Hinsicht ein Fehler gewesen war – eine «Verschwendung», wie der «Guardian» schon 1955 geschrieben hatte. Das süße Leben führten die Geschiedenen auf ihre Weise fort, Margaret gerne auf der Karibikinsel Mustique, wo sie ein Haus besaß und mit dem siebzehn Jahre jüngeren Bummler der gehobenen Klasse Roderick Llewellyn, ihrem *toy boy*, vorübergehend den Abstieg ins Halbseidene probte. 1992 freilich sollte sie der Herzogin von York, der unglückseligen Sarah Ferguson («Fergie»), einen bitterbösen Brief schreiben, weil diese durch kompromittierende Bilder mit einem Liebhaber Schlagzeilen gemacht hatte. «Du hast mehr Schande über die Familie gebracht als Du Dir je denken kannst», tadelte sie die mit Prinz Andrew Verheiratete, «und nicht ein einziges Mal Deinen Kopf in Scham zu Boden gesenkt ob dieser Fotos.» Margaret hatte auf höherem Niveau über die Stränge geschlagen, und Fotos von einem Geliebten, der sich am Swimmingpool in Südfrankreich an den Zehen der Herzogin amüsierte, fand sie entschieden nicht amüsant.

So war sie: eine animierende, geistreiche Außenseiterin, die dennoch auf Status und Rang großen Wert legte. Eine kranke Frau zuletzt, gebrochen durch ihre Dauersucht Nikotin und Alkohol, von Schlaganfällen geplagt, halbseitig gelähmt, fast blind und einsam. Sie wurde in der St. George's Chapel von Schloss Windsor beerdigt, auf den Tag genau 50 Jahre nach ihrem geliebten Vater und an gleicher Stelle. Prinz Charles sagte im Fernsehen zum Tod seiner Tante: «Dies ist ein schrecklich trauriger Tag für meine ganze Familie. Wir werden sie alle sehr vermissen. Viele Menschen wissen gar nicht, welche Talente sie besaß. Sie hat unglaublich gut Klavier gespielt und gesungen wie ein Engel. Die letzten Jahre waren eine schlimme Zeit für sie, wegen dieser grässlichen Krankheiten; es war schwer für sie, damit umzugehen, vor allem, weil sie doch so eine wunderbar lebenslustige Frau mit so einem unabhängigen Geist war. Sie hat das Leben geliebt und es in vollen Zügen genossen, und daran werden wir uns immer erinnern.»

VIII

Die 50er Jahre:
Ein neuer Ton der Kritik meldet sich an

«Die Persönlichkeit, die bei den Worten herüberkommt, die man ihr in den Mund legt, ist die eines besserwisserischen Schulmädchens.»
Lord Altrincham über die Queen, August 1957

«Es sind die Herzoginnen, nicht die Kassiererinnen, welche die Queen für hausbacken, ohne jeden Pfiff und für banal halten.»
Malcolm Muggeridge in der «Saturday Evening Post», Oktober 1957

«Und nun, strahlend lächelnd, schwimmt die Königin um ihr Leben.»
Aus einer TV-Satire der BBC über die Windsors, März 1963

Der Buckingham Palast gab sich gegenüber den Medien in den ersten Jahren von Elizabeth II. wie eine Bastion der Unangreifbarkeit. Es schien, als ob Walter Bagehot persönlich, der große Verfassungsexperte, zum königlichen Oberaufseher ernannt worden sei, mit dem berühmtesten Satz aus seinem Grundsatzwerk «The English Constitution» (1867), der über den «Charme des Königtums» festhielt: «Sein Mysterium ist sein Leben. Wir dürfen kein Tageslicht in die Magie eindringen lassen.» Einpeitscher dieser Philosophie war der Pressesprecher des Königshauses, Commander Sir Richard Colville, ein militärischer Haudegen, den freilich einen «Sprecher» zu nennen höchst schmeichelhaft ist, denn er sprach so gut wie nie mit der Presse; er händigte nur Papiere aus, tägliche Verlautbarungen des Hofes, welche Hoheit wann welches Programm an welchem Ort abzuwickeln gedenke und welche Besucher im Buckingham Palast zu erwarten seien. Das druckte die «Times» in ihrem «Court Circular» korrekt nach, sie tut es übrigens noch heute. Diese Papiere durften sich die einzigen beiden damals am Hof akkreditierten Journalisten, von der Press Association und dem Exchange Telegraph Wire Service, abholen und unter gebührendem Gähnen an die übrigen Kollegen weiterreichen. «The abominable No-man», wie die Presse Colville nannte, «der abscheuliche Nein-Sager», gab am Hof die gleiche Vorstellung wie in der großen Politik jener Jahre der sowjetische Außenminister Andrej Gromyko – «Genosse Njet», wie man ihn nannte, oder «grim Grom» in England, ein ewiger Nein-Sager auf dem Parkett der internationalen Diplomatie.

Colville blockte, wo er konnte, das Beispiel mit der Farbe des Mantels des jungen Prinz Charles wurde hier bereits erwähnt. 1954 veröffentlichte ein ehemaliger Diener des Herzogs von Edinburgh, John Dean, seine Erlebnisse in Buchform und zuvor in Fortsetzungen in einer Zeitschrift – der erste Fall von «doing a Crawfie», von einer Indiskretion à la Marion Crawford, seit deren unautorisierter Publikation von 1950. Bei Dean las man so aufregende Neuigkeiten, wie dass der Duke im Winter lange Unterhosen trage und eine Tinktur benutze, um die Ausdünnung seiner Kopfhaare zu verlangsamen. Das veranlasste den Commander zu einer scharfen Note an den Britischen Presserat, in der er sich beschwerte, dass hier die Privatsphäre verletzt worden sei, auf welche die königliche Familie das gleiche Anrecht habe wie jede andere Familie auch. Doch siehe da: Diesmal, anders als ein Jahr später, als er die Befragung der «Daily Mirror»-Leser zu einer möglichen Heirat von Prinzessin Margaret als «Impertinenz» rügen sollte, wehrte sich der Presserat und ließ den «abominable No-man» abblitzen: «Alles, was die Krone berührt, ist von öffentlichem Interesse» – und seien es Philips lange Unterhosen.

Wir stehen an einem Wendepunkt. Die Einladung an das Fernsehen zu Elizabeths Krönung war wie eine Einladung auch an die Öffentlichkeit, sich mehr und mehr mit der Familie der Monarchin zu beschäftigen, bei der Beliebtheit der jungen Queen ein

Elizabeth II. im Ornat des Hosenbandordens,
Gemälde von Pietro Annigoni, 1954

willkommenes Signal. Doch das ermunterte jetzt auch Kritiker, aus
der Deckung zu kommen und einmal die ihrer Meinung nach anti-
quierte Hofhierarchie aufzuspießen, deren verknöcherte Vasallen
und möglicherweise sogar die Figur in der Mitte, die Königin sel-

ber. «Endet das neue elisabethanische Zeitalter als Flop?», fragte bereits im September 1956 bissig der «Daily Mirror», mit einer Auflage von 4,6 Millionen (im Juni 1953 waren es sogar sechs Millionen gewesen). Der innere Kreis um den Thron sei «aristokratisch, insular und eingebildet hochnäsig».

Das war die Stunde von Lord Altrincham, der sich nach 1963 John Grigg nannte, als es möglich wurde, den Adelstitel freiwillig abzulegen und als *commoner* seinen Lebensweg fortzusetzen. Altrincham war ein reformorientierter Tory-Peer, der Monarchie ergeben, dabei voller Sorge, dass sie den Anschluss an die Moderne verpassen könnte. Als Hobby gab er ein Monatsmagazin mit kleiner Auflage heraus, die «National and International Review», die der Historiker in ihm meist gänzlich mit eigenen Beiträgen füllte. Schon in der Ausgabe vom Juni 1953 hatte er kritisiert, wie unrepräsentativ die Auswahl der Gäste bei der Krönung in der Westminster Abbey gewesen sei. Die neue Monarchie müsse bei solchen Anlässen einen demokratischeren Publikumsquerschnitt zulassen, auch mit mehr ethnischer Vielfalt als Spiegel des Commonwealth. Erinnert uns das nicht an das Anliegen des Prinzen von Wales aus dem Jahr 1919, die Monarchie «den Menschen näher zu bringen»?

Altrinchams Aufruf von 1953 blieb unbeachtet, etwas anderes war bei der Reichweite seines Magazins auch kaum zu erwarten. Doch für die August-Nummer 1957 legte der Lord nach, und wie: mit Sätzen, die einen Skandal auslösten, welcher bis in unsere Tage nachhallt, mit Argumenten, die bis heute relevant sind. Der 33-jährige Autor beging für damaliges Empfinden eine Ungeheuerlichkeit: Er griff die Queen persönlich an, in der Annahme, seine attestierte monarchische Treue gebe ihm dafür *carte blanche* – wie er sich irrte! Die Kernpassagen seiner Breitseite muss man Wort für Wort lesen, um zu verstehen, warum sie in der Zeitstimmung von 1957 wie ein Sakrileg wirkten:

«Crawfie, Sir Henry Marten, die Londoner Saison, Pferderennen, Moorhuhnschießen, Canasta und die gelegentliche königliche

Tour – das alles wäre für eine Elizabeth I. nicht gut genug gewesen! Es spricht immerhin für unsere Königin, dass sie trotz ihres beklagenswert ungenügenden Trainings für ihren Job an diesem bisher nicht gescheitert ist. Sie besitzt Würde, Pflichtbewusstsein und – soweit man das beurteilen kann – ein gutes Herz, alles wichtige Aktivposten. Aber wird sie die Weisheit besitzen, ihren Kindern eine Erziehung zu geben, die ganz anders sein muss als ihre eigene? Wird sie vor allem darauf achten, dass Prinz Charles, wenn er heranwächst, mit Kindern zusammenkommt, die eines Tages Busfahrer, Ärzte, Ingenieure usw. werden – und nicht nur mit künftigen Großgrundbesitzern oder Börsenmaklern? Dies sind entscheidende Fragen.»

Aber dem jungen Lord genügten sie nicht. Er hatte zusätzlich eine wuchtige Kritik parat an dem persönlichen Auftreten seiner Queen, die er ansprach wie ein Lehrmeister:

«Sie wird keine guten Resultate erzielen, wenn sie weiter in diesem Stil spricht wie bisher, der einem, ehrlich gestanden, auf die Nerven geht. Wie ihre Mutter scheint sie unfähig, auch nur ein paar Sätze ohne einen geschriebenen Text zusammenzufügen. Aber selbst wenn die Königin sich bemüßigt fühlt, alle ihre Reden abzulesen, muss sie wenigstens den Stil verbessern, in dem sie diese vorträgt. Mit ein wenig Übung lassen sich auch vorbereitete Reden mit einem Anschein von Spontaneität halten. Deren Themen brauchen aber viel mehr an authentischer Qualität. George V. zum Beispiel schrieb seine eigenen Reden auch nicht, aber sie kamen bei ihm immer natürlich daher, als Ausdruck des Menschen, der er war. Nicht so die gegenwärtige Königin. Die Persönlichkeit, die bei den Worten herüberkommt, die man ihr in den Mund legt, ist die eines besserwisserischen Schulmädchens, eines Kapitäns der Hockeymannschaft, Schulpräfekten und einer frisch auserwählten Kandidatin für die Konfirmation. So wird sie nie ihren eigenen, unabhängigen und unverwechselbaren Charakter entwickeln können.»

Fügen wir noch schnell hinzu, was ein späterer Kritiker, Tom Nairn, in seinem 1988 erschienenen Buch «The Enchanted Glass» über das gestelzte *upper-class*-Englisch der Königin sagte, das Ausländern immer als «the Queen's English» zur Nachahmung emp-

fohlen wurde, während es den Zeitgenossen, in Altrinchams un-
gnädiger Formulierung, manchmal «auf die Nerven» ging. Nairn
nannte Elizabeths Sprache «das ultradestillierte Nebenprodukt aus
Salon, Jagdpartie und Londoner Klub».

Über Lord Altrincham stürzte eine Welt ein, das Blut glühender Royalisten kochte förmlich. Einer von ihnen, ein gewisser Philip Kinghorn Burbidge, Mitglied der Liga der Empire-Loyalisten,
versetzte dem Königinlästerer eine schallende Ohrfeige, als dieser
nach einem TV-Auftritt (nicht bei der BBC, die hätte nicht gewagt, Altrincham einzuladen) das Studio verließ. Der Richter,
der den aufgebrachten Mr. Burbidge zu einer Ordnungsstrafe von
20 Schillingen verdonnerte – ein Pfund, damals 20 DM wert –,
zeigte, seine Unparteilichkeit vergessend, viel Sympathie für den
Sünder, denn «95 Prozent der Bevölkerung dieses Landes fühlen
sich angewidert und beleidigt durch das, was da zu lesen stand».
Der Erzbischof von Canterbury schlug Altrincham in Acht und
Bann, anonyme Hinterwäldler drohten, ihn zu erschießen oder ihn
aufzuhängen und zu vierteilen. Der Lord, inzwischen John Grigg,
führte viel später den Sturm der Kritik auf die «schintoistische Atmosphäre» der Nachkrönungszeit zurück, auf eine «unserer nationalen Tradition gänzlich fremde Tendenz, Kritik am Staatsoberhaupt, wie loyal und konstruktiv auch immer gemeint, als Hochver-
rat abzustempeln».

Aber auch Mr. Burbidge gab mehr von sich als nur eine Ohrfeige. Ihn hatte besonders der Zeitpunkt des Aufsatzes erbost, August
1957. Es war die Zeit nach der Suez-Krise vom Herbst 1956, in der
eine französisch-britische Koalition, in geheimer Absprache mit
Israel, gegen das Ägypten Abdel Nassers vorgegangen, aber durch
Einspruch der USA im UNO-Sicherheitsrat zum Rückzug gezwungen worden war. Das Suez-Debakel führte unter anderem
zum Rücktritt Anthony Edens im Januar 1957, Englands Weltgel-
tung war schwer angeschlagen. Wie weit das auch auf die Krone
abstrahlte und zu negativen Schlagzeilen im Commonwealth führte, konnte man im März 1957 in der «Economic Review», dem Or-
gan der führenden indischen Kongresspartei, nachlesen, einem Pe-
riodikum, mit dem ein Empire-Loyalist wie Burbidge durchaus

vertraut war: «Die Königin aller Briten, jetzt von verblassendem Ruhm, steuert rasch vom Zenith ihrer Macht dem Tiefpunkt zu.» In solch einem Moment der Verletzbarkeit des eigenen Landes, so verteidigte sich Mr. Burbidge vor Gericht, fällt man seinem Team nicht in den Rücken, zumal der Hof bereits eine Reise der Queen in die USA und nach Kanada für den Herbst angekündigt hatte – dort gab es viel von dem über Suez zerschlagenen Porzellan zu kitten.

Und doch kam es noch schlimmer. Die «Saturday Evening Post», das traditionelle, geachtete Magazin des amerikanischen Bürgertums, hatte die spitzeste Feder der britischen Publizistik, Malcolm Muggeridge, eingeladen, für ihre Oktobernummer aus Anlass des Besuches der Queen in den USA einen Essay zu schreiben über den Stand der Diskussionen um die Monarchie und über die Frage, wie eingebettet im Leben der Briten ihre Königin in Wirklichkeit sei. Wie Redaktionen das gerne tun, gab man dem Aufsatz eine Überschrift, die nur bedingt von seinem Inhalt gedeckt war: «Braucht England wirklich eine Königin?» Das war polemisch zugeschnitten, eine Frage, die der Autor so direkt gar nicht beantworten wollte oder konnte. Aber seine kritische Haltung gegenüber dem Königshaus war sattsam bekannt – eben daher die Einladung an ihn. Schon zwei Jahre zuvor hatte er im linksorientierten «New Statesman» gestöhnt: «Noch ein Foto von der Königlichen Familie ist mehr, als viele ertragen können. Die ganze Show ist vollkommen außer Kontrolle geraten.» Das war auch diesmal der Tenor seines Aufsatzes, ohne dass er der Monarchie die letzte Ölung erteilen wollte.

Seine Analyse genügte, zumal sie gerade einmal zwei Monate nach Altrincham erschien, um erneut einen Aufschrei des Protests auf der Insel auszulösen. Es dauerte 25 Jahre, ehe der Text von Muggeridge in England überhaupt nachgedruckt werden konnte. Der Autor verlor über Nacht seine Stellung als Kulturmoderator der BBC, die Türen schlossen sich auch anderswo vor ihm, die Ächtung war vollkommen. Was um alles in der Welt hatte er verbrochen?

Warum musste er noch vor der Ankunft der Queen selber nach Amerika eilen, um seine Gedanken im Gespräch mit einem berühmten TV-Moderator zu erläutern? Warum sorgte ABC, der verantwortliche Kanal, dafür, dass dieses Gespräch während des Besuches der Königlichen Hoheiten in der Hauptstadt nicht ins Washingtoner Netz eingespeist wurde?

Kern bei Muggeridge war der Gedanke der königlichen *soap opera*, den der Autor in seinem Essay – eine historische Erstaufführung – breit ausführte. Das war Jahrzehnte, ehe dieser Begriff Standard wurde bei den Beschreibungen des Königshauses und der Windsor-Familie im allgemeinen; allein dafür hätte Muggeridge einen Preis verdient gehabt. Margaret und Peter Townsend – das war für ihn eine dieser Episoden, von denen gute *soaps* leben. Eine populäre Monarchie passe gut «zu unserer materialistischen Gesellschaft mit ihrer Tendenz zur Heldenverehrung. Das Königtum ist so etwas wie eine Ersatzreligion.» Auch bei Muggeridge finden wir den Gedanken von dem besonderen Konnex zwischen der Monarchie und dem einfachen Volk: «Es sind die Herzoginnen, nicht die Kassiererinnen, welche die Queen für hausbacken, ohne jeden Pfiff und für banal halten und ihre Nase rümpfen ob einer Show, die so offensichtlich auf Massenwirkung ausgerichtet ist.» Die klügeren unter den Hofberatern, so fuhr er fort, wüssten immerhin um das Dilemma, dass man eine Balance zwischen Seifenoper und Würde herstellen und die Monarchie sowohl populär wie auch respektiert erhalten müsse.

Alles sehr zutreffend und scharf beobachtet. «Ohne jeden Pfiff und banal» – das klang nach Wiederholung der Vorwürfe von Altrincham, denen einer Umfrage zufolge 55 Prozent der Briten zugestimmt hatten. Wollte der Hof mit der Scheinheiligkeit seiner Abwehr triftiger Analysen einfach fortfahren? Wahrscheinlich störte man sich im Palast besonders an der sarkastischen Feder, die Muggeridge zu führen wusste. Er warf der Krone vor, sie generiere «Snobismus und Speichelleckerei», die in der Queen ihre Spitze hätten, wie in einer gesellschaftlichen Pyramide, dem Gerüst einer hierarchischen Gesellschaft. Da tauchten die Argumente des amerikanischen Soziologen Birnbaum wieder auf, von denen zwei Kapitel früher die Rede war, diese «Lametta-Schwärmereien», welche «die Beherrschten blind machen gegenüber der verdorbenen Natur des Systems». Aber der englische Autor konzediert hintersinnig, dass solche Klassenunterschiede und heimlichen Sehnsüchte «den Zement ausmachen für gesellschaftliche Kohäsion und nicht ein lächerlich überholtes und letztlich zerfallendes Modell gesellschaftlicher Desintegration abgeben». Im britischen Fall sei «die Monarchie ein höchst wertvolles Element innerhalb der Stabilität, wie wir sie jetzt haben». Ein giftigeres Kompliment konnte der Kritiker nicht formulieren: Die Monarchie sei als Garant des Zusammenhalts wichtig, weil die britische Gesellschaft so rückständig sei, Klassenunterschiede und die auf Hierarchien fußende Ungleichheit auch noch zu mögen!

Aber Muggeridge endet mit einer freundschaftlichen Warnung: Popularität allein macht den Thron nicht sicher. Man möge nicht vergessen, was Oliver Cromwell zu Baron Fairfax, seinem General, einmal gesagt habe, als beide hoch zu Ross von einer jubelnden Menge umgeben waren: «Die würden denselben Enthusiasmus aufbringen bei unserer Hinrichtung.» Auch Kontinuität an der Spitze des Staates genüge nicht, ergänzt der Essayist, möge sie auch über Politiker hinausreichen, die da «ebben und fluten unter dem Mond», wie es im «King Lear» heißt: «Die Queen muss auch als nützliches Element der Einheit dastehen, in einer Gesellschaft voll aktueller und potentieller Zwietracht.»

Die Kritik von Altrincham und Muggeridge verdient hier diesen breiten Raum, weil sie viele Argumente vorwegnahm, die später die Diskussionen um die Monarchie beherrschen sollten. Der Palast war jedenfalls wachgerüttelt. Martin (Lord) Charteris, der neue Privatsekretär der Queen, lud schon zwei Tage nach Erscheinen von Altrinchams Artikel den Autor zu einer Aussprache in seine Diensträume ein und gab später sogar zu, die Breitseite aus dem Jahr 1957 hätte dem Königshaus letztlich einen großen Dienst erwiesen. Langsam kamen einige Reformen in Gang: Die Queen führte Lunch-Runden mit Gästen ein, die einen besseren Querschnitt der Gesellschaft repräsentierten; das lächerliche Schauspiel der jährlichen Debütantinnenschau fiel fort; die Weihnachtsansprache kam 1957 zum ersten Mal per Fernsehen ins Haus; Prinz Charles wurde in Cheam eingeschult, einem Elite-Internat für junge Zöglinge, gewiss, aber doch endlich eine Schule. Und Margaret heiratete einen *commoner*, einen Nicht-Adeligen, Tony Armstrong-Jones. Muggeridge meinte in einem Essay aus den 60er Jahren («The Queen and I») spöttisch, aber mit einer Spur von Anerkennung: «Eine Institution, die einen Armstrong-Jones und Co. inkorporiert hat, muss fürwahr eine wirklich starke sein.»

Auch Philip stimmte mit vielen Argumenten der Kritiker überein. Er tat das von der Freiheit seines Außenseiterpostens her, da er nicht so stark in die Hierarchie des Hofes eingebunden war und somit dessen manchmal erstickende Altertümlichkeit stärker erfasste. Ihm saßen die Medien aus einem anderen Grund im Nacken. Es wurde so manches gemunkelt über sein Privatleben, und was denn da vor sich gehe im Thursday-Club, der Männerversammlung zur Lunchzeit in einem oberen Raum von «Wheeler's Restaurant» in Soho. «Philip's funny friends», nannte die Queen sie etwas spöttisch, «funny» im Sinne von seltsam, manchmal auch «diese tollkühnen Männer». Gestandene Figuren der Gesellschaft und der Kulturszene eigentlich, Schauspieler wie David Niven, Peter Ustinov, Autoren wie Compton Mackenzie oder der amerikanische Jazz-Harmonikaspieler Larry Adler, dazu einer der ältesten Freunde des Herzogs, der Society-Fotograf Henry Nahum Baron. Philips Frauenfreundschaften waren kein Geheimnis, man rubrizierte sie unter den gesellschaftlichen Zuneigungen, wie sie auf dem Tanzboden und bei den Zusammenkünften der High Society in den entsprechenden Villen üblich waren. «Die Queen weiß, dass ihr Mann sich gerne amüsieren lässt», hieß die Standardauskunft von Leuten, die vorgaben, das Denken der Monarchin entziffern zu können. Er liebte wilde Tänze, wofür die Königin viel zu scheu gewesen wäre. Aber gab er je einer Versuchung zur Untreue nach? Die Biografen ziehen durchgehend lauter Nieten in dieser Frage, was auf absolute Diskretion oder ein tatsächliches Null an Fakten zurückgehen mag. Informationen zu diesem Thema werden ohnehin nur unbelegbar weitergegeben, selbst die Mitteilung eines Beamten aus der Umgebung der Queen, dass Philips Kopf «auch schon mal durch ein hübsches Gesicht verdreht werden konnte», wird in einer Fußnote bei Ben Pimlott als einem «confidential interview» entstammend ausgewiesen.

«Wirklich, die Art, wie die Zeitungen über mich schreiben – warum habe ich es eigentlich nicht gemacht?», scherzte der Herzog einmal. Dann, in ernsterer Stimmung: «Wie kann ich der Königin je untreu werden? Sie könnte sich doch nie mit gleicher Münze wehren.» Im November 1956 war er zu einer viermonatigen Reise nach Australien aufgebrochen, zur Eröffnung der Olympischen Spiele in Melbourne, aber vor allem als Erholungspause von den anstrengenden Jahren bis dahin, die auch einem Workaholic wie ihm viel abverlangt hatten. Die Medien sahen es wieder einmal anders und deuteten Philips lange Abwesenheit, in Begleitung seines australischen Adlatus und besten Freundes Michael Parker, als ein Zeichen, dass etwas in der königlichen Ehe nicht stimme.

Im Februar 1957 kam dann die amerikanische «Baltimore Sun» mit einer Geschichte heraus, die einfach irgendwann einmal vom Baum der Unkenntnis fallen musste: «Queen, Duke in Rift over Party Girl» – Zerwürfnis zwischen dem Herzog und der Queen wegen eines Partygirls. Der «abominable No-man» Commander Colville wurde sofort an die Front geschickt, um zu dementieren. Das hätte er nicht tun sollen, denn dadurch wurde die Sache erst recht appetitlich, nun auch für die britischen Medien, natürlich ohne Ergebnis.

Die Queen vertraute Philip blind, sie konnte auf ihn setzen. Im Monat der Aufregung um die «Baltimore Sun»-Story kamen sie und ihr Mann in Lissabon wieder zusammen, zum vorgesehenen Staatsbesuch in Portugal, er aus Australien eingetroffen, sie aus England auf der königlichen Yacht «Britannia». Beim Wiedersehen ließ die Queen ihren selten öffentlich gezeigten Humor spielen: Die königliche Gesellschaft trug zur Begrüßung Bärte, in denen verkleidet man über die Gangway an Land ging. Noch eine andere Überraschung hielt Elizabeth für ihren Gatten bereit: In Absprache mit der Regierung Macmillan war beschlossen worden, Philip «den Stil und die Würde eines Prinzen des Vereinigten Königreichs» zu verleihen. Damit wurde er mit 36 Jahren offiziell zum «Prince Consort», zum Prinzgemahl. Bei einem der Dinner während des Staatsbesuches hörte man den neu gebackenen Prinzen, wie er zu Elizabeth sagte: «Du siehst zum Aufessen gut aus.» Ein hübsches Kompliment nach den langen Monaten der Trennung. Die Königin errötete vor Freude, wie ein Freund Philips dem Historiker William Shawcross später zusteckte.

Die ehelichen Beziehungen blühten entgegen allen Unkenrufen auf, und das trotz – oder wegen? – der getrennten Modalitäten im Buckingham Palast: Jeder von beiden hatte und hat sein eigenes Bade-, Ess-, Wohn-, Arbeits- und Schlafzimmer. Im Februar 1960 und im März 1964 kamen zwei weitere Kinder zur Welt, Andrew und Edward, womit «die Firma», wie schon George VI. seine Familie nannte, kräftigen Nachwuchs erlebte, rechnet man Margarets Nachkommen hinzu, die ebenfalls in diesen Jahren die Bühne betraten. Bei ihrer zweiten Familiengründung hatte die Queen aus ihren Fehlern nach der ersten gelernt und rückte jetzt mehr von ihrer Dienstzeit für die beiden Söhne heraus – beim ersten Mal wurden die Kinder vernachlässigt, beim zweiten verwöhnt, beides Ausfluss elterlicher Unachtsamkeit. Ihrem Mann als Kopf der Familie – während sie natürlich Kopf der Firma ist – stellte Elizabeth 1972, im Jahr der Silberhochzeit, bei einer Veranstaltung in der Londoner Guildhall ein artiges Zeugnis aus: «Was sagte der Bischof, als man ihn fragte, was er von der Sünde halte? Ich bin dagegen, sagte er. Genauso kann ich heute, nach 25 Jahren Ehe, beantworten, was ich vom Familienleben halte: Ich bin dafür.»

❧

Altrincham und Muggeridge, die *angry young men* oder Tony & Margaret – sie waren nur die Vorreiter einer Epoche, die in den 60er Jahren mit Macht auf die Insel vordrang. Die Kultur der Ehrerbietung, nicht nur gegenüber dem Königshaus, wurde auf der ganzen Linie durch die Usancen der *permissive society* durchbrochen, die sich nur noch wenige Regeln vorschreiben ließ. Eine soziale Revolution brach sich Bahn, unter deren Druck die Nachkriegswelt ihre bis dahin größte Verwandlung erfuhr. Das spiegelte sich auch in der Gesetzgebung. Homosexualität unter Erwachsenen wurde nicht mehr unter Strafe gestellt, Abtreibung (unter Auflagen) freigegeben, das Wahlalter auf achtzehn Jahre gesenkt, die Todesstrafe abgeschafft sowie 1968 auch eines der am heftigsten bekämpften Hemmnisse für die künstlerische Freiheit: die Theaterzensur. Ein Aufsehen erregender Prozess eröffnete am 2. November 1960 das freizügige Jahrzehnt, die Verhandlung am Old Bailey über D.H. Lawrence' Roman «Lady Chatterley's Lover», der als pornografieverdächtig in England bislang nicht hatte erscheinen dürfen. Die Geschworenen, unter denen zum ersten Mal nicht nur die üblichen Repräsentanten der gehobenen Establishment-Berufe, vom Großgrundbesitzer abwärts, vertreten waren, hob das Verbot auf und gab den Roman frei.

Dem sexuellen Befreiungssignal folgte in der Mode der Minirock, auch ein Kultfilm wie «Blow Up», das Theater nahm die Aufhebung der Zensur bereits 1967 vorweg, als im Londoner West End das Musical «Hair» Massen an Besuchern anlockte, zu splitternackten Szenen beiderlei Geschlechts, in einer der Vorstellungen auch vor Prinzessin Anne als Zuschauerin. Swinging London wurde zum Mekka für alle, die sich jung und progressiv vorkamen, die Beatles lieferten mit ihrer Musik den Sound der Epoche. Philip Larkin, einer der bekanntesten englischen Lyriker der Zeit, schrieb mit «Annus mirabilis» ein berühmt gewordenes Gedicht mit diesen fünf Eröffnungszeilen:

Sexual intercourse began
In nineteen sixty-three
(which was rather late for me) –
Between the end of the Chatterley ban
And the Beatles' first LP.

An Skandalen war England immer reich, doch überragte in diesem Genre einer alle übrigen – John Profumo, Kriegsminister der Regierung Macmillan, dem das Callgirl Christine Keeler zum Verhängnis wurde. Dem Premierminister Harold Macmillan indirekt auch, der im Oktober 1963, gesundheitlich angeschlagen, die Zügel an Alec Douglas-Home übergab. Der hielt sich aber nur noch ein Jahr, bis 1964 nach dreizehn Jahren konservativer Regierungen die Macht an Labour überging, mit Harold Wilson als dem ersten sozialdemokratischen Premier in der Thronzeit der Queen.

Der gesellschaftlichen Befreiung entsprach eine Lockerung in Radio- und Fernsehsendungen. Skepsis, Satire und das *anything goes* fanden Einzug und lösten alte Berührungsängste ab, denen gerade die Königsfamilie lange Zeit über ihre Unantastbarkeit verdankt hatte. Bühnenrevues wie «Beyond the Fringe», TV-Satireserien wie «That Was the Week that Was», am späten Abend ausgestrahlt (wenn die Queen hoffentlich schon zu Bett gegangen war), definierten das Jahrzehnt und machten Furore, weil jetzt auch die Monarchie ihr Fett abbekam, freilich noch nicht in Form jener Verunglimpfung, wie sie fünfzehn Jahre später gang und gäbe werden sollte. Noch überwog der freundlich belustigte Ton. Doch schon «Monty Python's Flying Circus», die Anti-Establishment-Satire par excellence, schlug ab 1969 eine schärfere Gangart an.

Der erste satirische Sketch über die königliche Familie kam im März 1963 ins Fernsehen, und man wird nicht überrascht sein zu erfahren, dass ausgerechnet Prinzessin Margaret, das schelmische, aufmüpfige Wesen, die Countess of Snowdon, den Anstoß dazu gab. Margaret hatte den Fernsehproduzenten Ned Sherrin auf einer Party getroffen und angeregt, er sollte doch einmal diesen schrecklich kratzfüßigen Stil aufspießen, in dem die Medien bis dahin noch immer über die Royals zu berichten pflegten. «Why don't you do something about the ridiculous way they report us?», stichelte sie. Lächerlich – das Stichwort. Mit «The Queen's Departure» kam die Antwort. Da sah man eine Barkasse mit der königlichen Familie an Bord allmählich in einem See versinken, doch je bedrohlicher die Gefahr, desto ehrfürchtiger wurde die Stimme, die den Hofberichterstatter Richard Dimbleby nachahmte, die Silberzunge der Zeit bei allen königlichen Anlässen. Der Höhepunkt wird erreicht, als die Nationalhymne erklingt und die Stimme in ihrer pompösen

Suada intoniert: «Und nun, strahlend lächelnd, schwimmt die Königin um ihr Leben. Ihre Majestät trägt ein Seidenensemble in Kanariengelb. Vielleicht können die Lippenleser unter Ihnen ausmachen, was Prinz Philip gerade zu dem Kapitän der Barkasse sagt, während diese untergeht.» Der Humor war harmlos, doch in der Rückschau von beklemmender Metaphorik, die anno 1963 freilich noch gar nicht begriffen werden konnte. Eine Königsfamilie im Untergang – das wurde erst 1992 und dann wieder 1997 zum Gesprächsthema. 30 Jahre früher machte die liebevolle Satire die Queen eher noch populärer. Jedenfalls waren die 60er Jahre ein Höhepunkt ihrer Ära, auch wegen der gewachsenen Familie, obwohl bereits viel «Tageslicht in die Magie» (Bagehot) eingedrungen war.

Langsam aber sicher begann sich die Insel – eine Entwicklung, die alle Industriegesellschaften durchmachten – in die Fernsehgesellschaft von heute zu verwandeln. Das bedeutete, dass viele der Fragen, die sich um Reformen der Monarchie, um ihre Kraft zur Veränderung rankten und um den Streitpunkt, wie weit man dabei der Moderne entgegenkommen sollte, sich auf die Medien konzentrierten und unter denen an erster Stelle auf das Fernsehen. Dabei tat sich sogleich ein Dilemma auf, das schon Malcolm Muggeridge in seinem Essay in der «Saturday Evening Post» angesprochen hatte als ein den klügeren Hofberatern wohlvertrautes Problem: wie man die Monarchie sowohl populär als auch respektiert erhält, *soap opera* und Würde in Einklang bringt. Argumente aus dem Jahr der Krönung wurden entstaubt, als der Hof von einer möglichen «Vulgarisierung» durch das Fernsehen gesprochen und selbst Philip anfänglich gegen eine TV-Übertragung der Feierlichkeiten in der Westminster Abbey argumentiert hatte. Und wie der Erzbischof von Canterbury gewettert hatte gegen diese «massenproduzierte Form der Unterhaltung, potentiell eine der größten Gefahren für die Welt»!

Jetzt konzentrierte sich die Debatte nicht so sehr auf die Gefahren für die Welt als auf die für das Königshaus, wenn man die

Fenster zur Außenwelt weiter und weiter öffnen würde. Philip hatte umgelernt und schälte sich in dieser Frage als Anwalt des Neuen heraus. Er stand durch seine vielfältigen Tätigkeiten als Sponsor gemeinnütziger Unternehmen weit mehr mit der Außenwelt in Kontakt als seine Frau und besaß besseren Einblick in die Fluktuationen der Zeit als sie. Paradoxerweise lernte aber auch die Queen gerade durch das Fernsehen Lebenswelten kennen, die sie vor der TV-Zeit nie zu sehen bekommen hatte. Ende der 60er Jahre war sie bedeutend besser auf dem Laufenden als noch zur Zeit ihrer Krönung im Jahr 1953. Und sie verstand, dass man die Frage nach der Beziehung zwischen den Menschen und der Krone nicht mit den alten Argumenten beantworten durfte. Erst wenn sie sich von solchen Wahrheiten überzeugt und sich zu ihnen durchgerungen hat, kann ihre Umgebung überhaupt in Aktion treten. Davor läuft nichts.

Es traf sich, dass man endlich den «abominable No-man», Commander Sir Richard Colville, in Pension geschickt hatte. Er wäre nicht mehr der Mann für die neue Zeit gewesen. In seine Stelle rückte 1968 der 38 Jahre alte Australier William Heseltine auf, der dem Hof aufgrund seiner Erfahrungen in der australischen Politik empfohlen worden war und bereits seit 1965 als Colvilles Stellvertreter das Geschäft der (miserablen) Hofkommunikation hatte studieren können. Heseltine lernte schnell – vor allem, dass man die Medien gezielt einbeziehen müsse, anstatt sie auszusperren. Beide, Colville wie Heseltine, waren Kinder ihrer Zeit – Colville das einer von Ehrfurcht geprägten, die auf Abstand hielt, Heseltine das einer stärker auf Integration bedachten, die den Graben zwischen der Krone und den «Untertanen» zu überbrücken wünschte. Mit dem Commander wurden gleich etliche weitere Figuren aus dem *inner circle* der abgehobenen Tweed-Träger, wie Altrincham sie abschätzig bezeichnet hatte, pensioniert.

Heseltine, von Prinz Philip unterstützt, hielt dafür, dass man bei der königlichen Familie das öffentliche Leben von dem privaten nicht so rigoros trennen dürfe, wie das bisher der Fall gewesen war. Wenn man die Familie nur in ihrer öffentlichen Rolle über die Bühne ziehen lasse, würde sie immer gleich aussehen, «lauter eindimensionale Figuren». Für die Queen eine höchst unglückliche Lage: Sie wirke, so argumentierte der neue Pressesprecher, wie in einer anderen Welt lebend, «fern, verstaubt und reich». Eigentlich besann sich der Australier nur auf die Taktik der Herzogin von York aus den 30er Jahren, aus der Frühzeit der Prinzessin Elizabeth: Wie deren Mutter favorisierte auch er gelenkte Kommunikation, sanfte Propaganda – sie damals mit Hilfe der Bilderbücher, er mit dem Fernsehen als Kollaborateur. Sorgen, dass da zu viel «Tageslicht in die Magie» hereinströmen könnte, machte er sich nicht; die Queen und der Herzog waren ja dafür. Philip hatte sogar den enthüllenden Satz fallen lassen: «Wir haben jeden Tag der Woche Wahlkampf», was weit vorausgriff in die politische Moderne, zu den Erkenntnissen eines Bill Clinton und eines Tony Blair, die mit ähnlichen Slogans in den 90er Jahren das Kampffeld Öffentlichkeit für sich und ihre Parteien zu gewinnen hofften. Philip ging von der Erkenntnis aus, dass auch die Monarchie sich verdient machen müsse – eine Umkehrung des Glaubens an das gottgegebene Königtum.

Überhaupt: Wo lebte man eigentlich? Wollte man in einer Welt der Publicity weiter den Vorhang vor die Windsors ziehen und sie ihrem langweiligen Image überlassen? In der Tat hätte man damals die Royals als das menschliche Pendant zu Henry Fords «Model T» beschreiben können, auf dem königlichen Fließband produziert, immer die gleiche Form. Aber letztlich eine Karosserie ohne Motor, ohne Leben. Es musste die kalte Fassade von Autorität und Distanz durch den Eindruck der Häuslichkeit, des Fleißes und der familiären Entspannung ersetzt werden.

Das hieß: Man brauchte einen Film, eine Fernsehdokumentation über die königliche Familie, wie sie war beziehungsweise wie sie sich gerne dargestellt sah – beim Frühstück, am Kamin, auf Balmoral, in der Freizeit, beim Picknick, bei der Begrüßung ausländischer Gäste. 105 Minuten lang lief im Sommer 1969 die Farbdokumentation «Royal Family» über die britischen Bildschirme, ein Riesenerfolg. Monatelang hatten der Produzent Richard Cawston und sein Aufnahmeteam die Herrschaften begleiten dürfen, eine harte Probe selbst für den Prinzgemahl, der doch zusammen mit dem Pressesekretär die treibende Kraft des Ganzen war. «Don't bring your bloody cameras so close to the Queen», echauffierte sich Philip mehrmals gegenüber dem Produzenten. Ein hilfloser Reflex: Nahe an die Königin und ihre Familie hatte ja der ganze Film kommen sollen, es war seine einzige *raison d'être*. Marion Crawford in ihrem Häuschen in Aberdeen muss sich gewundert haben: Was hier alles in einer Art Do-it-yourself-Crawfie aufgetischt wurde! Sie aber hatte sich mit einem ähnlichen Blick hinter die Kulissen ewige Verdammnis eingehandelt. Andere Zeiten – eine ungerechte Welt.

⁂

Doch mit dem Film, das sollte sich später herausstellen, war ein Präzedenzfall geschaffen, oder besser: ein Sündenfall passiert, der die kommenden Spannungen zwischen dem Hof und den Medien vorwegnahm. «Supping with the devil», sagt man dazu im Englischen – wer erst einmal mit dem Teufel zu Abend speist ... Warum sollten die Fernsehreporter künftig, wenn sie ihre Kameras in Anschlag brachten, die Bildausschnitte nur zu Konditionen des Hofes empfangen? Der Versuch der Royals, sich als populär anzubieten, brachte sie in Abhängigkeit von dem Verkäufer dieser Ware, dem Medienhändler. Der würde mehr wollen, jetzt, wo der Appetit geweckt war. In Londons «Evening Standard» schrieb der Kritiker Milton Shulman: «Wir haben Glück, dass die königliche Familie zur Zeit ein freundliches Bild abgibt. Aber war es klug, die TV-Kameras als Imagemacher des Königshauses einzusetzen? Jede Institution, die bisher versucht hat, das Fernsehen zur Popularisierung oder Selbsterhebung heranzuziehen, fand sich am Ende vermindert und trivialisiert wieder.» Mit anderen Worten: Die Fernsehdokumentation «Royal Family» weckte bei manchen Zeitgenossen eben doch die alten, schon 1953 vorgetragenen Bedenken, namentlich die Sorge vor einer Vulgarisierung der Monarchie. Auch spielte die königliche Familie mit ihrer Modellhaftigkeit einen Trumpf aus, der zum Bumerang werden musste: Was, wenn die Brut älter und der Modellcharakter unter den Irrungen und Wirrungen des Heranwachsens einstürzen würde?

Aber aus dem Dilemma gab es kein Entrinnen: Sich einigeln als Institution, die Respekt forderte, war unter dem Ansturm der voyeuristischen Fernsehgesellschaft keine Lösung. Indem man sich dem Trend zur Popularisierung geöffnet hatte, hatte man den Geist aus der Flasche gelassen. Schon hatte sich Rupert Murdoch, der australische Pressezar und Meister des Boulevards, in Stellung gebracht, hatte 1969 die «News of the World» und die «Sun» gekauft und begonnen, mit einem dezidierten Anti-Establishment-Kurs zu spielen. Die britische Klassengesellschaft war ihm fremd, abfällig meinte er, wer einmal zum Ritter geschlagen oder zum Oberhaus befördert worden sei, habe damit der Welt mitgeteilt: Ich habe mich verkauft. «Ich bezweifle, ob Großbritannien so viel Selbstbewusstsein aufbringt, auch ohne Monarchie zu leben», verriet Murdoch, ziemlich herablassend, Anfang der 90er Jahre seinem Biografen William Shawcross. Die Mischung aus egalitärem Instinkt und Sensationslust, die – buchstäblich – auf Teufel komm raus ihre Schlagzeilen wählt, sollte die britische Medienlandschaft der 80er und 90er Jahre beherrschen, wenn nicht vergiften. Schach dem Königshaus.

Vom Ende der Modellfamilie war zu diesem Zeitpunkt noch nicht die Rede, doch lange würde es nicht auf sich warten lassen. Es wurde aber bereits, auf Flügeln der Ahnung, darüber spekuliert, was, wenn die Begründung der Monarchie als einer modellhaften Familie nicht mehr tauge, an die Stelle dieses Vorbilds treten könnte? Peregrine Worsthorne machte sich in den 70er Jahren im «Sunday Telegraph» halb scherzhafte Gedanken dazu: «Auch in der königlichen Familie wird es gelegentliche schwarze Schafe geben, zerbrochene Ehen, lustige Witwen, unrühmliche Scheidungen, missratene Teenager. Je mehr sich diese Familie den Menschen annähert, desto mehr wird sie betroffen von den sich verändernden Normen der freizügigen Gesellschaft.» Eine Antwort auf die Frage: Was dann? war das nicht, aber eine sehr gute Beschreibung dessen, was sich als Leitlinie der kommenden Berichterstattung über die Royals herausstellen würde. Am Ende gab es mehr schwarze als weiße Schafe zu beobachten. Die Monarchie «den Menschen näher bringen», um noch einmal den Ausdruck des Prinzen von Wales von 1919 zu verwenden – das konnte man dann nur noch zynisch interpretieren: als Anpassung nach unten, an die «Normen der freizügigen Gesellschaft». Ein englisches Sprichwort scheint hier passend: «Familiarity breeds contempt» – Vertraulichkeit stiftet Verachtung. Noch heute wird die Monarchin von reumütigen Erinnerungen heimgesucht, wenn der Film von anno 1969 zur Sprache kommt – sie hätte im Nachhinein lieber nicht die Erlaubnis zum Drehen gegeben. Als Londons National Portrait Gallery Anfang 2011 eine Ausstellung vorbereitete unter dem Titel «The Queen – Art and Image», weigerte sich der Buckingham Palast, mehr als 90 Sekunden von «Royal Family» im Rahmen dieser Ausstellung zeigen zu lassen. Der gesamte Streifen mit seinen 105 Minuten ist in den königlichen Archiven von Schloss Windsor versenkt und nie mehr wieder der Öffentlichkeit zugänglich gemacht worden; selbst für die historische Forschung bleibt er weggeschlossen. Das gilt erst recht von den 43 Stunden Material, die das Aufnahmeteam von seiner einjährigen Vorbereitung für den Film, auf diversen Schauplätzen gedreht, hinterlassen hat: Es wanderte ins Archiv des Britischen Filminstituts, und weder die Queen noch der Prinzgemahl haben je Interesse gezeigt, sich Auszüge daraus anzusehen. Produzent und Regisseur machten seinerzeit zur Bedingung, dass eine 50-Jahre-Sperrfrist über dieses Material verhängt werde, als handele es sich um eine giftige Substanz. Die Queen hätte am liebsten ein hundertjähriges Embargo verhängt gesehen, damit sie zu ihren Lebzeiten nie mehr mit dieser Peinlichkeit zu tun bekäme.

Nach der vergleichsweise harmlosen Urzündung «Royal Family» ging im Jahr 1987 ein königlicher Medienflop von groteskem Zuschnitt über die Bühne, der noch heute von allen Beteiligten nur mit Schaudern in Erinnerung gerufen werden kann. Es handelte sich um das britische Pendant zu der in Westeuropa damals populären Gameshow «Spiel ohne Grenzen», in England «It's a Knockout» genannt. Prinz Edward, der jüngste Windsor-Spross, der nach seiner abgebrochenen Ausbildung bei den Luftlandetruppen eine Karriere als Produzent im Film- und Fernsehgeschäft anzustreben begann, hatte die Idee, dem Fernsehen eine Variante von «It's a Knockout» anzubieten – «It's a Royal Knockout», eine karitative Show, aufgeführt zum Fundraising für vier gemeinnützige Organisationen, die von jeweils einem teilnehmenden Mitglied der königlichen Familie gefördert wurden. Es traf sich da die «Welfare Monarchy» mit dem Showbusiness auf dem gemeinsamen Nenner der Peinlichkeit.

30 Celebrities aus Sport, Film und Theater – von John Travolta über Tom Jones, Gary Lineker, John Cleese und Rowan Atkinson – bildeten vier gegeneinander kämpfende Mannschaften, unter Leitung ihrer königlichen Kapitäne – der drei Königskinder Edward, Anne und Andrew sowie Andrews Ehefrau Fergie. Da purzelten Figuren in absurden Aufzügen durch die Gegend, plumpsten in künstliche Pools oder stürzten von hölzernen Brücken, bekämpften sich mit imaginären Speeren oder Kanonen und versuchten, sich gegenseitig ihre vegetarisch anmutenden Kostüme vom Leibe zu reißen. Mitten drin hüpften die vier Royals wie aufgescheuchte Hühner durchs Getümmel, ihre jeweiligen Mannschaften suchend und diese anspornend. Ein Gaudium für die Zuschauer, die live dabei waren, aber ein Desaster für den Buckingham Palast und sein Ansehen. Elizabeth und Philip hatten ihren Jüngsten, der das Ganze organisiert hatte, von der Idee abhalten wollen, konnten sich aber nicht durchsetzen.

Die Queen hasst es, wie alle biografischen Studien belegen, ihrer Familie etwas zu diktieren. Sie scheut vor dem Machtwort zurück, aus Sorge, es könnte ignoriert werden. Konfrontation ist nicht ihre Stärke, sie zieht Diskretion vor, auch wenn davon kein Druck ausgeht. Wie bei Edward, als der sich taub stellte gegenüber den Bedenken seiner Eltern über «It's a Royal Knockout». Ein Mitglied des Hofstaates sah solche Zurückhaltung der Queen im Gespräch mit dem Historiker der Windsors, Robert Lacey, jedoch positiver: «Queen Elizabeth ist sehr laisser – und sehr fair.» Sie betrachtet es als Recht der Familienmitglieder, «dass jeder sein eigenes Schicksal formt – und das schließt Fehler, wenn nötig, mit ein». Für ihre Unfähigkeit, ihre Abneigung, steuernd einzugreifen, hat sie einen hohen Preis bezahlen müssen. Wir wissen überhaupt nur von einem Beispiel, wo Elizabeth II. nachweislich und entschieden in einer aktuellen Familienkrise einschritt: als sie im Dezember 1995 sowohl Charles als auch seine Frau Diana in einem Brief aufforderte, dringend die Scheidung einzuleiten. Darüber mehr an späterer Stelle.

«It's a Royal Knockout» hatte als Fundraising-Event großen Erfolg und spielte eine Million Pfund ein, welche die vier Royals für die Organisationen unter ihrer Schirmherrschaft unter sich aufteilten: Anne für Save the Children, Andrew für den World Wildlife Fund, bei dem er inzwischen die Rolle seines Vaters übernommen hatte, seine Frau Fergie für Shelter for the Homeless und Edward für das Duke of Edinburgh International Project, ein Projekt der Wirtschaftsförderung. Viel guter Wille für das Königshaus ging da über vielen guten Ideen für die Gemeinnützigkeit verloren. Nicht wenige Kommentatoren behaupten heute, der Respekt für die Royals habe damals den Abstieg begonnen, der zehn Jahre danach an seinem Tiefpunkt angelangt war. In diesem Sinne darf man den «Royal Knockout» von 1987 in der Tat als ein erstes technisches KO für die Queen und ihre Familie auf dem Weg nach unten bezeichnen. Edward hatte seiner Mutter einen Bärendienst erwiesen: Wer sich aufführt wie jedermann, riskiert, wie jedermann behandelt zu werden. Respektlosigkeit wurde Trumpf.

IX

Die Queen und Deutschland

«Es fließt auch schwäbisches Blut in Ihren Adern, Majestät!»
Theodor Heuss am 20. Oktober 1958 zu Elizabeth II.

«Die Deutschen empfinden dies als das Ende ihres Status
als moralisch geächtete Nation.»
Carlo Schmid, SPD-Abgeordneter, im «Guardian»
über die Wirkung des Besuchs der Queen
in der Bundesrepublik, 1965

«Irgendwo in einem fernen Herzenswinkel
muss die Bundesrepublik eine heimliche Monarchie geblieben sein.»
Ein Korrespondent der «ZEIT» über den Besuch
der Queen in Deutschland, Oktober 1992

«Der Wiederaufbau der Frauenkirche in Dresden
ist eine Inspiration für uns alle.»
Elizabeth II. am 2. November 2004 in Berlin

Es gibt wohl außerhalb Großbritanniens kein Land, in dem man «die Royals» und ihre Spuren intensiver verfolgt als in Deutschland. Die Windsors sind ein unentbehrlicher Begleiter auf dem oft glanzlosen Lebensweg der Republik, ein Stärkungsmittel, unsere Unterhaltung, auf die wir nicht verzichten können. Wer mitreden will im deutschen Smalltalk, muss sich auskennen in den Verzweigungen der britischen Königsfamilie. Selbst erfundene Nachrichten aus ihrem Dunstkreis finden den Weg in die deutschen Medien. Wie im Frühjahr 2004 die Behauptung einer

amerikanischen Skandalpostille, Prinz Charles und seine Lebens-
gefährtin, Camilla Parker-Bowles, hätten in den 8oer Jahren ein
Kind gezeugt, das inkognito in London lebe. Von den 24 «unehelin-
chen Kindern» Prinz Philips sprachen wir bereits.
Versöhnung war das Leitmotiv so manchen Staatsbesuchs
Elizabeths bei den germanischen «Vettern». Wir zählen vier – 1965,
1978, 1992 und 2004; als «halben» mag man ihren Besuch in Berlin
2000 werten, als sie angereist kam, um die neue britische Botschaft
in der Berliner Wilhelmstraße zu eröffnen, deren klobige Architektur die Kritiker auf beiden Seiten des Kanals nicht überzeugen
konnte. Vier Staatsbesuche deutscher Bundespräsidenten in Ge-
genrichtung komplettieren das Bild. In Europa hat London den
bilateralen Beziehungen zu Deutschland immer hohe Bedeutung
beigemessen. Wir müssen «London» sagen, nicht «der Hof», weil
keiner der Besuche der Queen – die in Deutschland inklusive – ihrer eigenen Initiative entsprang, immer handelt und reist sie nach
dem Plan und Kalkül des Foreign Office. Sie macht keine Politik
und darf keine machen, und «Ruckreden», zu denen sich ein deutscher Bundespräsident aufraffen mag, sind aus dem Munde des britischen Staatsoberhauptes schlechterdings undenkbar. Es ist die
Staatsräson, nicht die Vorliebe der Queen, welche ihre Termine, vor
allem die Staatsbesuche, diktiert. Keine Silbe der öffentlichen Reden, die sie dabei hält, stammt von ihr, alles ist vom Außenministerium in Absprache mit der Downing Street festgelegt, die Queen
artikuliert die Interessenlage der jeweiligen Regierung. Aber da
diese schließlich «Ihre» Regierung ist, «Her Majesty's Government», versteht es sich umgekehrt von selber, dass im Vorfeld eines
Staatsbesuches, ob sie die Reisende ist oder ein ausländischer Gast
zu ihr kommt, ein diskreter Austausch stattfindet über die Kompatibilität des jeweiligen Anlasses mit dem Denken der Queen selber.
Diese Kompatibilität war in einem berühmten Fall nicht gegeben, als der Buckingham Palast im Sommer 1978 den rumänischen
Diktator Nicolae Ceausescu und seine Frau Elena als Staatsgäste
empfing. Die Regierung von James Callaghan fand diesen Besuch
seinerzeit in Ordnung, da man gerne auf Leute setzte, die als Stachel in der Seite Sowjetrusslands galten. Bedingung der Rumänen

war, dass Ceausescu den «Order of Bath» erhalte, eine der ältesten Auszeichnungen, die das Königshaus zu vergeben hat. Elizabeth bekam als Gegenzug den Orden des sozialistischen Rumäniens erster Klasse. Die Satirezeitschrift «Private Eye» brachte damals eine Glanznummer von einer Titelseite heraus, zur Illustration des abgeschmackten diplomatischen Spiels. Den vier Protagonisten, im Erinnerungsfoto festgehalten, wie sie entspannt lächeln und miteinander plaudern, wurden Sprechblasen angedichtet, nach denen Philip zu Elena Ceausescu sagte: «Und hat Ihr Mann irgendwelche Hobbys?» Darauf diese: «Er ist Massenmörder.» Die Queen: «How very interesting.» Elizabeth veranlasste nach 1989, dass der Name Ceausescu aus der Ehrenliste der Empfänger des Bath-Ordens gestrichen wurde. Ihrem damaligen Premier, James Callaghan, hat sie die Peinlichkeit, in die er sie hineingezogen hatte, nie vergeben.

Bei aller Disziplin, die den offiziellen Auftritten der Queen auferlegt ist, strahlt Elizabeth II. ein Fluidum aus, das auch während der dunkelsten Stunden ihrer Familie in den letzten Jahrzehnten nie ganz verloren ging. Das Bild von ihr, wie sie während des Staatsbesuches in Deutschland im Oktober 1992 – ihr «*annus horribilis*» mit all seinen Familienskandalen war bereits kräftig fortgeschritten – in Schloss Augustusburg bei Brühl die Barocktreppe Balthasar Neumanns zum Bankett herunterschwebte, beschrieb ein «ZEIT»-Korrespondent so: «Diadem und Diamanten warfen ihren Lichtschein bis in die Wohnzimmer der Republik. So viel Staat ist hierzulande nur mit einer Königin zu machen. Irgendwo in einem fernen Herzenswinkel muss die Bundesrepublik eine heimliche Monarchie geblieben sein.» Die acht deutsch-britischen Staatsbesuche in beiden Richtungen seit dem Zweiten Weltkrieg sprechen ebenso für ein markantes Kapitel in der Vita der Queen wie für die Zeitgeschichte, in deren Rahmen sie sich abspielten.

Bundespräsident Heuss war im Oktober 1958 der vierte europäische Staatsgast, den Elizabeth II. in ihrer Ära bei sich empfing, nach König Gustav VI. Adolf von Schweden und den Staatspräsidenten

Portugals und Italiens. Schon diese Abfolge verrät ein bestimmtes diplomatisches Muster aus privaten und politischen Motiven. Schweden kam 1954 aus Familiengründen zuerst – Gustav Adolfs Gemahlin Louise war eine Tante Philips, Schwester seiner Mutter Alice, wie diese aus dem Hause Battenberg. Portugal, ein alter Verbündeter, gehörte wie Schweden zu der Gruppe von fünf europäischen Staaten, die während des Zweiten Weltkrieges neutral geblieben waren – in beiden Fällen sollten traditionell freundschaftliche Beziehungen neu geknüpft werden. Mit Italien und Deutschland folgten 1958 zwei Kriegsgegner, die inzwischen mit Großbritannien versöhnt waren; ein Staatsbesuch konnte helfen, dies zu zementieren.

Nicht alle dachten 1958 bei Deutschland an Versöhnung. Die Erinnerungen an den Krieg, die «Battle of Britain», die Untaten der Nationalsozialisten waren noch zu frisch. Der Historiker Alan J.P. Taylor nannte die deutsche Spaltung «einen Glücksfall», ähnlich wie einige Jahre später der französische Schriftsteller François Mauriac, der von den «schrecklichen Tugenden» der Deutschen sprach und den Satz prägte: «Ich liebe Deutschland, ich liebe es so sehr, dass ich äußerst zufrieden bin, dass es zwei davon gibt.» Theodor Heuss erlebte bei einem Abstecher nach Oxford während seiner Staatsvisite eine antideutsche Demonstration der besonderen Art: Eine Gruppe von Studenten hatte sich entlang seines Weges zu einem Termin, den er zu Fuß durchmaß, ostentativ am Straßenrand aufgepflanzt, mit abweisenden Gesichtern, die Hände in den Hosentaschen. Ähnlich war vor Heuss in Oxford bereits Italiens Staatspräsident Gronchi empfangen worden.

Man muss freilich neben diese Demonstration ein anderes Ereignis desselben Jahres setzen, um das Deutschlandbild Englands anno 1958 adäquat wiederzugeben. Im Februar hatte ein tragisches Ereignis die Zeitgenossen erschüttert: Eine Propellermaschine, welche die Fußballmannschaft des englischen Traditionsclubs Manchester United nach einem Europacup-Spiel in Belgrad und einer Zwischenlandung in München nach Hause bringen sollte, war beim Start auf dem Flughafen München-Riem im Schneegestöber abgestürzt, es gab Tote und viele Schwerverletzte. Im Münchner

Krankenhaus Rechts der Isar konnten viele Schwerverwundete notoperiert – und gerettet werden. Der Star dieser Nothilfe, den auch die britischen Medien überschwänglich als «Engel von München» feierten, war der behandelnde Chirurg Georg Maurer – die Queen ehrte ihn bei einem Empfang im Buckingham Palast mit dem Ehrenkreuz eines «Commander of the British Empire» (CBE). Hans von Herwarth, der damalige deutsche Botschafter in London, berichtete in seinen Memoiren «Von Adenauer zu Brandt» (1990), wie er nach dieser Ehrung mit dem Ehepaar Maurer nach Manchester fuhr, um einem Liga-Spiel von Manchester United beizuwohnen. «Als Maurer seine Loge betrat», erzählt der Diplomat, «erhoben sich unter den Klängen der deutschen Nationalhymne sämtliche Zuschauer, um ihn zu ehren.» Die deutsche Nationalhymne in Manchester zu Ehren eines über Nacht populär gewordenen Deutschen auf der einen Seite, die Hände in den Hosentaschen der Intelligenzia gegenüber einem offiziellen Staatsgast aus Deutschland auf der anderen Seite: zwei Momentaufnahmen, die verraten, wie das einfache Publikum und die Intellektuellen in ihren Urteilen auseinander streben können.

Auf dem Bankett am 20. Oktober 1958 zu Ehren ihres Gastes erinnerte Elizabeth an die Schwester des 1649 hingerichteten Charles I., Elizabeth Stuart. Sie hatte den Kurfürsten von der Pfalz, den glücklosen «Winterkönig» von Böhmen, geheiratet und sollte später Großmutter des ersten Hannoveraners auf dem englischen Thron werden. Die protestantische Stuart-Linie besaß in dem Hannoveraner Kurfürsten Georg ihren letzten Vertreter, und so wurde er 1714 zur Sicherung der britischen Erbfolge als George I. in London gekrönt. Solche Reminiszenzen in offiziellen Reden, die weit in die Zeit vor 1933 zurückgreifen, gelten in den deutsch-britischen Beziehungen bis heute als Standard – vor allem die Hannoveraner auf dem englischen Thron sind immer eine hilfreiche Ablenkung, wenn sich Erinnerungen jüngeren Datums in den Vordergrund schieben wollen. Die sind natürlich, auch wenn nicht artikuliert, immer da, so auch in den Worten der Queen von damals: «Wir arbeiten zusammen, um echte Freundschaft zwischen unseren beiden Ländern wiederaufzubauen. Es ist meine inständige Hoffnung, dass dieser Besuch sich als weiterer wichtiger Schritt auf dieses Ziel hin erweisen wird.»

Theodor Heuss, Historiker von Beruf und Leidenschaft, lud die Queen zum Gegenbesuch ein (den er 1965 nicht mehr erleben sollte) – dann wolle er ihr in seiner engeren Heimat die Burg Teck zeigen, wo die Ahnen von Queen Mary saßen: «Es fließt auch schwäbisches Blut in Ihren Adern, Majestät!» Die Queen mag sich dabei gefragt haben, wie viele Blutlinien man noch in ihrem Stammbaum ausfindig machen wolle. Später, beim Empfang des Lord Mayor, des Bürgermeisters der Londoner City, erinnerte Heuss an seinen ersten London-Besuch im Jahr 1911 – «damals konnte man sich einen ernsthaften Konflikt zwischen unseren beiden Nationen kaum vorstellen». Dann wurde er ernster, sprach von der «Teilung des Hauptstadt Berlin», die «keine Sache deutscher Sentimentalität» sei, sondern ein Hindernis schlechthin «für eine innere seelische und sachliche Befriedung Europas». Das war dem zitierten Oxford-Professor Alan J.P. Taylor ins Stammbuch geschrieben.

Ein herzliches Verhältnis unterhielt Konrad Adenauer zur Queen, in deren Gegenwart er alle Sorgen vergessen konnte, die ihn sonst in Bezug auf die britische Politik während der 50er Jahre plagten. Aus Anlass eines Gipfeltreffens zwischen ihm und Premierminister Harold Macmillan im Jahr des Staatsbesuches von Theodor Heuss gab Elizabeth auf Schloss Windsor ein Bankett für den deutschen Gast, der sich dafür von seiner Sekretärin Anneliese Poppinga ein paar Brocken Englisch hatte beibringen lassen. Regierungschef Macmillan notierte sich später: «Der alte Kanzler saß zwischen den Königinnen [der Queen und der Queen Mother] und flirtete mit beiden.»

In den Annalen der deutsch-britischen Beziehungen unter Elizabeth II. kommt freilich ihrem Besuch in der Bundesrepublik vom 18. bis 28. Mai 1965 die überragende Bedeutung zu. Es war der erste Staatsbesuch eines britischen Monarchen in Deutschland seit Ed-

Elizabeth II. (geb. 1926) und Konrad Adenauer (geb. 1876)
auf Schloss Windsor, 16. April 1958
(Foto: KEYSTONE Pictures USA/eyevine)

wards VII. Visite im Jahr 1909; dessen Sohn George V. hatte 1913 zusammen mit seiner Frau, Queen Mary, zur Hochzeit der Kaisertochter Victoria Luise von Preußen nur inoffiziell noch einmal den Weg nach Berlin gefunden. Elizabeths Reise war mehr als ein Staatsbesuch unter vielen, er galt schon damals als ein historisches Ereignis, allein aufgrund seiner Länge: Noch nie bis dahin und niemals wieder seither hat die Queen sich für irgendein anderes europäisches Land elf Tage frei gemacht für einen Besuch. Solche Dauer kennt man nur von ihren Ausflügen ins Commonwealth, die manchmal Wochen oder gar Monate dauerten.

Auch in der Geschichte der noch jungen Bundesrepublik stellte der Besuch des königlichen Gastes die längste, prächtigste – zugleich teuerste – diplomatische Aufführung dar. Die Queen unternahm eine Reise durch das gesamte Gebiet der Republik, mit Stationen in Bonn, Koblenz, einer Rheindampfertour vorbei an der Loreley bis nach Kaub, dann Wiesbaden, München, Stuttgart, Köln, Düsseldorf, Duisburg, Berlin, Hannover und Hamburg, neben kleineren Kommunen am Weg, den man meist auf Schienen absolvierte; dafür hatte die Regierung die Salonwagen des Bundespräsidenten und des Bundeskanzlers, nebst einem Schlafwagen für das Begleitpersonal, zu einem Sonderzug zusammengestellt. Ein Mammutprogramm, von der Queen mit Fleiß und Pünktlichkeit erfüllt – Sekundärtugenden, die manche Zeitungen auf das deutsche Erbe des Staatsgastes zurückzuführen beliebten. Im Vorfeld hatte die Queen wissen lassen, wie sehr sie sich darauf freue, «Menschen aus allen Teilen der Bevölkerung» kennen zu lernen. Das war keine Floskel, wie sich zeigen sollte. Die Bundesrepublik hatte Glück mit der Monarchin, die sich in gelöster Laune zeigte, strahlend in ihren noch jungen Jahren. Dabei war Elizabeth als Teenager dazu erzogen worden, das Land ihrer Vorväter zu hassen, dem vor allem ihre Mutter nur mit großer Reserve begegnete – ein Bruder der Queen Mother war im Ersten Weltkrieg gefallen, ein zweiter schwer verwundet worden.

Bundespräsident Heinrich Lübke gab in seiner Begrüßungsrede auf Schloss Brühl den geschmeichelten Gastgeber, der den Besuch deutete als «ein Zeichen wachsenden Vertrauens zu unserem Volk. Es hat unseres Erachtens seinen Willen zur Wiedergutmachung auf eindrucksvolle Weise bekundet und zur Erfüllung der Gemeinschaftsaufgaben der freien Welt in hohem Maße beigetragen.» Solches Lob hätte man eigentlich aus dem Munde des Gastes erwartet, aber als Eigenlob ist es für den Historiker weit sprechender, illustriert es doch das Hochgefühl einer demokratischen Gesellschaft, die voller Stolz auf den seit 1945 zurückgelegten Weg schaute, auch wenn die Zeit vor 1945 erst noch der breiteren Aufarbeitung harrte.

Dieser Stolz wurde durch den Besuch der Königin geradezu legitimiert – die Bundesrepublik fühlte sich wie endgültig rehabilitiert nach den dunkelsten Kapiteln der deutschen Geschichte. Carlo Schmid, der große alte Mann der Sozialdemokraten und ein *homme de lettres*, wie es ihn nur selten in der deutschen Politik gab (und gibt), brachte genau diesen Gedanken in einem Gastaufsatz für den «Guardian» zum Ausdruck, wo er davon schrieb, die Deutschen empfänden den Besuch der Queen als «das Ende ihres Status als moralisch geächtete Nation». Der Enthusiasmus der Bevölkerung spiegelte dieses Gefühl der Befreiung – er verdankte sich nicht nur dem Glamour der damals 39-jährigen Queen, die im Jahr zuvor zum vierten Mal Mutter geworden war. Elizabeth II. konnte auch auf der Grundlage aufbauen, die drei Jahre vor ihr der französische Staatspräsident Charles de Gaulle mit einer ähnlich umjubelten fünftägigen Visite in der Bundesrepublik gelegt hatte, in deren Verlauf er in einer berühmt gewordenen Rede am 4. September 1962 in Bonn von seiner «Bewunderung für das große deutsche Volk» sprach.

Das wurde seinerzeit mit Dankbarkeit aufgenommen – aber der französischen Welt fühlte sich die Masse der Deutschen nicht annähernd so nahe wie der amerikanischen und der angelsächsischen. Daher die Dissonanzen im deutschen Bundestag im Jahr des deutsch-französischen Freundschaftsvertrages, als im April 1963 Fritz Erler, der Fraktionsführer der SPD, mokant anfragte, ob man für die Freundschaft zwischen Deutschen und Franzosen «mit der Entfremdung Großbritanniens» zahlen müsse. Rasch bildete sich eine Mehrheit im Parlament, die dem Vertrag mit Frankreich einen entsprechend klärenden Text vorauszustellen wünschte. De Gaulle ärgerte sich, Adenauer war besorgt. Umsonst: Die Präambel zum deutsch-französischen Freundschaftsvertrag musste nach dem Willen der Abgeordneten sein. Der Wortlaut vom 16. Mai hielt fest, dass die Einigung Europas auf dem begonnenen Wege fortgesetzt werden müsse, aber «unter Einbeziehung Großbritanniens und anderer zum Beitritt gewillter Staaten».

Die deutsche politische Elite war nicht gewillt, ihre Wertschätzung Englands der Aussöhnung mit Frankreich zuliebe aufzugeben, die Insel aus den politischen Erwägungen über die europäische Zukunft auszuschließen. Im Übrigen wollte man sich von de Gaulle nicht in eine Wahl zwischen «Atlantikern» und «Europäern» drängen lassen. Die deutsche Politik sollte beides sein – atlantisch *und* europäisch, und für beides brauchte man die Briten. Auch Konrad Adenauer hatte ja nach dem Krieg um die Beziehungen zu Großbritannien geradezu gebuhlt, mit nach seiner Auffassung unbefriedigendem Resultat. Noch im März 1953, als die europäische

Verteidigungsgemeinschaft (EVG) zur Debatte stand, wurde er einmal vor dem Bundesvorstand der CDU ziemlich deutlich: «Es ist mir sehr lieb, wenn Großbritannien in der zukünftigen EVG einen gewissen Einfluss hat, damit wir mit den mehr oder weniger hysterischen Franzosen nicht allein sind.»

Am Ende gab es zu diesen aber doch keine Alternative. Denn als Harold Macmillan am 10. August 1961 reichlich spät Englands Beitrittsgesuch zur Europäischen Gemeinschaft (EG) einreichte, hatte Staatspräsident de Gaulle sich längst entschlossen, die Briten gleichsam in ihrem Saft – außerhalb des Kontinents – schmoren zu lassen: Am 14. Januar 1963 gab er sein Veto gegen den britischen Beitritt bekannt. Sieben Tage später, eine unglückliche Koinzidenz, unterzeichneten er und Adenauer den deutsch-französischen Freundschaftsvertrag – den der Bundestag mit der Präambel dann gleichsam redigierte, im Sinne einer weniger frankophilen Grundlinie. De Gaulle fasste seine Enttäuschung über die Präambel, die er für eine Verwässerung des Freundschaftsvertrages hielt, in ein melancholisches Bild: Verträge seien wie junge Mädchen, sie hätten leider nur eine kurze Blüte …

Diese Zusammenhänge muss man berücksichtigen, will man die Bedeutung des elftägigen Besuchs der Queen insgesamt würdigen. Er hatte einen hochpolitischen Hintergrund. Bereits 1963 als Teil von Macmillans Europapolitik konzipiert, als Antwort auf de Gaulles Veto, enthüllte er erneut ein Leitmotiv der britischen Nachkriegspolitik: die Bildung eines «karolingischen Reichs» zwischen Frankreich und Deutschland zu verhindern. Das hatte bereits Robert Vansittart, Unterstaatssekretär im Foreign Office und vor dem Zweiten Weltkrieg einer der schärfsten Deutschlandgegner, in seinen Memoiren «Events and Shadows» (1947) vorformuliert: «Es wäre undenkbar, dass Großbritannien außerhalb Europas bliebe […] und eine Föderation unter der Anführung von Frankreich und Deutschland einsegnete.» Das deutsche Publikum in seiner ungebremsten Anglophilie kam – wie zuvor der Bundestag nach nüchterner Erwägung – diesem Gedanken beim Besuch der Queen 1965 entgegen.

Die Planungen für den aufwendigen Staatsbesuch hatten zwei Jahre verschlungen, auch weil das Protokoll beider Seiten besonders knifflige Fragen zu lösen hatte, nicht zuletzt in Bezug auf die Behandlung der deutschen Verwandten des königlichen Paares. Da gab es die dem Hof gänzlich widerstrebenden Coburger, deren letzter Herzog als Gauleiter der Nazis gedient hatte, da gab es die Ehefrau des Herzogs von Braunschweig, des Kopfes des Hauses Hannover, die ein überzeugtes Hitlermädchen gewesen war. Auch wünschte die Queen, einige Orte aus der Jugend ihres Mannes aufzusuchen, darunter Schloss Salem, wo Philips Schwester Theodora lebte, und Schloss Wolfsgarten im Hessischen, ein alter Besitz der Herzöge von Hessen und bei Rhein, eines Zweiges der Battenberger. Endlich einigte man sich darauf, die Verwandten nur zu Terminen in den jeweiligen Bundesländern einzuladen, in denen sie lebten, so dass das Programm der Begegnung einen Halt gab. Das waren noch Anlässe genug, machten die Gäste doch insgesamt acht (von damals elf) Bundesländern ihre Aufwartung.

Pikant wurde im Vorfeld des Besuches in München eine Anfrage des Herzogs Albrecht in Bayern, des Kopfes der Wittelsbacher, der über viele verschlungene dynastische Wege ein katholischer Erbe der Stuarts und somit Anwärter auf den englischen Thron war. Herzog Albrecht ließ durch einen Mittelsmann bei Prinz Philip, über den alle entsprechenden Wünsche der deutschen Verwandten liefen, nachforschen, ob die Anwesenheit eines Wittelsbachers und entfernten Thronprätendenten bei einer geplanten Aufführung des «Rosenkavaliers» genehm sei. Die Frage allein war schon ein Witz, da der «Act of Settlement» von 1701 jede katholische Erbfolge auf dem englischen Thron entschieden ausgeschlossen hatte. Philip machte sich daher ein Vergnügen daraus, die Anfrage auf seine halbernste Art einfach abzuschütteln: «Sagen Sie dem Herzog, wir haben nichts dagegen, aber die Aufführung soll eine verdammt langweilige Angelegenheit sein.»

In Köln sprach Joseph Kardinal Frings fünf Minuten lang auf Englisch, das er auswendig gelernt hatte, obwohl ihm die Sprache

vollkommen fremd war. An einem programmfreien Abend in
Duisburg, wo die Gäste das Mannesmann-Hüttenwerk Huckingen
besucht hatten, lud die Queen die örtlichen Honoratioren zum
Dinner ein, was als große Geste gewertet wurde. In Hamburg
meinte der Erste Bürgermeister Paul Nevermann, er könne laut
Tradition nicht einmal für eine Königin von seinem Amtssitz die
Rathaustreppe hinuntergehen, um sie zu empfangen, «aber für eine
Lady schon». Besonders gefesselt war die Queen, als man ihr in
Hannover den Originalbrief der englischen Magnaten an den Kur-
fürsten von 1714 zeigte, mit dem diese Georg dringend aufforderten,
nach London zu kommen, um den englischen Thron wie vom Par-
lament beschlossen zu besteigen: «Königin Anne liegt im Sterben,
kommen Sie schnell, gewisse Personen wollen einen jakobinischen
Erben [den Sohn des katholischen – und verjagten – Stuart-Königs
James II.], nicht Sie.»

Wenn es bei der Queen überhaupt einen Moment der leichten
Verwirrung gab in diesen deutschen Tagen, dann verdankte er sich
dem Übermaß an Begeisterung vor allem in Berlin; das machte ihr
zu schaffen. «E-li-za-beth, E-li-za-beth», skandierten die entzück-
ten Zuschauer. Die so Umjubelte erinnerte dies irgendwie an die ri-
tualisierten Chöre aus der Nazizeit, eine späte Neuauflage von «Sieg
heil!»-Frenetik, wie Außenminister Michael Stewart später mitzuteilen wusste. Der Politiker hätte seine Herrscherin beruhigen können mit dem Hinweis, dass die «Frontstadt» Berlin schon vor Elizabeth immer besonderen Enthusiasmus für Besucher gezeigt hatte, die
wie John F. Kennedy oder Charles de Gaulle mit ihrer Anwesenheit
in Berlin ein Bekenntnis zur ungeteilten Freiheit der Stadt ablegten.
Aber das war, wie gesagt, nur ein kleines Fragezeichen während eines
Besuches, über den sich Elizabeth II. anschließend hoch befriedigt
äußerte. Auch die Regierung konnte sich freuen. Selbst der Hofpoet,
John Masefield, würdige 87 Jahre alt, steuerte zu dem Ereignis ein
Gedicht bei: «Die lange, lange Woche unaufhörlicher Anstrengung
endet. / Überirdische Macht segnet diejenigen, die segnen. / Nach
solcher Nacht solch Sonnenstrahl des Erfolgs. / Die Nationen haben
sich vergeben und Freundschaft geschlossen.» Das klang von Herzen,
wenn auch nicht ganz auf der Höhe englischer Dichtkunst.

Bundespräsident Gustav Heinemann schwante vor seinem Staatsbesuch in London im Oktober 1972 Unangenehmes. Einen Mann des schnörkellosen Wortes wie ihn, der jeder übertriebenen Gestik abhold war, störten schon die Regieanweisungen, die man ihm zur Einübung des Protokolls an die Hand gab. «Ohne Hut, mit Hut, links gehen, rechts stehen» – Heinemann war durch und durch ein Vertreter des republikanischen Prinzips, den jede übertriebene Etikette abstieß. Aber seine Sorgen stellten sich als unbegründet heraus – es wurde der Staatsbesuch mit dem geringsten protokollarischen Aufwand, als hätte das Außenministerium der Queen geraten, auf den deutschen Bürgerpräsidenten und seine Art Rücksicht zu nehmen. Elizabeth verzichtete entsprechend darauf, dem Präsidenten die höchsten Hofbeamten einzeln vorzustellen, und Philip, der sich mit den Gästen meist auf Deutsch unterhielt – das seine Frau nicht beherrscht –, meinte nach der Präsentierung der deutschen Entourage typisch entwaffnend: «So, jetzt können Sie sich wieder normal bewegen», wie der «SPIEGEL» berichtete. Heinemann war erstaunt über die «Lockerheit» am königlichen Hof. Nur einmal stutzte er während seiner Londoner Tage, es war auf einem Empfang für das Diplomatische Korps. Nachdem er mehr als 50 Diplomaten mit «Good morning» begrüßt hatte, aber die Zahl derjenigen, die seines Händedrucks harrten, nicht abzunehmen schien, meinte er zu einem Begleiter: «Ich glaube, die stellen sich hinten immer wieder neu an.»

Antideutsche Demonstrationen wie noch vierzehn Jahre zuvor beim Heuss-Besuch gab es nicht, daher musste der Boulevard mit erfundenem Kitzel anderer Art nachhelfen. «Mordkomplott gegen Gast der Königin», titelte der «Daily Mirror» schon im Vorfeld. Solchen Spekulationen wurde damals leicht Glauben geschenkt, seit dem Massaker an israelischen Sportlern durch palästinensische Guerillas während der Olympischen Spiele in München im September. Aber die Meldung entpuppte sich als Ente. Auffallend war dagegen wieder einmal die deutliche Handschrift des Foreign Office in den Reden der Queen, die diesmal nicht auf Vergangenes abhob, sondern nach vorne schaute und die Ostpolitik Willy Brandts lobte, freilich ohne sie bei diesem Namen zu nennen. Elizabeth würdigte vielmehr die Bemühungen der Bonner Politik, «ideologische Barrieren zu überwinden». Das war, nimmt man es genau, riskantes Themengelände für die Queen: So kurz vor der vorgezogenen Bundestagswahl einen Monat später konnte man es fast als den leisen Versuch der Einmischung in einen laufenden Wahlkampf bezeichnen – aus dem die SPD am 17. November zum ersten Mal in der Nachkriegsgeschichte Deutschlands als stärkste Partei hervorging. Aber die Worte fielen in London, und diplomatisch verschlüsselt dazu, also entgingen sie der Kritik. Das Beispiel zeigt aber, in welche Konflikte die Queen im Dienste ihrer Regierung verwickelt werden kann.

Die siebziger Jahre erlebten den dramatischen Abstieg der britischen Wirtschaft. Mitleidig schauten die Deutschen, und nicht nur sie, auf den «kranken Mann an der Themse». Eine Inflationsrate von sechzehn Prozent, dazu außer Kontrolle geratene Gewerkschaften – durch Streiks gingen in Großbritannien 1977 zehn Millionen Arbeitstage verloren, in Frankreich 2,5 Millionen, in Westdeutschland 160 000. Premierminister Heath hatte im Februar 1974 einen Wahlkampf geführt um die Frage «Wer regiert Großbritannien?» und die Wahl verloren. Und das, obwohl schon damals eine Drei-Tage-Arbeitswoche herrschte, mit rationiertem Strom, der die Menschen zwang, mit Kerzen in den Trolleys ihre Supermarkteinkäufe zu tätigen. Zwei Jahre später musste Labour-Premier James Callaghan beim Internationalen Währungsfond um eine riesige Anleihe nachsuchen, die England nur unter Auflage strenger Sparmaßnahmen gewährt wurde, wie sie heute Euro-Ländern ins Haus stehen, deren Wirtschaft ins Trudeln geraten ist.

Im «Winter des Missvergnügens» 1978/79, dem «winter of discontent», lief schließlich überhaupt nichts mehr: Tote wurden nicht beerdigt, der Müll nicht mehr abgeholt, die Ratten feierten Festwochen, und der Streik der Bergarbeiter machte den Einsatz des Militärs nötig, damit die Energieversorgung nicht zusammenbrach. Da endlich wachte England auf und wählte am 1. Mai 1979 Margaret Thatcher an die Macht. Seitdem gilt auf der Insel eine andere Zeitrechnung.

So stand es um das Land, dessen Staatsoberhaupt vom 22. bis zum 26. Mai 1978 zu seinem zweiten offiziellen Besuch in die Bundesrepublik reiste. Doch auch die Deutschen standen unter dem Schock einer Krise – 1977 war der Höhepunkt des RAF-Terrors gewesen, dem Generalbundesanwalt Siegfried Buback, der Vorstandssprecher der Dresdner Bank Jürgen Ponto und schließlich Hanns Martin Schleyer, der entführte Präsident des Bundesverbandes der Arbeitgeber, zum Opfer gefallen waren. Das Drama um die Befreiung der Lufthansamaschine «Landshut» auf dem Flughafen Mogadischu hatte den «Deutschen Herbst» zu einem wahren Alptraum gemacht. Man einigte sich daher mit dem britischen Vorauskommando auf ein weniger ausschweifendes Besuchsprogramm als 1965, das aber mit Bonn, Mainz, Berlin, Kiel und Hamburg gedrängte Termine genug aufwies. Dem Gast kam es vor allem darauf an, möglichst vielen Menschen – nicht Offiziellen – die Hand schütteln zu können, bei den königlichen *walkabouts*, die seit 1970 Standard geworden waren auf den Reisen der Monarchin: Die Queen verlässt dann die amtliche Limousine und geht für eine bestimmte Strecke die erste Reihe der wartenden Menschen entlang, um so viele ausgestreckte Hände wie möglich zu berühren und hier und da für eine Plauderminute stehen zu bleiben.

Polizei und Grenzschutz waren alles andere als begeistert. In Bonn hatte man gerade den Besuch Leonid Breschnjews hinter sich gebracht, des sowjetischen Staatsoberhauptes, und dabei aus Sicherheitsgründen auf bisher noch nie erlebte Absperrungen gesetzt. Und der RAF-Terror warf noch viel ernstere Fragen der Sicherheit auf. Ausgerechnet da traten die Emissäre der Queen auf den Plan, um den Deutschen klar zu machen, dass Elizabeth sich auf keinen Fall derart einengen lassen werde. Majestät hätten es gerne entspannt. – Wie, die Queen wolle in der Mainzer Innenstadt und auf dem Berliner Ku'damm *walkabouts* machen? Forget it, auf Deutsch gesagt. Aber die Briten blieben eisern. «Die Königin ist

eine mutige Frau», ließ das Vorauskommando wissen und wies unter anderem auf ihren Vorjahresbesuch in Nordirland hin, wo sie
ebenfalls alle Ratschläge, Gefährdungen durch die IRA zu meiden,
in den Wind geschlagen hatte. Die Stationen ihrer Reise in den
deutschen Frühling des Jahres 1978, als der frohgemute Walter
Scheel Bundespräsident war, gingen dann auch ohne Zwischenfälle
über die Bühne.

In den offiziellen Reden kam ein wichtiges politisches Datum
immer wieder zur Sprache: 1975. Damals hatten die Briten sich in
einer Volksabstimmung für ihren Verbleib in der EWG ausgesprochen, der Europäischen Wirtschaftsgemeinschaft, der sie 1973 zusammen mit Irland und Dänemark beigetreten waren. Die Bundesrepublik und Großbritannien konnten jetzt also endgültig als Mitglieder desselben Clubs miteinander umgehen, was die Queen als
bedeutende Zäsur der Zeitgeschichte zu würdigen nicht müde wurde. So jedenfalls gab es die Sprachregelung des Foreign Office vor,
dessen Sprachrohr das Staatsoberhaupt schließlich war, auch auf
dieser Reise. Aber wie steht Elizabeth II. wirklich zu Europa, zu
Brüssel, aus dem Entscheidungen fließen – vor allem im juristi-
schen Bereich, etwa in der Menschrechtsgesetzgebung –, welche
die Souveränität von «Her Majesty's Government» und damit der
Krone durchaus einschränken? Die Frage ließe sich kaum beantworten, gäbe es nicht die Erinnerungen von Roy Jenkins («European Diary», 1989), der von 1977 bis 1981 als Präsident die EU-Kom-
mission leitete. Über die Antrittsaudienz bei der Monarchin gleich
nach seiner Ernennung schreibt Jenkins: «Ihre europafreundliche
Einstellung bedeutete nicht, dass sie unkritisch war gegenüber führenden europäischen Politikern. Giscard ordnete sie einigermaßen
korrekt ein, dagegen unterschätzte sie Helmut Schmidt, wahrscheinlich zu stark beeinflusst davon, dass Schmidt einmal seine
Zigarettenstummel überall auf den Tellern im Buckingham Palast
ausgedrückt hatte. Nichtsdestoweniger glaubte ich bei ihr ein starkes Europa-Engagement zu sehen, und als ich den Gedanken vortrug, sie könnte doch der Kommission einen Besuch abstatten, reagierte sie geradezu enthusiastisch und schlug vor, so etwas müsste
im kommenden Jahr möglich sein.»

Drei Jahre nach Jenkins' Unterredung kam es im November 1980 tatsächlich zum Besuch Elizabeths in Brüssel. Tradition im Hauptquartier der Kommission ist es, dass besuchende Staatsoberhäupter bei dieser Gelegenheit auch Fragen an die Kommissare stellen können. Elizabeths Privatsekretär, Sir Philip Moore, winkte ab – das sei nicht die Art Ihrer Majestät. Daraufhin schlug der Brüsseler Gesprächspartner Prinz Philip vor. «Genau das, was wir befürchten», so die Antwort des Privatsekretärs. Der Herzog von Edinburgh nämlich folgt der proeuropäischen Linie seiner Frau mitnichten, ebenso wenig wie Prinz Charles, der sich bereits mehrfach öffentlich kritisch geäußert hat über die Erweiterung der Kompetenzen der EU über nationale Gesetzgebungen hinweg und über die Erosion der Souveränität Großbritanniens, die damit einhergehe. Aber der Besuch der Königin in Brüssel verlief äußerst harmonisch, wie es nicht anders sein kann, wenn keine Fragen gestellt werden. Auch Philip ergriff nicht das Wort, konnte es nicht ergreifen, so gerne er gewollt hätte. Es wäre protokollarisch undenkbar gewesen, dass der Prinzgemahl in Gegenwart der Königin eine Rolle übernimmt, die eigentlich ihr zusteht und die sie nur diesmal nicht wahrnehmen wollte. Die Queen delegiert niemals hoheitliche Aufgaben bei Anlässen, an denen sie selber teilnimmt. Dann tritt für den reaktionsfreudigen Herzog an ihrer Seite die alte Regel in Kraft: Bitte drei Schritte hinter der Monarchin. Das hatte der Brüsseler Beamte, als er Prinz Philip vorschlug, nicht bedacht.

Die Queen also eine EU-treue Dienerin? Ganz kann uns der Gedanke nicht überzeugen, bedenkt man, wie stark die Insel seit dem 16. Jahrhundert ihre Distanz zu Europa gepflegt hat. Europa war oft nur ein Terrain für britisches «Balance of power»-Denken – man mischte sich in europäische Angelegenheiten nur ein, um das Emporkommen einer dominanten Macht auf dem Kontinent zu verhindern. Ansonsten richtete sich die britische Politik auf Übersee, auf den Aufbau des Empire. Wir bezeichnen es heute nicht mehr mit diesem Namen, aber das «Commonwealth of Nations» ist sein legitimer Erbe, den die Queen weder ignorieren kann noch ignorieren will, es gehört zu ihrer Herrschaft wie eine zweite Natur. Das schränkt ihr Interesse an den europäischen Institutionen – darüber soll man sich nicht täuschen – stark ein. In dem Jahr, in dem die Regierung Heath den britischen Beitritt zur EWG beschloss, im Jahr 1972 widmete Elizabeth II. daher wie zum Kontrast ihre Weihnachtsansprache ausdrücklich dem Commonwealth, um Sorgen zu zerstreuen, der Schwenk nach Europa könne Englands traditionelle Rolle in Übersee schmälern. «Die neuen Verbindungen zu Europa werden die mit dem Commonwealth nicht ablösen», so ihre Botschaft. «Sie können nichts an unserer historischen und persönlichen Zuneigung zu unseren Verwandten und Freunden in Übersee ändern. Alte Freunde werden nicht verloren gehen.» Das waren Worte, die ihr die Regierung nicht vorgeschrieben hatte – zu Weihnachten und bei der jährlichen *Commonwealth Message* im Frühjahr ist die Queen ja frei, ihre Texte ohne offizielle Beeinflussung zu verfassen. Wie nahe ihr das Commonwealth steht, davon wird das nächste Kapitel erzählen.

Bundespräsident Richard von Weizsäcker hatte als deutsches Staatsoberhaupt zweimal Gelegenheit, die Queen zu erleben – auf seinem Besuch in London 1986 und bei ihrem Gegenbesuch in dem nun vereinten Deutschland 1992. Dazwischen lag eine entscheidende Zäsur der Weltgeschichte, der Fall der Mauer, der auf britischer Seite tiefe Ängste vor einem wieder erstarkenden Deutschland wachrief, wobei Premierministerin Margaret Thatcher den Ton angab. Das lag zum Beispiel wie ein Schatten auf dem Besuch Richard von Weizsäckers in Coventry 1990, zum 50.Jahrestag der Bombardierung der gotischen Kathedrale. Aber solche Animositäten waren zum Glück bis 1992 wenn nicht verflogen, so doch in den Hintergrund getreten, und so konnte die Queen ohne heimische Proteste zu einem historischen Besuch nach Deutschland aufbrechen, der diesmal Leipzig und Dresden als Orte mit einbezog, Stätten der friedlichen Revolution auf dem Weg zur Wiedervereinigung des geteilten Landes.

Britischer als der damalige Bundespräsident kann man als Deutscher kaum sein. Seine Rede zum 40.Jahrestag des Weltkriegsendes hatte auch auf der Insel große Beachtung gefunden. Fließend im Englischen, war der junge von Weizsäcker bereits 1938 ein Semester lang am Balliol College in Oxford eingeschrieben, wo er Geschichte und Philosophie hörte und seine Affinität zur englischen Welt entdeckte. Das kam ihm 1986 sehr zugute, als er am 2. Juli einer ehrenvollen Einladung des britischen Parlaments Folge leistete und als erster Bundespräsident vor beiden Häusern eine Ansprache halten durfte. Willy Brandt hatte als Bundeskanzler bereits im März 1970 vor dem Unterhaus gesprochen, auch dies seinerzeit eine Erstaufführung.

In den 80er Jahren hatte Margaret Thatcher ihr Land nicht nur ökonomisch vorangebracht, sondern auch eine scharfe Klinge mit den Partnern auf dem Kontinent geführt. Unter der Flagge der Forderung «I want my money back» war es ihr gelungen, für die Insel so manche Konzession aus dem gemeinsamen europäischen Haushalt herauszuschlagen, denn ihr schieres Insistieren hatte die Europäer immer wieder bis in die Erschöpfung getrieben. Dem Bundespräsidenten waren diese Debatten nur zu vertraut und auch die Tatsache, dass es innerhalb Großbritanniens starke Kritik an der Eisernen Lady und ihrer Europapolitik gab. Auf diese Seite stellte sich von Weizsäcker, indem er seine Rede mit einem Plädoyer für die weitere «innere Entwicklung der Gemeinschaft» begann, damit sie «gemeinsame Stärke und Verantwortung vis-à-vis der übrigen Welt» gewinnen könne. Dafür brauche man, so rief er den Lords und den Commoners zu, «Ihre Erfahrung, Ihr nüchternes Urteil über globale Entwicklungen, Ihren Einfallsreichtum, Ihren Pioniergeist und Ihren Pragmatismus».

Der deutsche Gast holte zum Beweis seiner Hochachtung ein klassisches Goethe-Zitat herbei, wie es Eckermann dem Weisen von Weimar am 12. März 1828 entlockt hatte: «Könnte man nur den Deutschen, nach dem Vorbilde der Engländer, weniger Philosophie und mehr Thatkraft, weniger Theorie und mehr Praxis beibringen, so würde uns schon ein gutes Stück Erlösung zu Theil werden.» Der Bundespräsident zitierte diesen Satz freilich ohne den Nachgedanken der Erlösung – das wäre seinem patriotischen Verständnis nach denn doch ein Kompliment zu viel gewesen. Was die Deutschen an den Briten so schätzten, fuhr er fort, sei, «dass sie Vernunft vor Ideologie platzieren und sich klugerweise von Dogmatismus frei und für Kompromisse bereit halten». Dabei hatten die Europäer damals mit Margaret Thatcher einen Dogmatismus erlebt, der sie so gar nicht an die klassische britische Ideologiefreiheit erinnerte, worauf der Gast auch indirekt anspielte – wisse er doch, was es heiße, einer «resoluten Verhandlungspartnerin» gegenüber zu sitzen.

So viel Politik ließ er in seine Reden bei den Empfängen der Queen natürlich nicht einfließen, und auch Elizabeth II. beließ es bei dem traditionellen Hoch auf die deutsch-britische Freundschaft. Die Chronik von 1986 registriert nicht nur, dass die königlichen Corgis überall dabei waren, sie verzeichnet auch eine wichtige Neugründung, die bis heute Bestand hat: den Deutsch-Britischen Journalistenaustausch, der inzwischen unter der Schirmherrschaft des «Lord Weidenfeld Bursary» steht und Journalisten aus beiden Ländern für mehrere Wochen die Chance bietet, in Redaktionen des anderen Landes Erfahrungen zu sammeln. Schließlich vermeldet die Chronik noch zwei diplomatische Peinlichkeiten, die, da auf beide Seiten verteilt, den Staatsbesuch im Remis enden ließen. Als von Weizsäcker der Queen als Geschenk eine kostbare Henkelvase mit dem Motiv des Jagdschlosses Grunewald aus der Königlich Preußischen Porzellanmanufaktur überreichen wollte, sah er im letzten Augenblick noch das Preisschild – und zupfte es unauffällig (so müssen wir hoffen) ab. Das war aber nur ausgleichende Gerechtigkeit für die goldenen Reißzwecke, die der Bundespräsident beim Kaffeetrinken auf dem Boden seiner Tasse vorfand, wie Friedbert Pflüger, seinerzeit von Weizsäckers Pressesprecher, sich erinnert. Doch über solchen Blamagen standen die britisch-deutschen Beziehungen längst, und wir erwähnen sie auch nur als ein Stück *comic relief* im Umfeld all der bilateralen Bedeutsamkeit.

In die Beziehungen zwischen den germanischen Vettern mischt sich immer wieder die politische Großwetterlage ein, die bei den

Reisen in das neu vereinigte Deutschland:
Die Queen und Prinz Philip vor dem Brandenburger Tor, 21. Oktober 1992

Staatsbesuchen der Queen in Deutschland und den deutschen Ge-
genbesuchen bei ihr stets einen unverwechselbaren Rahmen bildet.
1958 war es die noch frische Erinnerung an den Krieg, 1965 der
deutsch-französische Freundschaftsvertrag und die endgültige Re-
habilitation der Bundesrepublik im Kreise der westlichen Demo-

kratien, 1972 die deutsche Ostpolitik, 1978 der Niedergang der britischen Wirtschaft sowie der vorausgegangene «Deutsche Herbst», 1986 schließlich die Frage des britischen Europaengagements in der Thatcher-Ära. 1992 fügte sich mit dem 1989 erfolgten Fall der Mauer nahtlos in diese Serie. Danach, 1998 und 2004, erleben wir eine Konsolidierung der Versöhnung, eine Normalisierung auf erreichter Flughöhe.

Zunächst sah es so aus, als ob die Giftpfeile der üblen Laune, von interessierter Seite abgeschossen, 1992 Erfolg haben würden. In Deutschland hatte es erste Vorfälle von an Ausländern begangenen Verbrechen gegeben, deutsche Neonazis dominierten die Nachrichten auf der Insel vor dem Deutschlandbesuch der Queen, man erwartete fast eine Belagerung durch Skinheads vor der Dresdner Kreuzkirche, in der Elizabeth an einem Gottesdienst teilnehmen wollte. Dresden war ein Reizwort in Deutschland, die Einäscherung der Stadt im Februar 1945 durch die britische Luftwaffe unvergessen. Aber außer ein paar Eiern, die Demonstranten in Richtung des königlichen Konvois schleuderten, blieben der Besuch an der Elbe und auch der Aufenthalt in Leipzig störungsfrei. Schon zum Auftakt ihres Besuches hatte die Queen bei dem Eröffnungsdinner in Schloss Brühl den richtigen Akzent gesetzt und besonders die Bürger der beiden ostdeutschen Städte angesprochen, «deren Freiheitswillen den Eisernen Vorhang schmelzen ließ». Die Tage vom 19. bis zum 23. Oktober wurden eine ihrer am stärksten politisch geprägten Reisen. Was sie als Kompliment an die friedliche Revolution im Osten Deutschlands vortrug, war zwar wie immer vom Außenministerium entworfen, wurde aber – zu Recht – wie ein persönliches Bekenntnis der Besucherin selber aufgenommen.

Eine zweite Irritation im Vorfeld der Staatsvisite hatte mit dem Ausscheiden des britischen Pfundes aus dem europäischen Wechselkursmechanismus am 16. September 1992, dem «Schwarzen Mittwoch», zu tun. Der Bundesbank unter ihrem damaligen Präsidenten Helmut Schlesinger warfen die Briten vor, im entscheidenden Moment nichts zur Stützung ihrer Währung unternommen und damit das Pfund in den Absturz getrieben zu haben. Die harte

D-Mark, die hohen deutschen Zinsen waren der Prügelknabe für die britische Rezession, die freilich längst im Gange war und bald Hunderte von Unternehmen um ihre Existenz brachte. Würde die Queen Professor Schlesinger die Hand reichen (dürfen), diesem Verräter am britischen Pfund, das der Inselbevölkerung mindestens so sehr am Herzen lag wie den Deutschen ihre D-Mark? Keine Frage, die Queen hatte keine Meinung zu haben, sondern sich dem vorgefertigten Programm anzupassen. Sie traf sogar zweimal mit Helmut Schlesinger zusammen, auf Schloss Brühl und auf Schloss Charlottenburg, nicht nur zum Händedruck, sondern auch zum Gespräch. John Major, der damalige Premier, wird bei seiner nächsten Audienz im Buckingham Palast durchaus von der Queen erfahren haben, was zwischen ihr und dem Bundesbankpräsidenten besprochen wurde – wenn es mehr war als Artigkeiten. Gegenüber ihren Premierministern muss Her Majesty nicht verschwiegen sein. Nur die müssen es sein, nachdem sie mit der Queen gesprochen haben.

«Dresden» wurde das große Stichwort der beiden jüngsten Staatsbesuche zwischen Großbritannien und Deutschland, der letzten Reise eines deutschen Staatsoberhauptes an die Themse und der letzten Visite der Queen in Deutschland. Elizabeth II. knüpfte im November 2004 in Berlin selber die Verbindung zu dem Besuch Roman Herzogs in London sechs Jahre zuvor. Auf dem Bankett im Berliner Zeughaus erinnerte sie daran, wie Prinz Philip und sie 1998 im Beisein des deutschen Bundespräsidenten auf Schloss Windsor zum ersten Mal die neue, von England gestiftete Weltkugel und das goldene Kreuz für die Spitze der wiederaufgebauten Frauenkirche fertig vor sich sahen. Beide wurden zwei Jahre später, am 55.Jahrestag der Zerstörung Dresdens im Jahr 2000, vom Herzog von Kent feierlich an die Stiftung Frauenkirche übergeben und im Frühjahr 2004 wieder an ihrer alten Stelle auf der Spitze der Kuppel angebracht, die beiden krönenden Punkte der neu erstandenen Kirche. Gefertigt wurden sie in der Londoner Silberschmiede

Grant McDonald, und zwar von Alan Smith, dem Sohn eines jener englischen Bomberpiloten, die 1945 die Frauenkirche und die Stadt in Schutt und Asche gelegt hatten. Sein Vater, so berichtete der jüngere Smith, habe nach dem Einsatz «posttraumatischen Stress entwickelt, der ihn über Jahre mit Horror erfüllte».

Eigentlich hatte man in Deutschland mehr erwartet als nur die bemerkenswerte Fundraising-Kampagne einer für den Wiederaufbau der Dresdner Frauenkirche gegründeten britischen Stiftung. 750 000 Pfund, über eine Million Euro, von britischen Bürgern gespendet, hatte der «Dresden Trust» aufgebracht. Als Höhepunkt des Besuchsprogramms der Königin im Jahr 2004 fand in der Berliner Philharmonie ein Galakonzert statt zugunsten der weiteren Finanzierung der Kirche. Aber wäre nicht eine Entschuldigung der Queen für den Akt der sinnlosen Vernichtung Dresdens ebenfalls am Platze gewesen? Die deutsche «Opfer»-Debatte der Jahre zuvor hatte ihre Spuren hinterlassen, der Blick auf die eigenen im Krieg erlittenen Leiden wurde unabweisbar. Ein britisches «Sorry» für Dresden hätte, jedenfalls nach Überzeugung vieler, geholfen.

Der Deutschlandkorrespondent der «Times», Roger Boyes, machte sich damals an eine Ad-hoc-Befragung deutscher Bürger und konnte «keinen aufgestauten deutschen Bedarf nach britischer Bußfertigkeit» entdecken, die «einzigartig faire Gesinnung» der Befragten beeindruckte ihn. Es hatte sich offenbar in Deutschland herumgesprochen, dass die Vernichtung der deutschen Städte aus der Luft auch auf der Insel zu den Wundstellen der nationalen Psyche gehört. Die Selbstkritik kommt allerdings nicht so sehr mit einem großen «mea culpa» daher als in den Etappen einer ruhigen Aufarbeitung eigener Fehler und Sünden, auch wenn man weiß, dass der alliierte Bombenkrieg die Antwort war auf einen durch Nazideutschland entfesselten Weltkrieg.

Schon gleich nach 1945 hatte man auf der Insel von Arthur Harris, dem Vater des Bombenkrieges, und dem strategischen «Bomber Command», den Harris geleitet hatte, nicht mehr viel wissen wollen. Der «Bomber Command» war die einzige Waffengliederung, die keine Heldenauszeichnung erhielt; erst Anfang 2011 wurde er mit einem bescheidenen Denkmal an der Londoner

Mall geehrt. Harris selber kam für keine weitere Verwendung in der Royal Air Force mehr in Frage und zog sich verbittert nach Südafrika zurück. Erst 1992, auf Betreiben der Queen Mother, wurde eine Statue von ihm am Rand der Londoner City enthüllt. Das entfachte ebenso viel Genugtuung wie Kontroversen.

Die britische Geschichtsschreibung hat immer wieder die Fragwürdigkeit der Flächenbombardierung ziviler deutscher Ziele im Zweiten Weltkrieg aufgegriffen, am besten nachzulesen in Max Hastings Standardwerk «Bomber Command» von 1979. Hastings schildert darin auch «das wachsende Entsetzen der in Deutschland angekommenen Besatzungssoldaten über die physische Vernichtung des Landes». Man könnte es erfahrene Nachdenklichkeit nennen, was Hastings, John Keegan oder andere seit langem zu diesem Thema vortragen. Das Nachdenken reflektiert freilich die Unausweichlichkeit immer mit, ähnlich den Worten Oliver Cromwells, als er auf Charles I. schaute, den 1649 hingerichteten Monarchen, wie er in seinem Sarg lag: «Grausame Notwendigkeit.»

Eine Entschuldigung durch die Königin hätte mithin – abgesehen davon, dass es ihr verfassungsmäßig gar nicht zusteht, sich eigenmächtig zu exponieren – nicht nur Ursache und Wirkung einer der großen Tragödien des 20. Jahrhunderts auf den Kopf gestellt. Sie wäre geradezu ein Bärendienst an den britisch-deutschen Beziehungen gewesen, weil sie Animositäten und endlose Schuldzuweisungen freigesetzt hätte, die gerade dadurch gebändigt worden sind, dass jeder auf seine Weise das Vergangene aufzuarbeiten gelernt hat – und dabei die Versöhnung entdeckt hat, die beide Länder verbindet. Nichtsdestoweniger fand die Queen 2004 genau den richtigen Ton. Vom «entsetzlichen Leid des Krieges auf beiden Seiten» sprach sie auf dem Staatsempfang im Berliner Zeughaus. Das war eine tiefe Verbeugung auch vor den deutschen Bombentoten, unter Einschluss der britischen Opfer. «Berlin symbolisiert die bemerkenswerte Leistung der deutschen Neuvereinigung», fuhr sie fort. «Aber meine Bewunderung ist nicht auf Berlin begrenzt. Der Wiederaufbau der Frauenkirche in Dresden ist eine Inspiration für uns alle.» Das Wort «Inspiration» war eine pikante Antwort auf ihre Mutter – die Queen Mother hatte bei der Einweihung des Arthur-Harris-Denkmals in London im Mai 1992 den Chef des «Bomber Command» als «inspirierenden Anführer» gepriesen. Der «inspirierende Anführer» der Vernichtung deutscher Städte und die wieder erstandene Frauenkirche als «eine Inspiration für uns alle»: Darin liegt nicht nur für die Briten die unauflösbare Dialektik dieses Kapitels ihrer Geschichte.

X

Wie Elizabeth II. das Commonwealth zusammenhielt – aber mit Margaret Thatcher nicht harmonierte

«Ein frischer Wind verwandelt diesen Kontinent.»
Harold Macmillan am 3. Februar 1960 in Kapstadt

«Die Psychotherapeutin des Commonwealth.»
Prinz Philip über seine Frau

«Der andauernde Mumpitz Commonwealth.»
Der Tory-Politiker Enoch Powell zu dem Historiker Ben Pimlott

«Warum sitzt sie immer auf dem Rand ihres Sessels?»
Elizabeth II. über Margaret Thatcher

In welches Land reist ein deutscher Bundespräsident nach seiner Wahl zuerst? Er wählt in der Regel unter dreien aus: Israel, Frankreich oder Polen. Wohin reiste die Queen nach ihrer Krönung? Ins Commonwealth. In ihrer Zeit auf dem Thron hat sie allein Kanada 22 Mal besucht, Australien fünfzehn Mal, Neuseeland zehn Mal, Jamaika immerhin sechs Mal. Noch für die Zeit vor ihrem diamantenen Thronjubiläum, für den Herbst 2011, wurde die sechzehnte Reise nach Australien angekündigt. Dort fand bereits 1999 ein Referendum statt über die Loslösung von der Krone – die abgelehnt wurde: Keines der Alternativmodelle konnte überzeugen. Jetzt möchten sich Elizabeth und Philip noch einmal als das stabilste Modell überhaupt in Erinnerung bringen und als *golden oldies* eines der ältesten ihrer Dominien noch einmal verzaubern. In einer Welt zerbröckelnder Übereinkünfte ist es kein abwegiger Gedanke, auch im fünften Kontinent das Gefühl für Kontinuität und Dauer wachhalten zu wollen. Ohnehin beruht das Commonwealth auf reiner Zwanglosigkeit, was Prinz Philip 1969 bei einem Besuch in Kanada herausstrich: «Die Zukunft der Krone hängt von jeder einzelnen Nation ab, die zu dieser Familie gehört. Wenn eine davon beschließt, das sei für sie nicht mehr akzeptabel, dann soll sie es ändern.»

Die Einzigartigkeit der britischen Monarchie ist evident: Sie ist international, eine Krone mit globaler Ausrichtung, kein anderes Königshaus auf der Welt hat eine solche Reichweite. Abgesehen von Großbritannien, ist die Queen «Vorsitzende» («Head») von 54 weiteren Staaten, in sechzehn von ihnen auch Staatsoberhaupt. Das erschöpft und belebt Elizabeth immer von neuem, sie fühlt sich nach dem Urteil aller, die mit ihr zu tun hatten, «richtig komplett» erst als Haupt dieser ungewöhnlichen internationalen Organisation. Das wird außerhalb der britischen Inseln kaum verstanden, weshalb dort die Rolle des Commonwealth im Denken dieser Monarchin zu den am wenigsten beleuchteten Aspekten ihrer Vita gehört. Aber auch die wird erst «richtig komplett», wenn man das Commonwealth gebührend berücksichtigt.

Der weit über den Globus ausgebreitete Einfluss schenkt Großbritannien manchmal den Traum von einer Größe, die es in Wahrheit nicht mehr besitzt. Aber es ist unleugbar, dass die britische Politik von der Präsenz der Queen auf dem internationalen Parkett profitiert, vor allem in den Ländern der früher so genannten Dritten Welt. Nicht nur Staaten des früheren Empire gehören übrigens zum Commonwealth – drei afrikanische Länder sind seit 1995 hinzugestoßen, die nie englische Kolonien waren: Kamerun, Mosambik und Ruanda. Von ihnen gab es in der Bauklotzsammlung aus Hölzern sämtlicher Empire-Staaten, die Queen Mary Elizabeth zu deren viertem Geburtstag schenkte, noch keine Spur.

Das Mutterland und 54 weitere Territorien, darunter Flächen- und Bevölkerungsriesen wie Kanada oder Indien – das birgt potentielle Konflikte in sich. Kann die Monarchin allen dienen? Decken sich die Interessen in London immer mit denen, die unter wichtigen Staaten des Commonwealth dominieren mögen? Im Suez-Konflikt von 1956 beispielsweise musste die Queen als *Commander-in-Chief* ihrer Streitkräfte hinter den in Ägypten gelandeten Truppen stehen – während gleichzeitig die Mehrheit der sieben Länder, die damals außer Großbritannien das Commonwealth ausmachten (Australien, Neuseeland, Südafrika, Kanada, Indien, Pakistan und Sri Lanka), in der UNO gegen die anglo-französische Militärintervention am Nil stimmte. Fürwahr, das zweite elisabethanische Zeitalter, wenn es denn ein solches je gab, hat keine erweiterten Horizonte gezeigt, sondern «imperiale Desintegration» (Ben Pimlott). Die Gespräche zwischen der Queen, besorgt um das Commonwealth, und ihrem Premierminister Anthony Eden, dem Anstifter des Suez-Abenteuers, müssen unter beträchtlicher Spannung gestanden haben. Eden machte in seinen Memoiren wohlweislich einen weiten Bogen um die Frage, wo die Königin in der Suez-Frage stand; es gehört zu den großen ungelüfteten Geheimnissen ihrer Thronzeit.

Dreizehn Jahre nach Prinzessin Elizabeths Rundfunkansprache von 1947 verschaffte sich in Kapstadt eine andere britische Stimme Gehör, die von Premierminister Harold Macmillan. Seine Rede vor dem südafrikanischen Parlament sollte Geschichte machen: «The Wind of Change». «Ein frischer Wind verwandelt diesen Kontinent», intonierte Macmillan am 3. Februar 1960, «und ob uns das lieb ist oder nicht, dieses Anwachsen des Nationalbewusstseins ist einfach ein politisches Faktum.» Es waren aber nicht nur die Regungen eines neuen Nationalbewusstseins in Afrika, die den britischen Premierminister zu seiner Rede inspirierten – England sah sich nach dem Debakel von 1956 genötigt, systematisch seine Kolonialpräsenz «East of Suez» abzubauen, der Sammelbegriff für diesen Rückzug. Das Land litt an «imperial overstretch», wie man später in anderem Zusammenhang von den USA sagte, an Überdehnung seiner einst imperialen Kräfte. Abbau tat not. So war Macmillan geradezu prädestiniert, den afrikanischen Zeitgeist richtig zu lesen, denn der kam der Strategie-Überarbeitung, die in London gerade angestellt wurde, nur entgegen. Bis zum Ende des Jahrzehnts sollten zwölf britische Kolonien in Afrika ihre Unabhängigkeit erreichen. Doch entschlossen sich alle, dem Commonwealth beizutreten. Die Bitterkeit über erlittene Übergriffe der Kolonialmacht war nicht groß genug, um einen solchen Schritt auszuschließen.

Das war vor allem im Falle Kenias, das 1963 unabhängig wurde, bemerkenswert – dort hatte der britische Overlord in den 50er Jahren den nationalistischen Aufstand der Mau-Mau mit beispielloser Härte niedergeschlagen. Einer der damals durch Folter übel zugerichteten Kenianer war übrigens der Großvater väterlicherseits des amerikanischen Präsidenten Barack Obama. Wie in einem letzten Aufbäumen gegen sein Ende nahm das Empire in Afrika rassistische, menschenverachtende Züge an. Die US-Historikerin Caroline Elkins hat in ihrer mit dem Pulitzer-Preis geehrten Studie «Britain's Gulag: The Brutal End of Empire in Kenia» (2005) dieses Kapitel eingehend beschrieben. Neue Dokumente dazu kamen 2011 an den Tag, im Zusammenhang einer Klage auf Wiedergutmachung, die vier überlebende Kenianer aus jener Zeit gegen das Foreign Office führen.

Die eigentliche Pointe von Macmillans Kapstädter Rede war, dass sie in Südafrika gehalten wurde. Das Land stand auf dem Sprung, seine Rassentrennungsgesetze zu verschärfen, die Apartheidpolitik brachte die internationale Diplomatie in Wallung. Das zeigte sich bereits auf der Commonwealth-Konferenz im Mai 1960 in London. Zwei Monate zuvor waren bei dem berüchtigten «Sharpeville Massaker» in Südafrika 56 schwarze Demonstranten erschossen worden, doch trotz der geschlossenen Kritik des übrigen Commonwealth blieb die Regierung in Pretoria – Kapstadt war die legislative Hauptstadt, Pretoria die administrative – bei ihrer eingeschlagenen Linie. Der nicht nachlassenden Kritik überdrüssig, vollzog die Regierung von Hendrik Frensch Verwoerd schließlich 1961 die Loslösung von der britischen Krone, proklamierte die Republik und trat aus dem Commonwealth aus; erst 1994 kehrte Südafrika unter Staatspräsident Nelson Mandela zurück.

Macmillan hatte mit seiner Rede die Tür geöffnet zur multiethnischen Ausrichtung des Commonwealth. Er sah voraus, dass die Dominanz von Ländern wie Australien, Neuseeland und Kanada weichen musste, sollte die Organisation nicht zu einem exklusiven Club der Weißen, mit dem indischen Subkontinent als farbigem Einschlag, schrumpfen. Schon das «weiße» Südafrika war eine Mogelpackung, die dem Wind des Wandels nicht standhalten konnte. Wenn man die neuerdings unabhängigen Staaten Afrikas im Commonwealth willkommen heißen wollte, dann war ein entschiedener Trennungsstrich zur Apartheid unvermeidlich.

Auch Elizabeth II. verstand diese Lage sofort. Will man ein überzeugendes Beispiel dafür geben, wie sich unter ihrer Ägide die Monarchie an moderne Erfordernisse angepasst hat, dann liegt hier einer der wichtigsten Belege vor. In der Apartheidfrage stand die Queen immer auf der richtigen Seite, anders als etwa Margaret Thatcher. «In Rassenfragen ist sie absolut farbenblind», bestätigte David Owen, britischer Außenminister in den 70er Jahren. Die nicht-weißen Länder des Commonwealth wussten diese ihre «Farbenblindheit» sehr zu schätzen, war sie doch anfänglich nicht selbstverständlich, als farbige Immigranten aus den ehemaligen Kolonien ins Mutterland einwanderten und dort gegen beträchtliche Widerstände zu Mitspielern in den politischen Auseinandersetzungen wurden. Es war von unschätzbarem Wert, dass sich Elizabeth geradezu mit Leichtigkeit unter den neuen Häuptern Afrikas bewegte und sich mit vielen von ihnen befreundete, darunter Kenneth Kaunda aus Sambia, Jomo Kenyatta aus Kenia, Kwame Nkruma aus Ghana, wobei sie zu Letzterem einige Distanz einhielt. Sie kannte die meisten von ihnen vom Anbeginn des «Wind-of-change»-Prozesses, seit den frühen Jahren der Unabhängigkeit ihrer Länder, länger also als die jeweiligen britischen Premierminister.

Natürlich wurde die Queen von Beginn an entscheidend angetrieben von dem Wunsch, das Commonwealth nicht untergehen zu lassen. Aber damit war noch nicht gesagt, dass sie derart offen und ungezwungen auf die neue Herausforderung zugehen würde, wie sie es tatsächlich tat. Es half dabei, dass sie eine Erbmonarchie vertrat und nicht der Ablösung der Person an der Staatsspitze unter-

worfen war, wie sie in anderen Ländern üblich war. Diese Kontinuität erwies sich auch hier, an einer wichtigen Weggabelung der Geschichte, als großer Trumpf. Während die Queen Mother nostalgisch am Empire hing und wie viele Briten glaubte, seit dessen
Ende sei Afrika vor die Hunde gegangen, war die Queen stolz auf
ihre Ära und auf die Zahl der Staaten, die in ihr die Unabhängigkeit erhalten hatten. Sie stattete jeder Hauptstadt dieser Länder
ihren Besuch ab, weihte Staudämme und neue Universitäten ein
und genoss es sichtlich, ihren persönlichen Teil bei diesen Entwicklungen gespielt zu haben. Was Margaret Thatcher später reichlich
befremden sollte.

※

Ghana in Afrikas Westen war dem Zug zum afrikanischen Nationalismus um etliche Jahre voraus und erreichte bereits 1957 unter
Kwame Nkruma seine Unabhängigkeit. Nkruma, ein neuer Typus
afrikanischer Alleinherrscher, eilte auch darin der übrigen Entwicklung voraus, dass er als Erster eine Ein-Parteien-Regierung
aufpflanzte, wie sie in vielen der später unabhängig werdenden
Staaten Afrikas zum Muster werden sollte. Dem Commonwealth
war er gleich 1957 beigetreten, und nichts wünschte er sich sehnlicher als einen Besuch der Queen, zur Stützung seines Charismas als
Stammesvater. Der jungen Königin konnte freilich nicht entgangen
sein, dass einen Herrscher wie Nkruma zu hofieren dem Kopf einer
demokratischen Organisation wie dem Commonwealth eigentlich
nicht gut anstand. Aber politische Interessen überwogen, wie immer bei den Auslandseinsätzen der Queen. Tatsächlich wollte das
Foreign Office sein bestes Pferd im Stall schon 1960 nach Westafrika schicken, aber Elizabeth war schwanger mit ihrem dritten
Kind, Ghana musste aufgeschoben werden.

Doch nur bis zum November des folgenden Jahres, als die
Queen nach Staatsbesuchen in Zypern, Indien, Pakistan und Nepal
auch nach Ghana reisen sollte. Die Liste dieser Länder ist aufschlussreich – wir befinden uns in einem neuen Kapitel des Kalten
Krieges. Moskau suchte nach Stellvertretern in der Dritten Welt,

mit deren Hilfe der Kommunismus neue Einflusschancen erhalten könnte auf bisher nicht genutzten Schauplätzen. Auch Ghana war Spielball geworden im Tauziehen um Einfluss, es ging unter anderem um die Finanzierung des Ober-Volta-Staudammes – ein Projekt, bei dem die Sowjets Gewehr bei Fuß standen, während die Kennedy-Administration in den USA abwinkte, zur Bestürzung der Regierung Macmillan.

Doch Anfang November 1961 brachen in Accra, der Hauptstadt Ghanas, Unruhen aus, der Besuch der Queen, für den 9.–20. des Monats vorgesehen, war gefährdet – konnte man riskieren, das Staatsoberhaupt in ein Krisengebiet reisen zu lassen? Elizabeth zeigte sich von ihrer unerschütterlichen Seite. Die Welt wäre schockiert, so argumentierte sie gegenüber den Bedenkenträgern, wenn ein Nikita Chruschtschow seine geplante Reise anträte, sie, der Kopf des Commonwealth, aber nicht die ihre. Die Regierung sollte sich nicht die Blöße geben, in dieser Frage Mangel an Rückgrat zu demonstrieren. Die Monarchin nahm damit ihr verfassungsmäßiges Recht in Anspruch, selbst Wünsche an ihre Regierung, an «Her Majesty's Government», heranzutragen. Erfüllen musste man ihr diesen speziellen Wunsch nicht, aber was konnte der Downing Street Besseres passieren, als die Queen bereit zu finden zur Reise in ein Land, das man auf keinen Fall «an die andere Seite verlieren» wollte – an Moskau?

«What a splendid girl!», notierte sich Harold Macmillan im Tagebuch, aus dem er in seinen Memoiren breit zitieren würde. Ihn, den letzten Granden der edwardianischen Ära, des Jahrzehnts nach dem Tod Königin Victorias, beeindruckte die Entschiedenheit seiner Königin vor allem, weil es hier um eine Frage des Commonwealth ging, nicht um ein Problem im Mutterland. Dort, so sinnierte Macmillan, war die Verantwortlichkeit der Monarchie inzwischen so weit geschrumpft, dass man «genauso gut einen Filmstar an die Spitze setzen» könnte; doch nach Accra, während dort Unruhen herrschten, würde eine solche Figur eben nicht reisen. Anders die Queen: «Sie hat in der Tat das Herz und den Mut eines Mannes.» Diese Eintragung greift leicht abwandelnd ein geflügeltes Wort Elizabeths I. auf, mit dem die Generation Macmillans

Auf dem Schachbrett des Ost-West-Konflikts:
Elizabeth II. bei ihrem Besuch in Ghana mit Präsident Kwame Nkruma,
1961 (Foto: John Bulmer)

noch vertraut war. Die große Königin hatte nach der gewonnenen Seeschlacht gegen die spanische Armada ihre führenden Militärs nach Tilbury am Unterlauf der Themse gebeten und sie am 19. August 1588 unter anderem mit diesen Worten angesprochen: «Ich weiß, ich habe nur den Körper einer schwachen, armen Frau, aber ich habe das Herz und den Mut eines Königs, eines Königs von England dazu, und Schmach, so denke ich, soll über Parma oder Spanien oder jeden anderen Prinzen Europas kommen, der es wagt, die Grenzen meines Reiches zu verletzen.»

Nicht mehr Englands Grenzen, dafür aber das Commonwealth, so dachte die zweite Elizabeth, stand auf dem Spiel, wenn man aus Ängstlichkeit in einem Land wie Ghana das diplomatische Feld der östlichen Supermacht überließe. Es wurde ein Emissär nach Accra geschickt, das Terrain zu sondieren, und der kam mit der Nachricht zurück, dass man den Staatsbesuch durchaus wagen könne. Er ging erfolgreich über die Bühne, bei ihrer Ankunft wurde Elizabeth in einer örtlichen Zeitung als «der größte sozialistische Monarch auf der Welt» begrüßt, während die britische Presse einfach dem Mut der Königin Beifall spendete. Gleich nach Ende des

Besuches ließ Macmillan John F. Kennedy telefonisch wissen: «Ich habe meine Königin aufs Spiel gesetzt, jetzt sind Sie dran mit Ihrem Geld.» Worauf Kennedy prompt reagierte – der Staudamm wurde mit amerikanischem Geld finanziert, und Ghana blieb im Commonwealth.

Von den 60er Jahren ein Sprung in die Thatcher-Ära. In dieser Zeit bietet sich weiteres Anschauungsmaterial für die Beziehungen Elizabeths zu Afrika. Es zeigt sich aber auch ein Konflikt der Monarchin mit der Regierungschefin, und das nicht zuletzt in der Frage Afrika. Für den schwarzen Kontinent hatte Margaret Thatcher wenig übrig, vor allem, weil man allenthalben sah, wie schlecht einige der unabhängig gewordenen Staaten mit ihrer neu gewonnenen Selbstbestimmung umgingen. Wenn überhaupt, so schaute Thatcher auf den Kontinent durch ein realpolitisches Prisma, und da blieb eigentlich als Verbündeter nur Südafrika übrig, als Bollwerk auch gegen ein weiteres kommunistisches Vordringen auf dem schwarzen Kontinent. Symbol dieser Verbindung zu Pretoria waren die britischen Waffenlieferungen an Südafrika, die schon Thatchers Vorgänger Edward Heath bei seinen Commonwealth-Kollegen in Verruf brachten; die Gipfelkonferenz in Singapur im Jahr 1971 zum Beispiel wäre darüber fast auseinandergeflogen, so erhitzt verliefen die Debatten. Es war übrigens ein Treffen, zu dem Heath die Königin nicht hatte anreisen lassen, besorgt wie er war über die zu erwartende vergiftete Atmosphäre. Elizabeth aber ließ später wissen, dass es in ihrer Anwesenheit gesitteter zugegangen wäre – wie wenn die Stammesobere eines zerstrittenen Großclans angemahnt hätte: Benehmt Euch! Prinz Philip hat die Queen einmal «die Psychotherapeutin des Commonwealth» genannt. Sie konnte keine Wunder bewirken, wenn politische Interessen aufeinanderprallten, zumal sie sich in den harten Fragen der Politik nie einschalten durfte, wollte sie zwischen den streitenden Parteien nicht ihre Neutralitätspflicht verletzen. Aber ihre Anwesenheit konnte helfen, Wogen zu glätten und die Augen für Kompromisse zu öffnen.

1979, es war Margaret Thatchers erstes Jahr an der Macht, spitzten sich die Beziehungen zwischen London und dem Commonwealth erneut zu, diesmal über der Frage, wie mit dem abtrünnigen Rhodesien umzugehen sei, wo eine weiße Minderheitsregierung unter der Führung von Ian Smith das Land 1965 einseitig für unabhängig erklärt hatte und allen gegen sie verhängten Sanktionen trotzte – wohl wegen der gar nicht so heimlichen Unterstützung durch das angrenzende Südafrika. Die Commonwealth-Konferenz im August in Lusaka, der Hauptstadt von Sambia, verhieß nichts Gutes, die Zeichen standen auf Sturm. Smith hatte Reformen angekündigt, ein Nachgeben gegenüber dem internationalen Druck, und Thatcher war bereit, auf seine Vorschläge einzugehen. Es sollte ein Parlament mit hundert Sitzen gebildet werden, von denen 28 für die weiße Minderheit reserviert sein sollten, weit mehr, als ihre demografische Stärke erlaubte. Das war keine Grundlage für eine dringend nötige neue Verfassung, und entsprechend lehnten die Regierungschefs des Commonwealth den Vorschlag strikt ab.

Thatcher hatte das schwarze Afrika noch nie besucht, ihr machte Lusaka große Sorgen, und aus diesen Sorgen heraus wollte sie Elizabeth nicht reisen lassen, wie Heath es schon acht Jahre zuvor für Singapur durchgesetzt hatte. Dabei brachte sie die alten Gründe in Anschlag – die Sicherheit der Königin sei nicht gewährleistet, und ein offener Streit vertrage sich nicht mit der Würde der Krone. Doch diesmal weigerte sich die Queen, dem Rat zu folgen – sie setzte ihr Prärogativ gegen das der Regierung, und Thatcher lenkte ein, um keinen Verfassungskonflikt zu riskieren. Elizabeth, in den Beziehungen zu Afrika weitaus erfahrener als die Premierministerin, versprach sich von ihrer Anwesenheit eine heilsame Wirkung auf die Gemüter der Beteiligten – sie hatte inzwischen 27 Jahre lang geherrscht, wenn auch nicht regiert («reigned, not governed»), und war Kenneth Kaunda, dem Staatschef von Sambia und Gastgeber der Konferenz, freundschaftlich verbunden. Mit diesem Pfund wollte sie wuchern.

Ihre Technik bei diesen Zusammenkünften, die einen rein politischen Inhalt haben, aber umrahmt sind von hoheitlichem Protokoll, ist eine denkbar einfache. In Lusaka hatte jeder Teilnehmer seine Hütte, die Queen die größte, einen Bungalow. Dort hielt sie Hof, alle bekamen sie ihre 20-minütige Audienz. Aber anstatt über Rhodesien zu sprechen, was ihr als nicht-politischem Staatsoberhaupt nicht zustand, redete sie mit jedem Regierungs- oder Staatschef über die Nöte seines Landes, die sie entweder seit langem kannte oder eigens für diese Konferenz genau studiert hatte. Damals war Sir Sonny Ramphal, der frühere Außenminister von Guyana, Generalsekretär des Commonwealth und als solcher bei den Gipfeltreffen dabei. Ihm berichteten die afrikanischen Politiker einhellig, wie beeindruckt sie von den Kenntnissen der Queen über ihr jeweiliges Land waren, und man sagte Elizabeth Empathie mit den Hoffnungen jeden Landes nach, dessen Anführer ihr gerade gegenüber saß.

William Shawcross beleuchtet in «Queen and Country» dieses Kapitel aus dem Wirken der Königin auf eindringliche Weise. Er berichtet unter anderem von einem Erlebnis John Majors, dem es als Premierminister einmal einfach nicht gelingen wollte, einen Commonwealth-Kollegen in einer bestimmten Frage zu überzeugen. Die Queen gab ihrem Regierungschef einen Tipp: «Der Mann ist ein begeisterter Angler. Versuchen Sie es doch über diesen Weg.» Es ist eine Technik, die in Deutschland Helmut Kohl bis zur Perfektion beherrschte – ein gutes Personengedächtnis ist ein großer Vorteil im politischen Spiel, die Fähigkeit also, auch persönliche Details aus dem Leben seines jeweiligen Gegenübers aufrufen zu können. Das Wort «Herrschaftswissen» wertet diese Kunst zu sehr ab, es handelt sich eher um ein wichtiges Instrument zur Vertrauensbildung: Jeder fühlt sich als Freund angesprochen.

Von der Außenlinie aus den Spielern auf dem Feld ein gutes Gefühl vermitteln – auch so lässt sich die Technik der Queen bei kontroversen Commonwealth-Treffen beschreiben. Sie ist diplomatisch und doch keine Diplomatin, Therapeutin und Beichtmutter zugleich, oder auch eine «Nanny», wie einer ihrer Privatsekretäre, Martin Charteris, es nannte. So oder so: Lusaka wurde nicht zum befürchteten Menetekel, sondern endete mit der Einigung, im Herbst in London zur sogenannten Lancaster-Konferenz über Rhodesien zusammen zu kommen; dieser Konferenz gelang es dann in drei Monaten, eine Verfassung für den neuen Staat Simbabwe auszuarbeiten. Wie Simbabwe seither unter dem Diktator Robert Mugabe (der 2003 das Land aus dem Commonwealth führte) verhunzt worden ist, steht auf einem anderen Blatt. Die Anwesenheit der Queen in Lusaka jedenfalls machte nach Ansicht des damaligen Außenministers Peter Carrington einen gewaltigen Unterschied. Auch Kenneth Kaunda spendete Elizabeth ein großes Kompliment: «Die Queen ist einfach ein menschliches Wesen, das zuallererst. Sie geht das Leben pragmatisch an, auf sehr natürliche Weise. Genau damit hat sie die Liebe und den Respekt von uns schwarzen Nationalisten gewonnen.» Selbst Margaret Thatcher konzedierte in ihren Memoiren, dass das Commonwealth «ohne die Queen seine Einheit nicht behalten hätte». Ihre Rolle sei «greater in performance than in theory», wichtiger dadurch, wie sie auftritt, als in dem, was sie theoretisch darf, und zwar «wegen der wunderbaren Person, die sie ist. Sie weiß die Dinge zu glätten.» Was man von Margaret Thatcher nie behauptet hat.

Nach Winston Churchill im Mai 1940 war Margaret Thatcher im Mai 1979 der zweite britische Regierungschef, «zu dem es keine Alternative gab», wie Sir Geoffrey Howe eingängig kommentiert hat. Das Land war nach dem «Winter des Missvergnügens» 1978/79 am Ende. In einem Akt singulärer Entschlossenheit zerstörte Thatcher den Konsens der britischen Nachkriegspolitik, auf dessen Basis sich in oft nur kurzen Abständen Labour und Tories an der Regierung abgelöst hatten, ohne Vorteile für das Gemeinwohl. Die Konservativen hatten sich bereits 1947 mit einem Grundsatzpapier, «The Industrial Charter», diesem Konsens verschworen, der Elemente der Planwirtschaft mit solchen des freien Marktes verband, ohne den inhärenten Konflikt zwischen beiden aufzulösen. Schon Harold Macmillan war 1938 in seinem Buch «The Middle Way» für einen ähnlichen Kompromiss eingetreten. Margaret Thatcher glaubte durchschaut zu haben, was mit ihrer Partei nicht stimmte und warum sie lange Zeit über reformunfähig gewesen war: Es lag an dem «gequälten sozialen Gewissen der englischen *upper class*», wie sie im zweiten Buch ihrer Erinnerungen, «The Path to Power» (1995), schreibt. Dieses gequälte Gewissen hinderte ihrer Ansicht nach den britischen Konservatismus daran, dem konsensualen Denken den Kampf anzusagen und die Menschen zu befreien von der wachsenden Kontrolle durch den Staat und seine Organe. Nicht «The Middle Way» oder «The Industrial Charter» wurde ihr Gebetbuch, sondern Friedrich von Hayeks «Der Weg in die Knechtschaft» (1944), das Sir Keith Joseph in den 70er Jahren für sie entdeckte, als Leuchtfeuer auf dem Weg zum ökonomischen Liberalismus und zu neuer Dynamik.

Elizabeth II. huldigte einer anderen Tradition; sie stand eher links von Madame Thatcher, Konsens war für sie kein Unwort, das es zu bekämpfen galt. Im Gegenteil: Sie war eine klassische Konsenskonservative, Anhängerin der «One Nation»-Philosophie der Tories, die als Erster Benjamin Disraeli im 19. Jahrhundert artikuliert hatte. Wie denn auch nicht – ein Staatsoberhaupt hat die Menschen unter seiner Hoheit zu versammeln, nicht sie zu spalten, wie es Thatchers Politik bald tat, während sie England aus seiner ökonomischen Dauerkrankheit zu befreien suchte. Die beiden Frauen, die elf Jahre lang auf der Insel den Ton angaben, hatten jede für sich ihre eigene Philosophie vom Gemeinwohl, und da es konträre Standpunkte waren, kamen zum ersten Mal Irritationen in die Beziehungen zwischen dem Buckingham Palast und der Downing Street. Thatcher hätte sich nie öffentlich dazu geäußert und der Hof erst recht nicht, angesichts seiner von der Verfassung gebotenen Unterordnung unter die Politik. So ließ man andere über die Bande sprechen.

Mit dem Commonwealth fing es an. Die Sympathie der Queen für die ärmeren Länder Afrikas galt im Umkreis des neuen Denkens als Überbleibsel alter Sentimentalität gegenüber ehemaligen Kolonialvölkern. Alle diese linksgewirkten halbsozialistischen neuen Staaten – was taten sie, um sich verdient zu machen, außer England Schuldgefühle wegen seiner kolonialen Vergangenheit einflößen zu wollen und es von seinem Kurs strenger Meritokratie abzulenken? Proteste wurden in Regierungskreisen hörbar, als die Queen in ihrer Weihnachtsansprache 1983 eine quasi-politische

Die Monarchin und die Premierministerin: Ein Land, zwei Denkschulen.
Elizabeth II. und Margaret Thatcher auf der Commonwealth-Konferenz
in Lusaka, Juli 1979 (Foto: Popperfoto/Getty Images)

Stellungnahme abgab, indem sie für eine gerechtere Verteilung der
Güter zwischen den reicheren und den ärmeren Ländern plädierte.
In einem Gespräch mit dem Historiker Ben Pimlott für dessen
Biografie über Elizabeth II. griff das *enfant terrible* der Konservativen, Enoch Powell, zu starken Worten. Die Doppelrolle der Queen
als Staatsoberhaupt in Großbritannien und Head des Commonwealth sei nur noch hochzuhalten «durch den andauernden Mumpitz Commonwealth, womit die Briten sich selber in den Glauben
hinein ‹mumpitzierten›, sie seien noch immer groß». Powell nannte
das «die Mentalität eines Ochsenfrosches».

Man sieht, die Rechte suchte sich zunehmend von der Dominanz von Commonwealth-Ländern aus der Dritten Welt zu distan-
zieren. In der Sicht dieser Denkschule gehörten auch diese Staaten
zu den «wets», den «Feuchten», womit Margaret Thatcher und ihr
Zirkel jeden abqualifizierten, der noch Spuren jenes von ihr so ver-
achteten «gequälten sozialen Gewissens» an den Tag legte. Das
reichte von gewissen Kabinettsmitgliedern bis zu führenden Bera-

tern der Queen – wenn nicht zu ihr selber – und schloss natürlich die linken Apostel im Commonwealth mit ein, die Anklage gegen den Westen führten, aber nur ihre Privilegien verwalteten, wie man in Thatchers Umkreis sagte. Damit war die Bühne bereitet für eine Generalabrechnung mit mehr als nur irregeleiteten kolonialen Sentimentalitäten. Jetzt, unter der Devise der neuen Meritokratie und des gesellschaftlichen Egalitarismus der Thatcher-Ära, durfte man sich auch den Buckingham Palast etwas näher anschauen als bisher.

Die Essayistin Julie Burchill tat es 1984 mit einer *fortissimo* Attacke in der «Sunday Times», in der sie Verwünschungen auf Verwünschungen häufte. Die Monarchie nannte sie «ein Beruhigungsmittel, phlegmatisch, fatalistisch, undynamisch und der Meritokratie abhold», den «kiss of death» für Großbritannien, mit einer Gruppe von Leuten an der Spitze, die, «mit zu wenig Bildung ausgestattet und durch Inzucht entstanden, weder Intelligenz noch Schönheit besitzen, aber über allem thronen». Nur Länder, die in der Welt nicht mehr zählten, hätten noch Monarchien, schrieb diese erregte Feder, überhaupt seien Monarchien «kein Zeichen hoher Klasse, sondern ein Markenzeichen mangelnden Selbstvertrauens». Interessant, dass dieser letzte Gedanke bei vielen Antimonarchisten zum Standard zu gehören scheint. In dem Kapitel über die Medien wurde bereits erwähnt, wie der Medienzar Rupert Murdoch seinen Biografen William Shawcross einmal belehrte: «Ich bezweifle, ob Großbritannien soviel Selbstbewusstsein aufbringt, auch ohne Monarchie zu leben.»

Burchills Breitseite war die Einzelattacke einer bekannten Polemikerin, aber Thatchers Denken wirkte auch in weniger affrontbereiten Kreisen ansteckend. Das trübte das Wetter zwischen der Downing Street und dem Palast spürbar ein. Die regelmäßigen Dienstagsaudienzen fielen steif und eher betreten aus, da war keine Wärme wie zwischen der Monarchin und manchen Vorgängern von Madame Thatcher. Es waren kürzere Konversationen, formell abgehandelt. «Warum sitzt sie immer auf dem Rand ihres Sessels?», gab ein Tory-Lord nach einem Gespräch im Buckingham Palast indiskreterweise als Aperçu der Queen über Margaret Thatcher preis. In dem Kalender dieser rastlos beschäftigten Politikerin galten Termine im Palast fast als Verschwendung, Reisen nach Balmoral, wie in jedem September üblich, als «Fegefeuer» (Ben Pimlott). Thatcher pflegte jeweils am letzten Tag ihres Aufenthalts in Schottland um Punkt sechs Uhr früh die Heimreise anzutreten – das war spät für eine Frau, die, wie man wusste, mit vier, fünf Stunden Schlaf pro Nacht auskam. Auch entwickelte die Premierministerin manchmal geradezu königliche Attitüden. «Wir sind jetzt Großmutter», kommentierte sie die Ankunft ihres ersten Enkels in den 80er Jahren. Das Defilee der aus dem Falklandkrieg 1982 siegreich heimgekehrten Truppen nahm nicht die Königin ab, sondern Thatcher. Aber in Gegenwart der Queen reagierte sie bei öffentlichen Anlässen fast devot – da war sie dann wieder Margaret Roberts, die Tochter des Lebensmittelhändlers aus Grantham in Lincolnshire, eine überzeugte Anhängerin der Monarchie, mit einigen Vorbehalten nur gegenüber der gegenwärtigen Trägerin.

Zwei unterschiedlichere Frauen hätte man sich nicht denken können: die eine, die Konfrontationen liebte und die Gefühle der Zeitgenossen nicht schonte, die andere, die Kollisionen um jeden Preis zu vermeiden trachtete, dank ihres Staatsamtes auch vermeiden musste. Thatcher war eine Aufsteigerin, nicht der Tory-Aristokratie oder der *upper class* verpflichtet; sie hatte sich hochgearbeitet kraft eigener Anstrengung und Leistung. Die Königin dagegen vertrat den Erbadel auf seiner höchsten Stufe, es war ihr alles in den Schoß gefallen. Nur – solche Unterschiede hatte es zum Beispiel auch zwischen der Monarchin und dem Labour-Premier Harold Wilson gegeben, der aber besonders gut mit der Queen konnte und sie mit ihm. Thatcher zeichnete aus, dass sie ein Klassenrebell in ihren eigenen Reihen war und um nichts in der Welt etwas mit den privilegierten alten Tory-Granden und deren Nähe zum Königshaus zu tun haben wollte. So blieb es zwischen ihr und Elizabeth bei latenter Herablassung in beide Richtungen, die Queen hielt die Thatcher'sche Reforminbrunst eher für etwas Vulgäres, Thatcher ihrerseits den Palast für ziemlich irrelevant und kraftlos. Beide hatten aus ihrer Sicht Recht.

Das Königshaus, das sich selber nicht öffentlich wehren kann, war auf Freunde angewiesen, die in seinem Namen zu sprechen gewillt waren. Und so kam es im Juli 1986 zu einer skandalträchtigen Titelgeschichte in der «Sunday Times», inspiriert durch gut unterrichtete Kreise, wie das bei solchen Gelegenheiten heißt. Diese Kreise gehörten zum Hof, und was sie vorzutragen hatten, war schmucklos bis zum Äußersten. Die Queen sei besorgt, so las man da, dass die Regierung den Konsens in der britischen Politik, der nach Ansicht der Königin dem Land seit dem Krieg gute Dienste geleistet habe, untergrabe. Etwas spät diese Besorgnis, so mochten einige Leser denken, denn jenen Konsens hatte Frau Thatcher bis 1986 längst erfolgreich unterminiert, wenn nicht zertrümmert. Aber es kam persönlicher: Elizabeth finde Frau Thatcher «gefühllos, konfrontativ, eine gesellschaftliche Spalterin». Auch bei diesem Urteil konnten die Zeitgenossen nur mit den Schultern zucken: Wie sattsam bekannt das alles doch war.

Aufregender war daher eher das Resümee der Zeitung selber, die sich auf die Seite Elizabeths schlug: Die Queen sei alles andere als eine Großmutter vom Lande, die am liebsten über Pferde und Hunde spreche. Vielmehr sei sie ein scharfsinniger politischer Kämpfer, der auch vor der Downing Street nicht haltmache, wenn sie sich provoziert fühle. Solche Provokationen kämen entgegen der allgemeinen Vorstellung eher von der politischen Rechten als von der Linken – die Queen stehe mithin eher mitte-links, sorge sich wie ihr Sohn Charles um den Verfall der Innenstädte und die ausbleibende Hilfe für weniger Privilegierte – und natürlich um das Commonwealth. Kurzum: Wäre sie Tory-Mitglied, dann gehörte sie eindeutig zu den «ultra wets».

War es weit hergeholt, solche Bemerkungen der Königin in den Mund zu legen? Musste man annehmen, eine peinlich auf die Verfassung achtende Frau wie Elizabeth II. würde nie derart politisch werden, auch nicht im Gespräch mit ihrem persönlichen Stab? Hätte sie eine Staatskrise heraufbeschworen, wenn sie als konstitutionelle Monarchin derart gegen die eigene Regierung Stellung bezogen hätte? Gewiss, aber sicher weiß man es nicht. Bei aller Hochachtung vor der Diskretion der Königin ist auch sie nur ein Mensch und wird kaum der gelegentlichen Verführung widerstehen können, ihrem Herzen Luft zu verschaffen, etwa gegenüber ihrem damaligen Pressesprecher Michael Shea, den der Chefredakteur der «Sunday Times» Andrew Neil in seinen Memoiren später denn auch als die Quelle der Sensationsnachrichten dingfest machte. Die Hofdiener waren der Angriffe à la Burchill einfach überdrüssig und luden nach – unaufgefordert, aber sie wussten, wovon sie sprachen. Es bestätigte sich hier letztlich, wie tief das Thatcher'sche Skalpell inzwischen geschnitten hatte, mit Verwundungen bis ins Königshaus.

Den Prinzen von Wales da hineinzuziehen, war ebenfalls nicht mehr sonderlich originell, denn Charles war längst dabei, seine öffentliche Rolle zu finden, die eines Mahners und Warners vor den Exzessen einer gedankenlosen Moderne und ihren technologischen Begleiterscheinungen, sei es in der Medizin, der Landwirtschaft, der Umwelt oder der Architektur. Schon 1982 hatte der Thronfolger vor der «verzweifelten Not der Innenstädte» gewarnt und bei Gelegenheit der Neugestaltung des Paternoster Square nahe der St. Paul's Kathedrale, als er die sieben Finalisten begutachten sollte, in herausforderndem Ton deren konformistischen Modernismus gegeißelt: «Eines muss man der deutschen Luftwaffe lassen – nach der Zerstörung unserer Gebäude hinterließ sie nichts Anstößigeres als Trümmer; da sind wir erfolgreicher.» Charles wurde sogar mit dem Satz zitiert, er werde wohl einst eine «gespaltene Nation» erben.

Wie tief gespalten, sollte er bald erfahren – aber nicht aufgrund der Politik Margaret Thatchers, sondern wegen seines eigenen Lebens und der Irrungen und Wirrungen seiner Persönlichkeit.

XI

Der Ring des Schweigens –
kann sich die Königin erklären?

«Gerade weil wir nicht wissen, was sie denkt,
ist die Königin so erfolgreich.»
Sir Maurice Shock, britischer Historiker

«Ich habe diese Art Gesicht, bei dem ich,
wenn ich einmal nicht lächele, sofort sauertöpfisch aussehe.»
Die Queen auf ihrer Weltreise 1953/54

«Wenn ihr uns nicht mehr wollt, dann lasst uns die Beziehung
auf freundschaftliche Weise beenden.»
Prinz Philip auf einer Pressekonferenz im kanadischen Ottawa, 1969

Doch wir müssen noch einen Augenblick bei der Mutter verweilen, der immerwährenden Queen, ehe wir uns dem Schicksal des immerwährenden Prinzen von Wales zuwenden. Elizabeth II. ist nicht leicht zu verstehen oder gar auf einen Nenner zu bringen, so sehr verhüllt sich die private Person in ihrer öffentlichen Erscheinung. Aber auch die öffentliche Person macht es uns schwer, sie zu begreifen. Alles an ihr ist wiederkehrender Auftritt, 60 Jahre des immer Gleichen, das Bilderbuchbeispiel einer Aufführung *en suite*, wie sie schon ihre Mutter, die Queen Mum, beherrschte. Paradoxerweise hat das bei beiden nur zur Vermehrung ihrer Popularität beigetragen, denn die Briten, so hat der Historiker und Essayist Paul Johnson geschrieben, besitzen einen außerordentlich hohen Respekt vor Menschen, die über sehr lange

Zeit hinweg immer genau die gleiche Arbeit verrichten. *The same procedure as every year.* Das wurde seinerzeit zum einhundertsten Geburtstag der Queen Mother gesagt, die auf ihre Weise über die Jahrzehnte ihres Lebens hinweg Königliche Hoheit darzustellen wusste, mit unveränderter Würde, aber eben auch mit unwandelbarem Automatismus, vermenschlicht in ihrem Fall durch das unverzichtbare Glas Gin Tonic in ihrer Hand. Ihre Tochter, die Queen, wandelt mit weniger Beschwingtheit auf der gleichen Spur, auch wenn ihre Präsenz im entscheidenden Moment – wie das vorige Kapitel belegt hat – mehr beinhaltet als nur leere Gesten. Das macht das Gewicht aus, welches mit dem Amt einhergeht und welches die Königinmutter nach dem Tod ihres Mannes 1952 nicht mehr tragen musste.

Prinzessin Alice, Lady Athlone, Königin Victorias letzte Enkelin, die 1981 im gesegneten Alter von 97 Jahren starb, beschrieb die Kunst – oder die Qual – jener unentwegten Disziplin einmal so: «Nur wer von Jugend an für solche Tortur trainiert worden ist, bringt genügend Liebenswürdigkeit und Beherrschung mit für die Dauer der Strecke.» Das war natürlich auf Elizabeth gemünzt. Dazu gab die Königin in der BBC-Dokumentation «Elizabeth R» 1992, im Jahr ihres 40. Thronjubiläums, einen bemerkenswerten Kommentar ab: «Ich bin von Grund auf überzeugt, dass am Ende wahrscheinlich Training die Antwort auf viele Dinge ist. Man schafft viel, wenn man richtig trainiert worden ist, und ich hoffe, dass das bei mir der Fall war.» Ben Pimlott, der diese Stelle für seine Biografie über die Queen ausgegraben hat, knüpft daran eine sarkastische Bemerkung: «Die Queen spricht hier nicht so sehr als Inhaberin der Königlichen Ställe, sondern vielmehr als Bewohnerin von einer der Boxen darin.»

Wie ihr Großvater George V. und ihr Vater George VI. verbindet Elizabeth II. in ihrem Auftreten königliche Hoheit mit der Aura persönlicher Schlichtheit. Wer sie hinter der Fassade ist, können nur die beurteilen, die sie dort erleben. Nach einhelligem Urteil kann sie dann sehr indiskret sein und zum Beispiel bestimmte Persönlichkeiten, mit Vorliebe regierende Häupter, die sie gerade als Besucher erlebt haben mag, gekonnt ironisieren, oft durch mimische Imitation. Manchmal erlaubt sie ihrem Humor sogar vor einem größeren Kreis ein wenig Auslauf. So bei dem Empfang von 800 Gästen auf Schloss Windsor für ihren Sohn und Camilla Parker-Bowles nach deren Hochzeit am 9. April 2005. «Ich habe zwei wichtige Mitteilungen zu machen», hob sie an, «die erste: dass Hedgehunter das Grand National gewonnen hat.» Das berühmte Pferde-Hindernisrennen auf der Insel mit seinen weltbekannten Hürden war der Sprecherin nur der Anstoß für ihre eigentliche Pointe: «Mein Sohn ist im Ziel mit der Frau, die er liebt. Sie haben schwierige Sprünge hinter sich – *Becher's Brook* etwa oder *The Chair* – und jede andere Art schrecklicher Hürden. Aber jetzt sind sie auf dem Absattelplatz des Gewinners.»

Solche Momente sind selten genug. In der Regel bewegt sich Elizabeth als öffentliche Person innerhalb einer sehr schmalen Bandbreite, die sie manchmal aussehen lässt, als sei sie jeder Persönlichkeit bar. Das ist der Preis für die ungeheure Diskretion, die wie eine Burgmauer um die britische Monarchie errichtet worden ist. Man kann nicht behaupten, dass dies der Queen besonders ungelegen kommt. Im Gegenteil: Dieser *cordon sanitaire* entspricht ganz und gar dem Graben, den die königliche Familie selbst zwischen sich und alle zur Schau getragenen Gefühlswelten gelegt hat. Ist aber die Monarchie von so viel Diskretion und Zurückhaltung umgeben, dann läuft ihre Trägerin, die Queen, Gefahr, am Ende nicht immer souverän, sondern eher wie eine der Etikette Unterworfene auszusehen. Anders gesagt: Sie gibt mehr an Spontaneität preis, als sie müsste, denn wer, wenn nicht die Herrscherin, wäre berechtigt, einige der Fesseln abzustreifen, die ihr angelegt sind?

Königin Victoria zum Beispiel, die 1837 mit achtzehn Jahren auf den Thron kam, gab in ihrer Anfangszeit lebhafte Beispiele solcher Spontaneität. «Frohsinn und Heiterkeit», so hatte sie schon als Prinzessin geschrieben, seien ihr «Tonikum», ihr Kräftigungsmittel. Schon bei ihrer Inthronisation im Juni 1838 beeindruckte sie die Granden des Königreichs, als sie ihren alternden Onkeln, die zeremoniell vor ihr das Knie beugten, die Hände entgegenstreckte und sie herzlich umarmte. In den Jahren ihrer Ehe, die durch den frühen Tod von Prinzgemahl Albert 1861 jäh ein Ende fanden, waren

Ausgelassenheit und festliche Unterhaltung an der Tagesordnung. Oft gesehener Gast war Felix Mendelssohn-Bartholdy, dessen Oratorien «Paulus» und «Elias», Letzteres 1846 in Birmingham uraufgeführt, auf der Insel stürmisch gefeiert wurden. Die Königin und ihr Mann waren große Musikliebhaber, sie sangen, spielten gekonnt vierhändig Klavier und luden Mendelssohn bei seinen häufigen Besuchen in Großbritannien zu sich in den Buckingham Palast ein, um mit ihnen zu musizieren. Viele seiner «Lieder ohne Worte» spielte Mendelssohn zum ersten Mal im Beisein des königlichen Paares vor. Er selber hatte von den musikalischen Fähigkeiten seiner Gastgeber eine hohe Meinung – vielleicht nur aus Höflichkeit?

Einhundert und mehr Jahre später geht es mit der Hofetikette in London viktorianischer zu, in jener Bedeutung, die das Wort in der zweiten Hälfte des 19.Jahrhunderts gewann: puritanisch, zurückhaltend, oft unnahbar. Vielleicht ist bei der Erziehung, die Elizabeth erlebte, sowie bei der habituellen Aversion ihrer Generation, sich emotional zu exponieren, nichts anderes zu erwarten. Die Queen ist ja noch dazu erzogen worden, öffentlich Façon zu zeigen, sich zu beherrschen, zum Beispiel nie zu weinen. Mit 25 Jahren auf den Thron gelangt, durch ihre Eltern und die Abdankung des Onkels mit absolutem Pflichtgefühl imprägniert, war sie als junge Frau zu beschäftigt mit dem Erlernen der königlichen Aufgaben, um Platz zu finden für den mütterlichen Umgang mit ihren ersten beiden Kindern. Nach der Rückkehr von ihrer sechsmonatigen Reise durch das Commonwealth 1953/54 widmete sich die Queen als erstes vier Tage lang dem Studium der Staatspapiere und verbrachte einen Tag bei den Pferderennen in Ascot, ehe sie ihren fünfjährigen Sohn «empfing». Sohn und Tochter hatten sich auch privat vor der Mutter zu verbeugen. Als sie heranwuchsen, so erfuhr der Biograf Graham Turner aus Hofkreisen, lehnte die Queen es ab, telefonisch mit ihnen zu kommunizieren, sondern bestand auf einem ordentlichen Termin, wenn sie ihre Mutter sprechen wollten. Eine vertrauliche Stimme verriet dem Historiker: «Hätte Elizabeth nur die Hälfte der Zeit, die sie mit Fragen der Pferdezucht verbracht hat, auf die Aufzucht ihrer Kinder verwendet, wären der königlichen Familie manche Krisen erspart geblieben.»

Momente der Sammlung: Die Queen mit ihrem Lieblingspferd Betsy
in Sandringham, 1964 (Foto: Godfrey Argent)

Douglas Hurd, der frühere Außenminister, kommentierte einmal, bei Elizabeth habe die «konstitutionelle Maschinerie» tiptop
funktioniert, ihre «emotionale Maschinerie» dagegen sei gestört gewesen. Im Laufe eines Lebens an der Spitze des Staates, unter der
Auflage permanenter Selbstkontrolle, muss es wohl immer schwe-
rer werden, auch privat Emotionen zu artikulieren, wie eine Cousine der Queen, Lady Patricia Mountbatten, zu Elizabeths Verteidi-
gung vorgetragen hat. Hurd meinte sogar, die Queen habe «Gefühle fast aus sich heraustrainiert». Antony Jay, der 1992 für die BBC

das Drehbuch zu dem Dokumentarfilm «Elizabeth R» schrieb, kommentiert: «Für Menschen, die derart emotional distanziert sind, werden Institutionen wichtiger als Familien. Da ist früh etwas versiegelt worden. Wie die Königin es sieht, ist das eine Stärke. Sie könnte ihren Job nicht ausüben, wenn sie emotional involviert wäre.» Aber der eben erwähnte Graham Turner berichtet heute, Elizabeth habe sich oft Vorwürfe gemacht, dem Land und ihren Staatspflichten zuliebe die eigene Familie vernachlässigt, wenn nicht geopfert zu haben.

«Emotional intelligence» ist ein Begriff aus jüngerer Zeit, er taugt nicht zum Verständnis der Generation der Queen, in der ohnehin die *stiff upper lip*, die Attitüde, sich nichts anmerken zu lassen, zum *comme il faut* des Lebens gehört. Umso mehr setzen die Briten heute auf die Enkelgeneration, auf Prinz William und Catherine, darauf, dass der Herzog und die Herzogin von Cambridge mehr Lockerheit in die höfische Etikette bringen und nicht zwischen sich und die Öffentlichkeit – noch weniger zwischen einander – die Schablone einer die Gefühle negierenden Haltung legen.

Von der manchmal kuriosen Unnahbarkeit der Königin hat so mancher eine Geschichte zu erzählen. So wurde der schon mehrfach erwähnte Historiker Ben Pimlott für seine 1996 erschienene meisterhafte Biografie der Queen mit einer Einladung zu einem Lunch auf Schloss Windsor geehrt, zusammen mit anderen zu würdigenden Persönlichkeiten. Aber verlor die Queen auch nur ein Wort über das Buch, dessen Autor solcherart hofiert wurde? Nein. Freilich, Pimlott wird sich nicht gewundert haben, hatte er doch unter anderem geschrieben, die Queen verweile nie gern lange bei einem Thema, «vor allem nicht bei tiefen», und fühle sich «am besten aufgehoben in der Welt ihrer Tiere und Faktoten». Helen Mirren, die Filmschauspielerin, als «Dame» – das Pendant zum Sir – geadelt, schrieb nach dem Film «The Queen» an Elizabeth, wie geehrt sie sich gefühlt habe, darin die Königin spielen zu dürfen. Als Antwort erhielt sie im Namen der Queen das Dankesschreiben

Annus horribilis, 1992: Elizabeth II. nach dem Brand auf Schloss Windsor,
21. November 1992 (Foto: ROTA)

einer Hofdame, aber ohne Hinweis darauf, ob die Königin den Film überhaupt gesehen habe. Wahrscheinlich hat sie sich ihn nicht angeschaut, denn «The Queen» zeigt das heikle Kapitel 1997, als Elizabeth durch ihre zunächst sehr gehemmte Reaktion auf den Tod von Diana eine eher unglückliche Figur abgab. Und Krisen hat sich der

Kopf der «Firma» selten offen gestellt – warum dann der Darstellung einer solchen in Form eines Films, noch dazu mit ihr als der Hauptgestalt des Krisenszenarios? Ob es sich hier um einen Fall von psychologischer Hygiene handelt oder ob sie einfach über allem steht – man weiß es nicht.

Diskretion und Zurückhaltung übertragen sich bei ihr auch auf die Körpersprache. In den 70er Jahren machten Elizabeth und Prinz Philip einen Besuch im Iran, bei dem auch ein Termin in einem Blindenheim auf dem Programm stand. Dabei ging Kaiserin Farah Diba in die Knie, um einige Kinder zu streicheln, während die Queen zuschauend daneben stand, ohne die Geste zu teilen. Bei den 50-Jahr-Feiern zur Beendigung des Krieges in Europa im Mai 1995 fand unter anderem in Londons Hyde Park eine Feier statt, bei der jeder der anwesenden Regierungs- und Staatschefs ein Kind seines Landes an die Hand nahm und es zum «Erdball des Friedens» führte, dem symbolischen Mittelpunkt der Feier. Nicht so die Queen.

Man sagt Elizabeth nach, so viel Zurückhaltung rühre bei ihr nicht nur von der antrainierten Distanz des Staatsoberhauptes her, sondern eben auch von der Furcht vor den eigenen Gefühlen, auch dies ein Hemmnis bei der Erziehung der eigenen Kinder. Man kann aber auch eine einfachere Erklärung heranziehen: Der Monarchin sind populistische Gesten unangenehm, sie hat nie besondere Anstrengungen unternommen, populär zu sein. Dabei kann sie an Weihnachten so herzig von Liebe sprechen zu allen, die sich ungeliebt fühlen. Auch hat sie öfter als andere Monarchen bei öffentlichen Anlässen Einblicke gewährt in das, was sie von Fall zu Fall bewegt, so im November 1992 in einer berühmt gewordenen Rede in Londons Guildhall, als sie ihr «*annus horribilis*» zur Sprache brachte, das Jahr der gehäuften Skandale und Enttäuschungen in ihrer Familie, dem zu schlechter Letzt auch noch der verheerende Brand auf Schloss Windsor folgte. Damals gab die Queen sogar zu, aus solchen Ereignissen lernen zu müssen für die künftige Präsentation der Monarchie.

Bei der Trauerfeier für die Opfer der Terroranschläge vom 11. September 2001 in der St. Paul's Kathedrale sah man ihre Augen, was selten ist, sogar von Tränen umflort – wohl auch deshalb, weil am gleichen 11. September ihr bester Freund, Vertrauter und langjähriger Intimus bei allen Fragen der Pferdezucht und Pferdehaltung, Lord Porchester, gestorben war, mit dem sie schon am 8. Mai 1945 ausgelassen auf Londons Straßen das Ende des Krieges gefeiert hatte. Auch am 11. Dezember 1997, bei der Außerdienststellung der königlichen Yacht «Britannia» im Seehafen Portsmouth, konnte sich Elizabeth einer Träne, diskret weggewischt, nicht erwehren. 1953 vom Stapel gelaufen, unter engagierter Anleitung von Prinz Philip entworfen und ausgestattet, hatte die «Britannia» 968 offizielle Reisen absolviert und der Queen und ihrer Familie darüber hinaus als privates Refugium gedient – ein Ort, an dem sie sich wirklich entspannen konnte, wie die Monarchin mehrfach bekannte. Kostenfragen und die Not staatlicher Einsparungen bewogen das Parlament schließlich, diesen Traum nach 44 Jahren zu beenden.

Zum umfassenden Thema der Diskretion gehört auch die beliebte Frage: «Was denkt die Queen wirklich? Wie steht sie zu Fragen des Tages?» Das lässt sich so gut wie nie beantworten. «Gerade weil wir nicht wissen, was sie denkt, ist die Königin so erfolgreich», hat der Historiker Sir Maurice Shock einmal treffend formuliert. Anders als gewählte Präsidenten wird man sie nie eine politische Rede halten hören, und anders als diese unterliegt sie als konstitutionelle Monarchin auch vollkommen den Weisungen des Parlaments und der jeweiligen Regierung. Wenigstens ist das Amt damit immun gegen alle politischen Verdächtigungen. Aber zu welchem Preis! Niemand auf der Welt ist dermaßen in der Zeitgeschichte bewandert wie diese Königin, und das seit sechzig Jahren. Sie hat in ihrer Amtszeit mit zwölf Premierministern Zwiesprache gehalten während der diensttäglichen Audienzen bei ihr oder im September, wenn jeder Regierungschef für ein Wochenende pflichtschuldig nach Schloss Balmoral reist und dort auch in den engeren Familienkreis der Royals einbezogen wird. Man zähle die Gespräche mit

Refugium zur See, 44 Jahre lang: Elizabeth II. an Bord der königlichen
Yacht «Britannia», 18. März 1972 (Foto: Lichfield/Getty Images)

Staatsoberhäuptern und Politikern aus den Ländern dieser Erde
hinzu – was könnte diese Frau, eine wandelnde Schatzkammer der
Geschichte, erzählen! Aber so gut wie nichts davon dringt je an die
Öffentlichkeit – die Queen wird dieses immense Wissen mit sich
ins Grab nehmen, eine Autobiografie, wie Politiker sie gerne nach
ihren Dienstzeiten veröffentlichen, kommt für sie nicht in Frage.
Man muss zurückgetreten sein wie Edward VIII., wenn man als
(ehemaliger) Monarch Memoiren schreiben will. Erst lange nach
Elizabeths Tod wird die Wissenschaft überhaupt Zugang zu ihren
Privatpapieren erhalten, und erst dann wird man wissen, was in
dem Tagebuch, das die Queen angeblich führt, steht und ob es
mehr enthält als die unaufregenden Details, die zum Beispiel ihr
Großvater der Welt mit seinen privaten Notaten hinterließ.

Ein zweites Gesetz der Verschwiegenheit neben dem, das der Queen selbst auferlegt ist, besagt, dass auch aus Unterhaltungen mit ihr kein Wort bekannt werden darf. Diskretion ist auch da – eigentlich – oberstes Gebot. Wenn wir dennoch gelegentlich etwas mitbekommen aus dieser Schweigekultur, dann nur, weil es immer wieder Indiskrete gegeben hat, die nach Begegnungen mit der Königin geplaudert haben – Freunde, Gäste, Politiker. Einiges davon floss hier und da auch bereits in frühere Kapitel dieses Buches mit ein, etwa Elizabeths Haltung zu Europa, von der Roy Jenkins in seinen Erinnerungen berichtete. Einen Leckerbissen an Indiskretion reichte im Herbst 2010 der Labour-Politiker Roy Hattersley bei einer Gedenkfeier für den verstorbenen früheren Parteichef Michael Foot. Hattersley und Foot gehörten vor 30 Jahren zum Kronrat, einem Gremium aus Spitzenparlamentariern, das sich regelmäßig mit der Queen zur Aussprache trifft. 1981 nun hatte sich König Juan Carlos von Spanien bei Elizabeth beschwert, dass Charles und Diana während ihrer Flitterwochen mit der königlichen Yacht «Britannia» auch in Gibraltar, dem zwischen Madrid und London umstrittenen Territorium am Südzipfel Spaniens, anzudocken planten; Juan Carlos war daher auch der Hochzeit von Charles und Diana ferngeblieben. Laut Hattersley muss die Königin vor dem versammelten Kronrat berichtet haben: «Ich sagte dem König, es ist mein Sohn, es ist meine Yacht, und es ist mein Hafen.» Die auftrumpfende, leicht chauvinistische Queen. Man hört förmlich heraus, wie Hattersley, der Überbringer der Nachricht, Beifall klatschte.

Manche Eingeweihte begehen Indiskretionen aus Eitelkeit, wie Expremier Tony Blair in seiner Autobiografie «Mein Weg» (2010). Das Wochenende in Balmoral, zu dem er im September 1997 nach der Beerdigung der Prinzessin von Wales angereist war, beschreibt er als «eine Mischung aus faszinierend, surreal und absolut durchgeknallt». «Utterly freaky» über eine Begegnung mit der Queen und ihrer Familie? Das hätte früher den Kopf gekostet. Aber es kommt noch gewagter. Über das Gespräch mit der Monarchin lesen wir: «Ich erwähnte, dass man jetzt aus dem Tod Dianas bestimmte Lehren ziehen müsste.» Der Politiker, der die Queen belehrt – ein starkes Stück. Selbstgefällig fährt Blair fort: «Es fiel mir nachher ein, dass dies vielleicht ein wenig vorlaut von mir war, und an bestimmten Stellen unseres Gespräches zeigte die Königin auch eine gewisse Kühle von oben herab. Aber schließlich konzedierte sie, dass man in der Tat bestimmte Lehren beherzigen müsse.» Das Verhältnis Elizabeths zu Blair war nie das beste, freilich nicht so gespannt wie das zu Margaret Thatcher. Es half dem Premierminister auch nicht, dass Cherie, seine Gattin, die für ihre antimonarchische Haltung bekannt war, sich zum Beispiel strikt weigerte, bei Begegnungen mit der Queen einen Hofknicks anzubringen. Dafür rächte sich diese mit einem Bonmot, das sie gezielt zirkulieren ließ: «Jedes Mal, wenn ich einen Raum betrete, in dem auch Cherie Blair ist, spüre ich förmlich, wie sich ihre Knie versteifen.» Man sieht: Auch die Queen – oder der Hof – weiß, wie man Etikette bricht, in diesem Fall das Diktat der Diskretion, wenn es dem eigenen Interesse dient. Die Monarchin, die nie persönlich reagieren darf, findet allemal Wege, von sich hören zu lassen.

Harold Wilson und Elizabeth tauschten gerne Klatschgeschichten aus, die der Regierungschef von Zeit zu Zeit in Kostproben an sein Team weitergab, darunter diese, die Pressechef Joe Haines unvorsichtigerweise ausplauderte: Einmal habe die Queen ihren Premier gefragt, ob er mehr wisse über die angeblichen nächtlichen Streifzüge des französischen Präsidenten Giscard d'Estaing durch Paris, auf der Suche nach wohlgeformten jungen Damen. Auf der Linie solcher menschlicher Neugier lag auch, was Jutta Falke-Ischinger für ihren Erinnerungsband «Wo bitte geht's zur Queen?» zugetragen wurde, von einer Freundin aus der Hofgesellschaft, auch diese offenbar von Klatschsucht befallen. Nach dem Staatsdinner für Präsident Sarkozy und seine Glamour-Ehefrau Carla Bruni im März 2009 fragte besagte Hofdame die Queen: «Wie hat denn Ihrer Majestät der Abend gefallen?» Eher oberflächlich fiel die Antwort aus: «Sehr gut.» Dann, vertraulicher: «Dieser Präsident, der war ja so aktiv den ganzen Tag. Und ich bin sicher, er war auch die ganze Nacht aktiv.»

Das Schweigen der Königin schenkt ihr einen hohen Grad von Unverwundbarkeit – bis zu jener Woche nach dem 31. August 1997, als Diskretion und Zurückhaltung sie verwundbarer machten als je

zuvor und man sie zwang, im Fernsehen zum Tod ihrer Schwiegertochter Diana das Wort zu ergreifen.

Wie kann man die Queen erklären? Vielleicht aus ihrer Mimik?
Auch mit der ist die Welt groß geworden, in allen Phasen des Aus-
drucks, wie mit Masken aus der königlichen Requisitenkammer.
Viele Unterschiede zeigen sie nicht, diese Masken, entweder ist es
ein strahlendes Lächeln, das auch nach 60 Jahren immer noch be-
zaubern kann – oder es ist dieser typische Ausdruck einer perma-
nent überbelichteten öffentlichen Person, die jährlich Tausende von
Händen berühren und Tausende von Smalltalk-Fetzen über sich
ergehen lassen und dabei immer gleich heiter und neugierig erscheinen muss – aber es eben nicht immer schafft: Dann gleiten die
Züge in diesen Elizabeth-Ausdruck von trübem Wetter und leichter Verbissenheit ab. Das ist eben das Problem der Mimik, mit dem
jeder Mensch zu ringen hat, erst recht eine Person in so herausge-
hobener Stellung wie eine Königin. Es macht sie nur menschlicher.
   Überraschenderweise liegen uns über diesen Aspekt der Müh-
sal hinter der Fassade des immer Gleichen viele Zeugnisse vor, auch
aus dem Munde der Queen selber, die sich schon früh darüber Gedanken machte, wie man seine Mimik unter der Strapaze ständiger
öffentlicher Beanspruchung unter Kontrolle hält. Schon auf ihrer
ersten offiziellen Auslandsreise, die sie zusammen mit Philip an
Stelle ihres kranken Vaters unternahm, im Oktober 1949 nach Kanada, klagte sie gegenüber ihrem Privatsekretär Sir Martin Charteris, wie sehr das Gesicht ihr weh tue bei all dem Lächeln. Und
damals war sie erst 23 Jahre alt. Im November 1952, als sie als neues,
noch nicht gekröntes Staatsoberhaupt ihre erste Regierungserklärung bei der Eröffnung des Parlaments vortrug, taxierten alle
Augen ihre Erscheinung und ihren Gesichtsausdruck – wahrscheinlich weit intensiver, als man ihre Worte belauschte. Unter den
Zuschauern auf der Besuchergalerie im Oberhaus saß einer der
schärfsten Beobachter, Cecil Beaton, der Fotograf, der danach in
seinem Tagebuch notierte (die britische Zeitgeschichte ist gesegnet

mit Figuren des öffentlichen Lebens, die beständig Tagebücher führen und veröffentlichen, eine Fundgrube für den Historiker): «Ihre Augen sind nicht die einer geschäftigen, gejagten Person. Sie schaut auf das Publikum mit einer Andeutung von Mitgefühl, wobei die Suggestion von einem Lächeln ihren sonst sperrigen Mund aufhellt.» Das sind literaturfähige Sätze, typisch für eine Elite, die zu eigenen Gefühlen gerne Abstand hält, um desto schärfer den Ausdruck derselben bei anderen einzufangen.

Auf ihrer ersten großen Weltreise 1953/54, die fast sechs Monate dauerte, bot sich Gelegenheit genug, den «sperrigen Mund» selbstkritisch zu reflektieren, wenn Stunden um Stunden von ewigem Lächeln wieder einmal hinter ihr lagen. In den Dokumenten von dieser Reise findet sich eine Äußerung der jungen Queen gegenüber einem australischen Organisator, dem sie ihr Leid klagte: «Es ist einfach schlimm, ich habe diese Art Gesicht, bei dem ich, wenn ich einmal nicht lächele, sofort sauertöpfisch aussehe. Aber das bin ich gar nicht. Wenn man aber zwei Stunden hintereinander pausenlos lächeln muss, kriegt man schließlich ein nervöses Zucken. Doch sobald ich einmal aufhöre zu lächeln, sieht mich jemand und sagt: ‹Wie schlecht gelaunt sie aussieht!›» Darüber hatte sich schon vor Elizabeths Krönung der auf diesen Seiten mehrfach zitierte Harold Nicolson ausgelassen, der nach seiner Investitur als Ritter, von der Queen vorgenommen, in sein Tagebuch eintrug (es aber wohlweislich nicht in die veröffentlichte Fassung übernahm): «Eine gut trainierte junge Frau, die Grazie und Würde zu produzieren versteht. Gelegentlich verlor ihr Gesicht alle Lebhaftigkeit und verfiel in eine gelangweilte, fast eingeschnappte Maske.»

Später, in den 60er Jahren, als Labour an der Regierung war, erhalten wir erneut sprechende Zeugnisse in dem dreibändigen «Tagebuch eines Kabinettsministers» von Richard Crossman. Der machte sich Gedanken «über die Kluft, die manchmal existiert zwischen der Botschaft, die vom Gesichtsausdruck der Queen zu kommen scheint, und dem, was sie tatsächlich fühlt.» Crossman, der zum Kronrat gehörte, wusste aus seinen Begegnungen mit der Queen, wovon er schrieb. Sie sei sich selber «höchst ungeduldig» dieser Kluft bewusst, notiert er und fährt fort: «Wenn sie von etwas tief bewegt ist, kann sie aussehen wie eine Donnerwolke. Wenn der Applaus der Zuhörer sie besonders berührt, sieht sie aus wie schrecklich schlecht gelaunt.»

Vielleicht gewährt das globale Dorf, wenn es beim nächsten Staatsbesuch der Königin wieder einmal mimische Studien anstellt, mildernde Umstände bei einer Frau, die ihren Dienst mit stoisch-fraglosem Gleichmut versieht und dabei eben gelegentlich unfrei-willig aussieht wie eine Donnerwolke oder eine Maske aus Lange-weile. Das ist weniger bemerkenswert als die schiere physische Standfestigkeit, mit der die Queen ihre Auftritte durchhält und die sie einmal, bei ihrem Staatsbesuch in den USA 1976, der Frau des sie begleitenden Außenministers Anthony Crosland so erklärte: «Sehen Sie, Susan», und dabei hob sie ihr Abendkleid leicht über die Knöchel, «man pflanzt seine Füße so auf, immer parallel. Sie müssen nur darauf achten, dass das Gewicht gleichmäßig verteilt ist.» Kinderspiel, natürlich. 85 Jahre alt und seit 60 Jahren pausenlos in der Pflicht, das Gewicht dabei «gleichmäßig verteilt».

Die Mauern des Schweigens, die um den Buckingham Palast er-richtet sind, erschweren aber nicht nur unsern Blick von außen nach innen. Umgekehrt gilt das Gleiche – auch die Queen muss manchmal rätseln über die Welt da draußen, das eigene Volk, ihre *subjects*, ihre Untertanen, wie man sie mit nicht ganz ernster Ab-sicht manchmal nennt. Da lauert mehr Vielfalt, als sie auf Reisen oder am Fernseher zu sehen bekommt. Das Leben in Palästen, von Höflingen umgeben, ist ihre Normalität, das eigentlich Absonder-liche ist das Leben der anderen. Hatte sie nicht schon als Jugendli-che oft am Fenster des Buckingham Palastes gestanden, auf die Mall gestarrt und sich gefragt, welches Muster hinter all der Be-triebsamkeit wohl liegen möge? Wie kommt man dem bei, wie lotet man die Öffentlichkeit aus, von deren Zustimmung die Monarchie doch für ihr Weiterleben abhängt? Jenseits der regelmäßigen Ana-lysen der öffentlichen Meinung, wie sie Sir Robert Worcester mit seinem Meinungsforschungsunternehmen Ipsos MORI seit 40

Jahren für das Königshaus durchführt, gibt es nicht viele Indikatoren, die der Queen entschlüsseln, wo zu einem bestimmten Zeitpunkt die Öffentlichkeit gegenüber der Monarchie stehen mag. In Momenten allgemeiner Erregung wie nach dem Tod Dianas mag das leichter zu fassen sein: Die Medien artikulierten sich damals schließlich wütend genug, um den Palast wissen zu lassen, was die Stunde geschlagen hatte.

Aber es ist wie mit Leserbriefschreibern: Die meisten äußern sich, weil sie Kritik vorzutragen haben, nur eine Minderheit drängt sich danach, Lob anzubringen. So findet es auch die Monarchie besonders schwer, das Kapital abzuschätzen, das sie in der öffentlichen Meinung besitzt. Wiederholt rettet sich der Hof daher in Zweckpessimismus, wenn es zu beurteilen gilt, wie hoch eine bestimmte Feier, ein Ereignis im königlichen Kalender, das man auf sich zukommen sieht, angesetzt werden sollte. Von Mal zu Mal gibt man sich dann überrascht über das positive Echo, vor allem in ökonomisch angeschlagenen Zeiten, in denen doch eigentlich den Leuten nicht nach Feiern zumute ist, wie man annehmen sollte.

So war es beispielsweise in den dunklen 70er Jahren, von denen hier schon die Rede war. Das silberne Thronjubiläum stand 1977 vor der Tür, die Punk-Gruppe «The Sex Pistols» hatte mit «God save the Queen, / The Fascist regime» vorgeheizt. Das Land war wirtschaftlich am Ende, der Internationale Währungsfond hatte England mit einer Anleihe unter die Arme greifen müssen, um es vor dem finanziellen Absturz zu bewahren – wem war unter solchen Bedingungen nach landesweit organisierten Festlichkeiten zumute? Die Auguren warnten denn auch, dass den Menschen unter den damaligen Umständen höchstens eine Feier auf kleiner Flamme zuzumuten sei. Irrtum: Das Thronjubiläum wurde ein Höhepunkt in den königlichen Annalen. Elizabeth ging zwischen Mai und Juli auf triumphale Fahrt durch 24 Städte ihres Landes, selbst nach Belfast und Londonderry in Nordirland, obwohl dort Bürgerkrieg herrschte, mit Terroranschlägen auf katholischer und protestantischer Seite. Die Reise durch das Vereinigte Königreich wurde eingerahmt von ausgedehnten Besuchen im Commonwealth – im Februar und März in West Samoa, Tonga, Fiji, Neuseeland, Papua

Neuguinea und Australien, im Oktober auf den Bahamas, den Britischen Jungferninseln, in Antigua, Barbados und Kanada, 56 000 Meilen insgesamt. Die Krone – ein Perpetuum mobile. Von dem spontanen Jubel, der sie überallhin begleitete, von dieser Demonstration der Zuneigung war Elizabeth II. ebenso überrascht wie einst ihr Großvater George V. bei seinem silbernen Thronjubiläum 1935. Beide hatten sie keine genaue Vorstellung, wie beliebt sie persönlich im Volk wirklich waren, was wesentlich mit der Kultur der Distanz zwischen dem Palast und dem Mann auf der Straße zu tun hatte, mit diesen Mauern, über die man nicht hinweg zu schauen vermochte. Aber auch mit der veröffentlichten Meinung, die sich, vielfach vom intellektuellen Gespräch beeinflusst, oft lieber skeptisch als promonarchisch gibt; das gehört zum guten britischen Ton, der im Zweifelsfall lieber ironisch als akklamatorisch daherkommt. Die Wirklichkeit sieht dann fallweise ganz anders aus. 1935 fanden sich in einigen Slums von London ergebene Slogans wie «Poor but loyal» – «Arm, aber loyal». Selbst in der englischen Arbeiterklasse, die im kapitalistischen System lange nichts zu lachen hatte, sparte man den Herrscher gerne von der Kritik aus. George Orwell erinnerte in seinem Essay «The English People» von 1947 an ein Plakat, dem er im East End Londons 1935 begegnet war: «Long live the King, down with the Landlord!» – «Lang lebe der König, nieder mit dem Vermieter!»

Die Intelligenzia schließt vor diesem Phänomen gerne die Augen, weil sie im Königtum den Inbegriff eines antiquierten, antiegalitären Prinzips sieht und nicht wahrhaben will, dass die Mehrheit der Bevölkerung schon immer von einer anderen Partitur sang. Die unten verstehen sich mit denen ganz oben im Grunde erstaunlich gut. Noch einmal sei in diesem Zusammenhang an Rudyard Kipling erinnert. «Die Leute in der dritten Eisenbahnklasse – die werden uns retten», schrieb er 1897, im Jahr des diamantenen Thronjubiläums von Königin Victoria, dieser Lobsänger des britischen Empire. Dass der Herrscher der Verbündete des einfachen Mannes sei, gilt als lang etablierter Grundsatz – er ist freilich in den letzten Jahrzehnten über den vielen Schlagzeilen zur «dysfunktionalen» königlichen Familie in Vergessenheit geraten.

Auch 1947, bei der Hochzeit von Philip und seiner Prinzessin, der Thronerbin Elizabeth, das gleiche Bild: Erstaunen über den Grad der Zustimmung, der Feierseligkeit, die man so nicht erwartet hatte in einer Zeit tief schneidender Nachkriegsentbehrungen. 55 Jahre später, im Jahr des Goldenen Thronjubiläums, noch einmal die Reprise: Die überwältigende Zuwendung, wie die Queen sie erfuhr, überraschte alle, am meisten die Republikaner, die Anhänger einer britischen Republik, die schon gedacht hatten, ihre Zeit sei nach 1997 gekommen, die Monarchie habe sich überlebt. Diesem Irrtum war man bereits im Frühjahr dieses Jubiläumsjahres 2002 aufgesessen, als die Queen Mother mit 101 Jahren verschied: ein Tod, der eigentlich nur noch einen Nachruf auf das Königtum selber verdiente. Die Hunderttausenden, die der in der Westminster Hall aufgebahrten Königinmutter die letzte Ehre erwiesen, widerlegten diese Annahme nur zu sichtbar.

Dennoch: Der Hof kann und will sich nie ausruhen auf vermeintlich sicherem Boden der Akzeptanz, gerade die Langlebigkeit der Institution Monarchie kann Ängste wecken, dass eines Tages alles wie ein Traum zerplatzt. Für diesen Augenblick hat Prinz Philip bereits vor langen Jahren den vorauseilenden Kommentar abgeliefert, den wir hier bereits teilweise zitiert haben. Seine Äußerungen, die er 1969 auf einer Pressekonferenz in der kanadischen Hauptstadt Ottawa machte, bezogen sich zunächst auf Tendenzen in dem lange königstreuen Kanada, aus dem Commonwealth auszuscheren und der Queen als Staatsoberhaupt gleichsam die Kündigung auszusprechen. Philips Worte galten aber auch dem heimischen Publikum: «Wenn ihr uns nicht mehr wollt, dann lasst uns die Beziehung auf freundschaftliche Weise beenden, nicht im Streit. Die Zukunft der Krone hängt von jeder einzelnen Nation ab, die zu dieser Familie gehört. Wenn eine davon beschließt, das sei für sie nicht mehr akzeptabel, dann soll sie es ändern. Es kommt auf die Menschen selber an.»

Gedanken über die Akzeptanz der Monarchie muss sich vor allem ihre langjährige Trägerin machen, die Queen. Zur Erbmonarchie gehört schließlich die Idee, dass da ein Erbe ist, welches von der Mehrheit der «Untertanen» angenommen und geschätzt wird;

das muss immer wieder von neuem sichergestellt werden. Unter allen Verantwortungen, die auf den Schultern des jeweiligen Monarchen ruhen, ist dies die vielleicht größte. Im November 1997 legte Elizabeth II. auf einem Bankett, das der Lord Mayor der Londoner City aus Anlass ihres Goldenen Hochzeitsjubiläums gab, fast so etwas wie ein Geständnis in dieser Frage ab: «Wie die Regierung existiert auch die Monarchie einzig aufgrund der Unterstützung und des Konsenses in der Bevölkerung», trug sie vor, um mit einem fast neidischen Blick auf die Welt der Politik fortzufahren: «Die Zustimmung zu Politikern wird an der Wahlurne entschieden. Für uns aber, die königliche Familie, ist die Botschaft oft schwieriger zu lesen, kann sie doch verdunkelt sein durch Ehrerbietung, Rhetorik und die widerstreitenden Strömungen in der öffentlichen Meinung. Aber lesen müssen wir sie.»

1997 war auch das Jahr des traurigen Endes der Prinzessin von Wales, Lady Diana Spencer. Es war das Jahr einer großen Lehrstunde für die Windsor-Familie, und die Botschaften, die damals zu lesen waren, gehören zum bleibenden Bestand der britischen Königsgeschichte der jüngsten Ära.

XII

Charles, Diana und die Zäsur von 1997

*«Der englische Thron ist nun identifiziert
mit einem vorbildlichen Familienleben.»*
Die «Times» über die Hochzeit von Charles und Diana, Juli 1981

*«Es gab drei in unserer Ehe,
es war also ein bisschen eng.»*
Diana in einem BBC-Fernsehinterview, November 1995

*«In Diana sah die Welt eine neue Monarchie, spontan und ansprechbar,
unbesorgt um das Protokoll, besorgt um die Menschen.»*
Die «Times» am 4. September 1997

*«Millionen von Menschen, die sie nie getroffen haben, aber fühlten,
dass sie sie kannten, werden sie in Erinnerung behalten.»*
Elizabeth II. in ihrer Fernsehansprache am 5. September 1997

«Es ist eine allgemein anerkannte Wahrheit», so beginnt Jane Austen ihren Roman «Stolz und Vorurteil», «dass ein Junggeselle im Besitz eines schönen Vermögens nichts dringender braucht als eine Frau.» Das traf in den 70er Jahren des vorigen Jahrhunderts auf niemanden mehr zu als auf Charles, den Prinzen von Wales: nicht irgendein Junggeselle, sondern der Erbe einer alten Institution, der britischen Monarchie. Charles hatte sich nach Beendigung seiner Karriere in der Marine in einen erotischen Reigen gestürzt, der ihm den Namen eines «Playboy Prince» eintrug. Einige seiner Liebschaften passierten sogar den «Balmoral Test», die Musterung durch die strengen Augen der Queen wäh-

rend der traditionellen Hochsommerwochen in der königlichen
Residenz im schottischen Hochland. Doch es fand sich keine rechte Paarung – sei es, dass die Damen vor der Vorstellung eines Lebens im goldenen Käfig des Hofes zurückschreckten, wofür Charles
viel Verständnis hatte, sei es, dass sie spürten, wem schon damals die
eigentliche Liebe des Prinzen galt – Camilla Shand. Die aber war
seit 1973 verheiratet, die Zuneigung, die beide füreinander seit ihrem ersten Treffen im Sommer 1971 empfanden, hatte Charles nicht
in ein Eheversprechen verwandeln wollen oder können. Der 1948
Geborene fühlte sich zu jung, Camilla stand in der aristokratischen
Rangordnung nicht hoch genug, und klare Entschlüsse waren ohnehin nie die Stärke des Prinzen.

Als er im Sommer 1973 von einer mehrmonatigen Navy-Dienst-
verpflichtung in der Karibik heimkehrte, sah er, was sein Zögern an-
gerichtet hatte: Camilla hatte sich mit einem Rivalen von ihm ver-
mählt, einem Offizier bei den Royal Horse Guards, Andrew Parker-
Bowles. Doch das Ehepaar Parker-Bowles sollte, trotz seiner zwei
Kinder, eine «offene» Ehe führen, ein *laisser-faire* der außerehelichen
Ausflüge, und so konnte Charles weiterhin zu der Frau finden, an die
er, wie er seinem Biografen Jonathan Dimbleby gegenüber zugab,
«fast beim ersten Anblick das Herz verloren» hatte – nicht anders als
seine Mutter das ihre beim ersten Anblick von Philip 1939.

Im Sommer 1980 kam es während einer Poloparty bei Freunden in Sussex zu einer Begegnung mit Diana aus der Familie der
Grafen Spencer, die in Althorp in Northamptonshire ihren Stamm-
sitz hat. Charles kannte die Spencers, war er doch eine Zeitlang mit
Dianas älterer Schwester Sarah liiert gewesen. Die Jüngere schmei-
chelte dem Prinzen mit ihrem Mitleid für die Tragödie, die im Vor-
jahr über die Windsors gekommen war und die Charles noch immer nicht verkraftet hatte: Lord Louis Mountbatten, Philips Onkel
und längst Mentor und Großvater-Ersatz für Charles, war bei einem Attentat der IRA vor der Küste Irlands ums Leben gekommen. Er brauche jetzt jemanden, so flüsterte die mitfühlende Diana
dem Windsor-Erben ein, der sich um ihn kümmere. Dass sie selber
noch viel dringender solchen Zuspruchs bedurfte, sollte sich erst
noch herausstellen. Dem Prinzen von Wales jedenfalls tat der Trost

gut, Dianas natürliche Art, ihre Ungezwungenheit nahmen ihn für sie ein. Vor allem Camilla riet zu der Verbindung – sie schätzte das Mädchen als gefügig und unrebellisch ein, «a safe bet», eine Wette ohne Risiko, auch für sie, die Geliebte. Welcher Irrtum. Neun Monate später waren Charles und Diana verlobt. Den Antrag hatte der Prinz ihr auf dem Landsitz der Parker-Bowles gemacht, Bolehyde Manor in Wiltshire, eine kurze Strecke nur von seiner eigenen Landadresse Highgrove in Gloucestershire entfernt. Der Zorn der Götter war herausgefordert.

So fiel einem neunzehnjährigen Teenager die Rolle zu, das leicht angestaubte und seiner öffentlichen Wirkung nicht mehr ganz sichere britische Herrscherhaus mit neuem Glamour zu verjüngen, mit jener Celebrity-Qualität, die 30 Jahre zuvor Elizabeth und ihrer Schwester Margaret wie selbstverständlich zugeflogen war. Doch die rosige Annahme im Falle Dianas stellte sich sehr rasch als eine Rechnung heraus, die nicht aufgehen konnte. Es kam einem undurchdachten Pakt mit der Zukunft gleich, auf die Schultern dieses Mädchens aus einem zerrütteten, wenn auch adligen Elternhaus die Last solcher Erwartungen, die Hoffnung auf ein Aufblühen des königlichen *brand name* abzuladen. Dazu wäre mehr Rücksicht auf die Ahnungslose nötig gewesen, eine sorgfältige Einführung in die Fallstricke des Hofes, seiner Etikette, seiner Gewohnheiten. Und – ist es zu viel verlangt? – die Liebe des Mannes zu seiner Zukünftigen.

Nichts davon war gegeben. Der Hof verfolgte *business as usual*, die Queen übte sich in gewohnter Distanz, ein Beamter händigte Diana zur Lektüre ein Werk über die englische Verfassung aus, und der Ehemann in spe, eingefleischter Junggeselle, der er war, stürzte sich in den Wirbel seiner öffentlichen Pflichten und ließ Diana zwischen Verlobung und Hochzeit, zwischen Februar und Juli 1981, wie links liegen. Und das Herz des 32-Jährigen gehörte einer Anderen. Der Keim der Tragödie war gelegt. Derweil grübelte die angehende Ehefrau über ihr Schicksal, sah sich nach eigenen Worten als «Lamm, das zur Schlachtbank geführt wird», ihrer Orientierungslosigkeit ausgesetzt, unglücklich bis zur Bulimie, die noch vor der Hochzeit bei ihr ausbrach.

Im Frühjahr 1981 trifft Diana anlässlich eines literarischen Abends in London Grace Kelly, die Fürstin von Monaco. Auf der Damentoilette beichtet sie der Gattin Fürst Rainiers ihre ersten Erfahrungen. «Keine Sorge», meint die Fürstin sarkastisch, «es wird nur noch schlimmer.» Die königliche Familie ihrerseits, nach alter Manier, stellt keine Fragen, bespricht nichts, wundert sich über die Schwankungen in Dianas Gefühlshaushalt, aber setzt stillschweigend voraus, alles werde sich geben, wenn die junge Frau erst einmal ihre Rolle als Gattin und Mutter erlernt habe, «entsprechend den Bedürfnissen der Institution», wie Jonathan Dimbleby in seiner 1994 erschienenen Charles-Biografie lakonisch formuliert.

Die Herzogin von Cambridge, frühere Catherine Middleton, hat, wie es heißt, genau studiert, was mit ihrer verstorbenen Schwiegermutter geschah und wie diese sich schließlich nicht anders zu wehren wusste als mit ihren eigenen, nicht unbeträchtlichen Waffen. Dass eine solche Vorgeschichte sie nicht schreckt, gab sie im November 2010 im ersten Fernsehinterview zu verstehen, das sie und Prinz William gemeinsam absolvierten und in dem sie stolz den Verlobungsring vorzeigte, den schon Prinz Charles Diana zur Verlobung geschenkt hatte. Alles andere als abergläubisch, nahm sie den Ring als glückliches Omen, dass sie, Kate Middleton, aus gesicherter, harmonischer Familie, kein Schicksal erleiden werde wie die Mutter ihres Ehemanns. Es gibt gute Gründe, die dafür sprechen, dass die Herzogin, mit 29 Jahren neun Jahre älter bei ihrer Hochzeit als Diana bei der ihren, Recht behalten dürfte. Und dass auch die Monarchie durch die offensichtliche Liebe zwischen ihr und Prinz William nur gewinnen kann.

❧

Die Tragödie von Charles und Diana gewann mit dem Tag ihrer Vermählung, dem 29. Juli 1981, an Fahrt. Schon damals wusste der «harte Kern» der Windsors, dass es hier kein Liebesfest zu besichtigen gab; der Welt aber gaukelte man das Bild eines Traumpaares vor. Auch Robert Runcie, der Erzbischof von Canterbury und Primas der anglikanischen Kirche, war offenbar nicht eingeweiht.

Hätte er sonst die Trauung verantworten und unschuldig den Satz sprechen können, der in der Church of England dem Augenblick der Vermählung vorausgeht? «Sollte irgendjemandem ein Grund bekannt sein, der gegen die Vereinigung dieser beiden Menschen spricht, so ist er vor seinem Gewissen gehalten, dies kundzutun oder für immer zu schweigen.» «Or forever hold his peace», heißt das im Englischen – oder auf immer Frieden zu geben. Der Grund, der gegen die Vereinigung von Charles und Diana sprach, war in der Königsfamilie längst bekannt: Er hieß Camilla, verheiratete Parker-Bowles. Doch niemand trat mit dieser Kenntnis hervor. Im wirklichen Leben geschieht so etwas nicht.

Runcie predigte, diese Ehe sei «ein Symbol der Einheit, einer lebenslangen Partnerschaft», und das Paar stelle «repräsentative Figuren der Nation dar, den Stoff, aus dem Märchen gewirkt sind». Die Zeitungen stimmten zu. In der «Times» las man: «Der englische Thron ist nun identifiziert mit einem vorbildlichen Familienleben.» Im «Daily Telegraph»: «Die königliche Familie ist ein Symbol für die Hoffnung und das Wertvolle in unserem öffentlichen Leben.» Man kann diese Kommentare heute nur noch mit bitterer Melancholie lesen. Nichts in der Geschichte der Windsors ist so gut ausgeleuchtet in zahllosen Büchern und Studien wie der Niedergang der ersten Ehe des Prinzen von Wales, der in einer absurden Szene besonders pointiert vor Augen tritt. Diana hat ihren Mann wegen Camilla, die sie später als «Rottweiler» apostrophieren wird, zur Rede gestellt. Charles aber antwortet in frustrierter Larmoyanz: «Erwartest du ernstlich von mir, ich solle der erste Prinz von Wales in der Geschichte sein, der keine Mätresse hat?» Das erinnert an den Satz Raymond Carrs, der von der britischen Aristokratie schrieb, der Ehebruch sei ihr «Zeitvertreib» gewesen. So hielten es schließlich auch Camilla und ihr Ehemann.

Man sieht: Nichts änderte sich zunächst mit dem Erscheinen Dianas auf der höfischen Bühne. Sie tat, was die Pflicht von ihr verlangte: Sie brachte zwei Söhne zur Welt, 1982 William und 1984 Harry, «an heir and a spare» – einen Erben und ein Ersatzrad gewissermaßen, den Zweiten zur Rückversicherung. Der Zweite war in der englischen Königsgeschichte, wie wir sahen, nicht selten zum

Zuge gekommen – Heinrich VIII. war ein solcher gewesen, auch George V. und sein Sohn George VI., Elizabeths Vater.

Nur eine Stimme regte sich an jenem Julitag 1981, die sich nicht durch das «Märchen» (Erzbischof Runcie) einfangen ließ. Es war Jan Morris, eine bekannte Essayistin, deren Leserbrief an die «Times» das Blatt am Morgen der Hochzeit veröffentlichte. «Ich möchte hiermit», so schrieb sie, «als Bürgerin meinen Abscheu und mein ungutes Vorgefühl registrieren über die Großtuerei, die Extravaganz und Unterwürfigkeit, wie sie an diesem Tag die Hochzeit des Thronerben umgeben.» Die Autorin, die später die Prophetie ihrer Worte in Erfüllung gehen sah, kommentierte rückblickend, sie habe damals geglaubt, «den letzten Tagen der Romanows beizuwohnen», die «Vulgarität der Emotionen» habe sie als «schmutzig und sinister» empfunden; viele Menschen hätten ihr danach geschrieben, die von ähnlichen Vorahnungen geplagt worden seien.

Aber im Juli-Heft des Edelmagazins «Country Life» entwarf die Autorin Marghanita Laski ein Gegenbild – Cinderella, Aschenputtel. Cinderella sei einfach «ein notwendiger weiblicher Mythos, eine Romanze, das schöne Unerreichbare, die Fantasie von einem Leben, das wir gerne hätten und das viel attraktiver ist als die Welt, wie sie wirklich ist.»

In der populären Vorstellung vom Königtum ist der Kontrast zwischen dem für die meisten unerreichbaren Glanz und der prosaischen Wirklichkeit ein gängiger Topos, eine beständige Verführung, Metaphern wie Märchen und Mythos zu bemühen, um den Lichtschein, der in die unattraktive Gegenwart einfällt, zu beschreiben. Eine Verführung, das Aschenputtel, das von ihrem Prinzen gefunden wird, auf das Podest unserer Märchensehnsucht zu heben. Solcher traditionellen Schwärmerei hat die Erfahrung der Prinzessin von Wales mit Prinz Charles den Boden gründlich entzogen. Eine königliche Romanze wie die zwischen Catherine Middleton und Prinz William wird nicht mehr daran gemessen, wie viel Mythos und Märchen sie beinhaltet, sondern ob sie den Kriterien der Normalität standhält, die nach Stabilität, Treue, kurz: nach Nachhaltigkeit fragen und die Menschen nicht mehr mit dem Make-up des Märchens in die Irre führen. Die Briten hat an der Verbindung zwischen der bürgerlichen Kate Middleton und ihrem Prinzen besonders beeindruckt, dass es bei beiden keine Kluft zwischen der erträumten und der wirklichen Welt zu geben scheint, dass sie keinen Kontrast auftreten lassen zwischen dem Schein und dem Sein, sondern vielmehr Traum und Realität auf dem Boden der Normalität zusammenfügen. Ist eine solche Grundlage erst einmal etabliert, kann das Volk die glanzvolle Hochzeit, wie am 29. April 2011 geschehen, umso unbeschwerter feiern, da kein Verdacht sich meldet, man sei erneut der Fantasie auf den Leim gegangen.

Zu dieser fast geschäftsmäßigen Grundlage eines modernen Märchens, das diesmal ohne Anführungszeichen geschrieben werden darf, gehört, dass der Herzog und die Herzogin von Cambridge, anders als Charles und Diana, vor ihrer Hochzeit bereits Jahre des gemeinsamen Lebens erprobt hatten, als Test, an dem beide nur wachsen konnten. Neun Jahre waren seit ihrer ersten Begegnung an der schottischen Universität St. Andrews vergangen, darin eingeschlossen auch eine kurze Zeit der Trennung im Jahr 2007. In dem zitierten Interview sprach der Prinz offen über diese lange Periode des Zuwartens. «Ich wollte sichergehen», sagte er, «dass Catherine die Chance erhält zu sehen, wie das Leben in meiner Familie aussieht. Sie sollte hineinschauen und Abstand davon nehmen können, falls sie das für nötig gehalten hätte – jedenfalls ehe alles zu viel für sie werden würde. Ich versuche, aus der Vergangenheit zu lernen, und wollte ihr die beste Möglichkeit geben, in Ruhe zu erleben, wie es auf der anderen Seite aussieht.»

Nichts illustriert den großen Abstand zwischen dem Heute und der Zeit vor 30 Jahren besser als diese Äußerung. Der Prinz von Wales, Williams Vater, war von seinem eigenen Vater, dem Herzog von Edinburgh, nach nur wenigen Monaten des Umgangs mit der neunzehnjährigen Diana Spencer aufgefordert worden, sich ihr gegenüber zu erklären oder die Beziehung abzubrechen. Es ist bezeichnend, dass Philip seinem Sohn dies per Brief mitteilte, zu einem Gespräch fehlte beiden bei ihrer gespannten Beziehung die nötige Gefühlskultur – vielleicht auch die Zivilcourage? Charles sah in dem Schreiben seines Vaters ein Ultimatum, worin ihm Freunde, denen er den Brief zeigte, nicht zustimmten – die Zeilen seien lediglich der Ausdruck eines besorgten Vaters gewesen, dem der bereits begonnene Medienrummel um Diana zu denken gab und der das Mädchen nicht weiter kompromittiert sehen wollte.

Doch die Beweggründe Philips lagen tiefer. Den Eltern war das Verhältnis ihres Sohnes zu einer verheirateten Frau nicht verborgen geblieben, auch wenn niemals mit ihm darüber gesprochen wurde. Ein Angehöriger der Royal Horse Guards war sogar eines Tages bei der Queen vorstellig geworden und hatte ihr berichtet, dass ihr Sohn zur Frau eines Offiziers des Regiments – gemeint war Andrew Parker-Bowles – eine Beziehung unterhalte, «und das Regiment mag das nicht». Sarah Bradford schreibt in ihrer Biografie Elizabeths, die Königin habe bei der Nachricht «zu Boden geblickt und geschwiegen», entschlossen, sich wie gewohnt nicht in die Angelegenheiten ihrer Kinder einzumischen. Aber die Botschaft war angekommen. Sollte der Älteste gar auf dem Wege sein, ein zweiter Edward VIII. zu werden, der über seiner Beziehung zu einer verheirateten Frau gestürzt war? Charles war inzwischen jenseits der 30, die Zeit – und die Erbfolge – drängte zur Gründung einer Familie.

Auch der Sohn wusste es; er verstand den Brief seines Vaters durchaus richtig – als Aufforderung, seine Unschlüssigkeit gegenüber Diana abzulegen und die Ehe zu wagen. Einem Freund enthüllte er die ganze Qual seiner Lage: «Dieser ungewöhnliche Sprung in ziemlich unbekannte Umstände, den ich da mache – es scheint alles so lächerlich, denn eigentlich will ich doch nur das Richtige für dieses Land und für meine Familie tun. Aber ich habe manchmal schreckliche Angst davor, ein Versprechen abzugeben und danach zu erleben, wie ich es bedauern muss.» Die Entscheidungsnot dadurch zu lindern, dass man dem Thronerben Zeit gegeben hätte zur Erprobung eines Zusammenlebens mit Diana, war nach dem damaligen moralischen Verständnis im Königshaus ausgeschlossen. Nicht dass Charles dies gewollt hätte, schließlich war da ja seine außereheliche Flamme. Karl Shaw hat schon 1999 in

«Royal Babylon» festgehalten, was heute in Bezug auf Charles und seine lebenslange Beziehung allgemeiner Auffassung entspricht: «Verglichen mit früheren Jahrhunderten verdient Charles' Hingabe an seine Geliebte Camilla Parker-Bowles wahrscheinlich den Namen Treue.» Camilla war eben mehr als eine traditionelle Mätresse des Prinzen von Wales, sie war der Leuchtturm in seinem Leben. Grausame Verkehrung: mit Camilla die Treue, mit Diana der Treuebruch, die Ehe als Seitensprung.

Der tiefe Gleichklang zwischen Charles und seiner Geliebten bestand zwischen Diana und ihrem Mann nicht. Im Gegenteil, sie waren wie zwei Magneten, die sich gegenseitig abstießen. Dafür hingen sie an klischeehaften Vorstellungen – sie von einem Märchen, das nicht der Wirklichkeit entsprach, er von dem Pflichtgefühl, die Erbfolge sichern zu müssen, und das unter völlig antiquierten Bedingungen. Wir schauen in so etwas wie die Prähistorie beim Lesen eines Briefes, den Earl Mountbatten an den heranwachsenden Prinzen von Wales schrieb, als dieser noch seiner Brautschau nachging. «Ein Mann wie Du», so der Rat des 48 Jahre Älteren, «sollte sich die Hörner abstoßen und dann ein herziges Mädchen finden, und zwar ehe dieses jemand anderen gefunden hat, in den es sich verlieben könnte. Es ist wirklich höchst störend, wenn Frauen mit Vorleben aufs Podest gelangen und sich dort nach der Ehe halten wollen.» Das entsprach dem geflügelten, leicht zynischen Wort: «Bedded can't be wedded» – eine Frau mit Betterfahrung kann man nicht mehr heiraten.

Die Hoffnung auf eine jungfräulich Unberührte geisterte noch durch das Denken der Windsors, als die übrige Gesellschaft diese Idee als *conditio sine qua non* einer Ehe längst aufgegeben hatte. Was aber dann geschieht, wenn eine junge Frau ohne Erfahrung aufs königliche Podest gelangt und dort alleingelassen wird nach dem Motto «sink or swim», schwimm oder geh unter, und das im Schatten einer «Frau mit Vorleben» – das hat das Diana-Kapitel überzeugend unter Beweis gestellt. Im Gegensatz dazu sind William und Catherine, nach Jahren der gemeinsamen Reifung vertraut miteinander, das heutige Beispiel dafür, wie die Monarchie in Großbritannien durch Anpassung an die Moderne neuen Spielraum schaffen kann nicht nur für Mitglieder der königlichen Familie, sondern auch für ihre eigene Akzeptanz als Institution. Auch hilft, dass William nicht der Erste in der Thronfolge ist und ihm und seiner Frau damit ein größeres Maß an Toleranz zur Gestaltung ihres Leben gewährt wird als 30 Jahre zuvor Prinz Charles, dem unmittelbaren Erben.

☙

Hat niemand einen Versuch unternommen, die Ehe zwischen Charles und Diana zu retten? War sie überhaupt zu retten? Diana glaubte es noch bis weit nach der Geburt ihres zweiten Sohnes Harry. Zum 37. Geburtstag ihres Mannes stand 1985 ein Gala-Ballettabend in der Royal Opera Covent Garden auf dem Programm, und die Prinzessin hatte sich als Überraschung für das Ende der Vorführung einen gemeinsamen Auftritt mit dem Star des Royal Ballet Wayne Sleep ausgedacht, hatte heimlich mit ihm geübt und freute sich auf einen gelungenen Geburtstagscoup. Es wurde ein Tanzduett von mitreißendem Appeal, am Ende machte Diana einen gekonnten Knicks in Richtung königliche Loge, zu Charles hin. Acht Mal musste sie vor dem Vorhang erscheinen, um den Applaus entgegen zu nehmen. Der Prinz aber, weit entfernt, das Geschenk zu würdigen, reagierte schockiert und sah in dieser Episode keine Geste der Zuneigung, sondern nur einen weiteren Versuch seiner Frau, ihren Publicity-Wert als Ikone auszuschlachten. Er wurde einfach nicht fertig mit dem Starkult um Diana, fühlte sich unwohl in ihrem Schatten, ja, geradezu unterminiert in seiner Stellung. Zumal die Prinzessin, gelangweilt vom Hof und seiner Formalität, für Charles' Verpflichtungen nur wenig Verständnis zeigte. Sie suchte Nähe, er hing an seiner Routine und war sichtlich unfähig zu demonstrieren, ob es in seinem Leben überhaupt Platz für eine Ehefrau gäbe – für diese Ehefrau.

«Ich komme mir vor wie in einer Art Käfig», schrieb der königliche Panther an einen Freund, «gehe darin hin und her und sehne mich nach Freiheit. Wie schrecklich doch Inkompatibilität ist, und wie schrecklich destruktiv sie sein kann für die Spieler in diesem

Geburtstagsgeschenk an Prinz Charles: Prinzessin Diana tanzt mit
Wayne Sleep zu «Uptown Girl» im Royal Opera House Covent Garden,
London, Dezember 1985 (Foto: J. Black)

außerordentlichen Drama. Es hat alle Ingredienzien einer griechischen Tragödie.» Etwa um diese Zeit, 1986/87, müssen beide damit begonnen haben, außerehelich einen Ausweg aus ihrer dysfunktionalen Beziehung zu suchen, Diana mit rasch wechselnden Liebhabern. Glaubt man Charles und seinem Geständnis in dem TV-Gespräch mit Jonathan Dimbleby vom Herbst 1994, so nahm er sein Verhältnis zu Camilla erst wieder auf, «nachdem die Ehe unrettbar zerbrochen war».

Die journalistische Meute brauchte eine gewisse Zeit, dem Unglück auf die Spur zu kommen. Das Märchen einer intakten Ehe war allzu attraktiv, um rasch aufgegeben zu werden, hatte doch der Boulevard die Leser seit Jahren schon in den Schlaf geschickt mit lauter Gute-Nacht-Geschichten königlichen Glücks. James Whitaker, der Anführer der Meute, ein Starreporter des «Daily Mirror» und auf Enthüllungen über den Hof spezialisiert, bekannte später: «Natürlich hörten wir den Klatsch über eheliche Probleme. Aber gezielt begangener Ehebruch im großen Maßstab, und das auf beiden Seiten? Es schien einfach nicht glaubhaft.» Als es dann doch nicht mehr zu leugnen war, spätestens im Sommer 1992, entfesselten die Medien eine Jagdsucht, welche die Grenzen zur Inhumanität habituell überschritt.

Und das Königspaar, Elizabeth und Philip? Sie waren lange Zeit hinweg ahnungslos über den Zusammenbruch vor ihren Augen. Die Leibwächter und Detektive des Prinzen und der Prinzessin von Wales folgten der Usance strengster Diskretion und ließen nichts heraus über die diversen Rendezvous ihrer Schützlinge. Die Nemesis lag auf dem Sprung, als ein gewisser Andrew Morton, der sich einen Namen mit seinen Berichten über das Königshaus gemacht hatte, im Sommer 1991 mit dem Arzt James Colthurst, einem engen Freund Dianas, in einem Londoner Café zusammentraf und dieser ihn über die Interna der Wales-Ehe ins Bild setzte. Der Rest ist Geschichte – die Tonbänder mit Dianas selbst aufgezeichneten Monologen, der Colthurst-Kurierdienst zu Morton, damit die Prinzessin von Wales behaupten konnte, sie habe mit dem Autor nicht gesprochen, schließlich Mortons Buch vom Juni 1992, «Diana – Her True Story». Es war der Schrei einer Frau aus dem Verließ ihres Lebens.

Noch vor Erscheinen des Buches müssen die Queen und ihr Mann – endlich – Wind bekommen haben von der krisenhaften Zuspitzung in der Ehe ihres Sohnes. Robert Lacey weiß in der für das Goldene Thronjubiläum von 2002 überarbeiteten Fassung seiner früheren Biografie der Queen von einem Versuch der Eltern zu berichten, mit Charles und Diana zusammen wie in einer Familientherapie-Sitzung ins Gespräch zu kommen und herauszufinden, was da schief gegangen war. «Kannst du uns sagen, was los ist?», muss laut Lacey die Queen das Gespräch eröffnet haben, sich an ihren Sohn wendend. «Wie bitte?», schoss dieser zurück, «um morgen alles in den Zeitungen nachlesen zu können? Nein, danke.» Längst hatte der Thronfolger kapituliert vor dem überragenden Talent seiner Frau, die Medien zu manipulieren und aus dem Image der gejagten Prinzessin Kapital zu schlagen für sich, für Diana, die Göttin der Jagd. Es war diese langjährige Unterlegenheit, die ihn bewog, Dimblebys Biografie über ihn zu autorisieren und noch vor deren Erscheinen im Herbst 1994 dem Verfasser in dem berüchtigten TV-Interview Rede und Antwort zu stehen über seine Version einer verfahrenen Ehe. Das konterte Diana ein Jahr später mit ihrem eigenen Fernsehauftritt, der Millionen von Zuschauern allein mit einem einzigen Satz in den Bann schlug, der seitdem zum ewigen englischen Zitatenschatz gehört: «Es gab drei in unserer Ehe, es war also ein bisschen eng.»

«The war of the Waleses», wie er genant wurde, der Krieg der Eheleute Wales, beschämte auch die Queen und den Herzog von Edinburgh zutiefst. Die königliche Familie, immer bedacht auf Diskretion, auf Schweigen, auf Verdrängung aller Krisen, sah sich plötzlich einer Explosion von Indiskretion ausgesetzt, dem unverzeihlichen Verstoß gegen den traditionellen Grundsatz der Royals «Never complain, never explain» – «Nie sich beschweren, nie kommentieren». Und das aus dem Innern der eigenen Familie heraus. Das Märchen von 1981 hatte sich in den Albtraum von 1995 verwandelt. Die Dämme waren freilich schon 1992, im *«annus horribilis»*, wie Elizabeth das Jahr nannte, gebrochen: Drei ihrer Kinder – Anne, Andrew und im Dezember Charles – hatten die Trennung von ihren Ehepartnern bekannt gegeben, und geheime Mitschnitte von intimen Telefonaten zwischen Diana und ihrem Liebhaber James Gilbey sowie zwischen Charles und Camilla hatten, 1992/93 ans Tageslicht gekommen, die letzten Hüllen des guten Geschmacks zerrissen. Publicity, dieses zweischneidige Schwert, wendete sich jetzt gegen die Monarchie und verwundete sie bis ins Mark. Ende 1995 konnte sich die Queen nur noch mit einem Schritt helfen, der ihrer Natur völlig widersprach: Sie mischte sich in das Privatleben ihres Erstgeborenen ein und forderte ihn und Diana in gleich lautenden Schreiben auf, sich scheiden zu lassen. Ende der Tragödie? Ein letzter Akt stand noch bevor.

Anfang August jeden Jahres zieht der Tross der Royals gen Norden, nach Schloss Balmoral im schottischen Hochland, wo eine zweimonatige Landpartie auf den Hofstaat wartet, mit endlosen Picknicks, Barbecues, Jagdausflügen, Dinners und schottischen Tanzvergnügungen, bis weit in den September hinein. So auch diesmal, 1997. Diana hasste diese Rituale, die nach altem Muster und in steifen Formen abliefen, durchsetzt mit Smalltalk, der über alles und nichts dahinplätscherte. Charles und Camilla dagegen sind vom Typus her Landedelleute, Pferde, Countryside und Jagd ihr Element. Auch Malen und Aquarellieren übrigens, eine nicht unwichtige Leidenschaft, die sie verbindet; auch der Herzog von Edinburgh ist ein nicht unbegabter Amateurmaler. Die Prinzessin von Wales jedenfalls war froh, mit der Scheidung, die Ende August 1996 in Kraft getreten war, den Balmoral-Ritus ein für allemal los zu sein und sich stattdessen Vergnügungen auf dem Mittelmeer hingeben zu können, zusammen mit ihrem neuen Freund Dodi al-Fayed, auf der Yacht von dessen Vater Mohamed, dem damaligen Besitzer des Kaufhauses Harrods. Die Söhne, William und Harry, vertrieben sich derweil ihre Schulferien bei der Großmutter und dem Vater auf Balmoral; ein Wiedersehen im Kensington Palast, der Residenz der Mutter, war für Anfang September geplant. Diana war zwar nicht mehr «Ihre Königliche Hoheit», aber immer noch Lady Diana, Prinzessin von Wales, und mit 17 Millionen Pfund Abfindung bei den Scheidungsverhandlungen nicht schlecht davongekommen.

Die Queen hatte auf «Balmoral Time» umgestellt, dem Vereinigten Königreich entrückt und nur durch die *red boxes* und die darin einzusehenden Staatspapiere mit London auf Tuchfühlung. Aber eigentlich weit, weit weg, Distanz hoch fünf. Die Nachricht vom Unfalltod in Paris traf sie wie alle Welt unvorbereitet, aber Elizabeth eher noch unvorbereiteter als andere. Ihr stoisches Naturell hatte ihr erlaubt, in 45 Jahren auf dem Thron alle Fährnisse der Zeit bravourös zu meistern, wenn auch weniger bravourös die Geschicke ihrer Familie. Die Fassungslosigkeit, die mit dem Tod der Ikone Diana das nationale Gemüt heimsuchte, konnte sie nicht nachempfinden und noch weniger die Erregung, die nun in den Medien anhob, nach dem Tenor der Schlagzeile des «Daily Express»: «Zeigen Sie uns, dass Sie mitfühlen.» Der «Mirror» sekundierte: «Sprechen Sie zu uns, Ma'am, bitte sprechen Sie.»

Aber die Queen zögerte, abgelenkt durch eine protokollarische Frage, die zunächst alle anderen Erwägungen beiseiteschob: Was tun mit dem Fahnenmast auf dem Dach des Buckingham Palastes? Der stand leer, denn die königliche Fahne wurde immer nur gehisst, wenn das Staatsoberhaupt anwesend war, und halbmast zu flaggen kam ohnehin nicht in Frage, das hatte es in der Geschichte noch nie gegeben, nicht einmal beim Tod eines Monarchen oder beim Tod einer nationalen Figur wie Winston Churchill, 1965. «War die Prinzessin wichtiger für die Nation als ein Churchill?», murmelte ein Hofbeamter erregt. Wie Etikette und Tradition dem königlichen Urteilsvermögen im entscheidenden Moment den Blick verstellen können, war an diesem Beispiel mustergültig abzulesen. Der Mast jedenfalls blieb in den ersten Tagen leer, und das Volk glaubte an dieser fehlenden Geste das Fehlen des Gefühls an oberster Stelle, im Herzen der Königin, feststellen zu müssen. Eine bedenkliche Situation bahnte sich für die Queen an, die bedenklichste ihrer bisherigen Regentschaft überhaupt. Der Film «The Queen» hat das sich entfaltende Drama gut erfasst. Wie anders und politisch hellsichtiger reagierte damals Tony Blair, der sich noch am Todestag selber spontan an die Spitze der öffentlichen Betroffenheit stellte und dabei das gelungene Wort von «The People's Princess» fand.

Doch das Königshaus musste und muss sich nicht an den Reflexen der Politik messen lassen. Im Übrigen hatte die Queen bei anderen Gelegenheiten durchaus verstanden, was zwischen der Krone und dem Volk auf dem Spiel stand und welche Reaktion ein Moment der Krise verlangte – etwa Ende 1992, als sie ohne langes Zögern einwilligte, auf das Privileg der königlichen Steuerfreiheit, eine große Irritation in den Augen der Gesellschaft, zu verzichten. Aber diesmal verließ ihre Intuition sie vollends, vielleicht weil sie in Fragen von Gefühlen immer nach dem Prinzip der *stiff upper lip* verfahren war – «du darfst nicht weinen», hatte ja eine der ersten Lektionen der jungen Lilibet gelautet – und eine öffentliche Demonstration privater Trauer für sie daher auf keinen Fall in Frage kam. So tauchten die Windsors, während die Massen in noch nie gesehener Bewegung ihren Gefühlen nachgaben, in den Bunker ihres traditionellen Schweigens ab und verharrten im schottischen Norden, unbewegt.

Die Hofsprecher fanden zunächst eine handliche Erklärung: Die Monarchin wolle in dieser Stunde bei ihren Enkeln bleiben und die beiden Jungen über den grausamen Verlust der Mutter trösten. Es entlastete die Queen leider gar nicht. Welche Ironie: Hatte man Elizabeth nicht lange genug vorgeworfen, sie vernachlässige über ihren Staatsgeschäften die Belange der eigenen Familie? Hatte man ihr nicht geradezu unterstellt, sie habe kein Herz, sondern denke immer nur an ihre verdammten *red boxes* und die Pflichten königlicher Repräsentanz? Jetzt, wo sie die Fürsorge für die Enkel an die erste Stelle ihrer Prioritäten setzte, sollte dies alles vergessen sein?

Die Öffentlichkeit nahm Elizabeth die Entschuldigung für ihr Nichterscheinen nicht ab, man hielt sie für eine Ausflucht, eine Tarnung der Tatsache, dass die Windsors eigentlich nie begriffen hatten, was sie Diana, diesem aufreizenden Irrlicht, trotz allem schuldig waren und was sie nun durch den Tod der Prinzessin verloren hatten. Die Queen könne sich also glaubhaft gar nicht der allgemeinen Trauer anschließen. Die Wahrheit hinter dem wachsenden Groll der öffentlichen Meinung lag aber woanders: Wir sind Ihrer Majestät Familie, so lautete die Botschaft, wir sind das demokratische Volk und erwarten als Erste die Ansprache der Königin im Augenblick unserer größten Aufgewühltheit. Wir haben unsere Prinzessin verloren, suggerierten die Schlagzeilen nach Art von fast persönlichen Petitionen. «Sprechen Sie zu uns, Ma'am, bitte sprechen Sie», wie es der «Mirror» formulierte. Die «Times», Bollwerk der Treue zum Königtum, fuhr am 4. September ein für die Queen gefährliches Geschütz auf, einen Vergleich: «In Diana sah die Welt eine neue Monarchie, spontan und ansprechbar, unbesorgt um das Protokoll, besorgt um die Menschen.» Die Institution wankte.

Elizabeth stand vor einer die Grundfesten der konstitutionellen Monarchie in Großbritannien berührenden Frage. Als Kopf eines demokratischen Gemeinwesens musste sie wissen, dass die Dauer von Traditionen verblasst vor der Rechenschaft, die der erste Diener der Nation, die Queen, dem eigentlichen Souverän, dem

Volk, schuldet. Denn sie ist Königin von Volkes Gnaden, was sie und Philip, gemessen an ihren diversen Äußerungen zu diesem Thema, immer anerkannten. Der Reflex «Man darf sich nicht einschüchtern lassen durch das, was die Presse schreibt», zielte diesmal am Thema vorbei. Hinter den Medien stand die öffentliche Meinung wie eine geschlossene Phalanx, und dies zu missachten, hätte die Daseinsberechtigung der Monarchie selber aufs Spiel gesetzt. Denn welchen Sinn hat eine Institution, die sich an die Zeitlosigkeit ihrer Geschichte und ihrer Formen klammert, aber die Menschen – «auf die es ankommt», wie Prinz Philip 1969 in Kanada gesagt hatte – im Hier und Jetzt ignoriert?

Ringt sich die Queen einmal zu neuer Erkenntnis durch, kommen die Dinge sehr schnell in Bewegung. Sie mussten es auch, denn es war der Donnerstag der Woche nach Dianas Tod, und in zwei Tagen würde das Requiem in der Westminster Abbey stattfinden. Elizabeth gab auf der ganzen Linie nach: Sie flog am Freitagvormittag nach London zurück; der Union Jack wurde über dem Buckingham Palast gehisst, und zwar auf halbmast (er weht dort seitdem ständig, wenn die Queen nicht anwesend ist); Elizabeth erwies der aufgebahrten Prinzessin im St. James's Palast, Charles' Residenz, persönlich die letzte Ehre und behielt sich eine besondere Überraschung vor: Aus der offiziellen Limousine, die sie und Prinz Philip heimbringen sollte, stieg sie aus und besichtigte gemeinsam mit ihrem Mann das Meer der Blumenbotschaften, das vor dem Buckingham Palast aufgeschichtet war. Noch am Abend des gleichen Tages wandte sie sich in einer Fernsehansprache an die verwundete Seele des Volkes und gab den Menschen endlich, was diese von ihr erwarteten: ein Wort der eigenen Trauer und Betroffenheit über den Heimgang eines ungewöhnlichen Menschen.

Es wurde die wichtigste Rede der Queen während ihrer fortgeschrittenen Jahre, so entscheidend für die 71-Jährige wie 50 Jahre zuvor in Kapstadt die Radioansprache der 21-Jährigen an das Commonwealth. Der Text trug ihre Handschrift, zeigte ihre Emotion, in Würde und glaubwürdiger Anteilnahme, «und was ich jetzt zu Ihnen sage, als Ihre Königin und als Großmutter, sage ich von Herzen.

**Vom Souverän, dem Volk, nach London zurückbeordert:
Die Queen und Prinz Philip inmitten des Blumenmeers zum Gedenken
an Diana vor dem Buckingham Palast, 5. September 1997**

Als Erstes möchte ich selbst Diana meinen Respekt zollen. Sie
war ein außergewöhnlicher und talentierter Mensch. In guten und
in schlechten Zeiten hat sie nie ihre Fähigkeit eingebüßt, zu lächeln
und zu lachen oder andere durch ihre Wärme und Freundlichkeit
zu inspirieren. Ich habe sie bewundert und respektiert für ihre
Energie und ihren Einsatz für andere und besonders für ihre Hingabe an ihre beiden Jungen. Diese Woche haben wir alle versucht,
William und Harry in Balmoral dabei zu helfen, mit dem schrecklichen Verlust fertig zu werden, den sie und der Rest von uns erlitten haben. Niemand, der Diana kannte, wird sie je vergessen. Millionen von Menschen, die sie nie getroffen haben, aber fühlten, dass
sie sie kannten, werden sie in Erinnerung behalten. [...] Ich teile
Ihrer aller Entschlossenheit, Dianas Gedenken in Ehren zu halten.
[...] Ich hoffe, dass wir alle, wo immer wir sind, morgen zusam-
menfinden können, um unsere Trauer über den Verlust Dianas und
ihr viel zu kurzes Leben zum Ausdruck zu bringen. Es ist eine
Chance, der ganzen Welt zu zeigen, dass die britische Nation in
Trauer und Respekt vereint ist. Mögen die, die gestorben sind, in

Frieden ruhen, und mögen wir, jeder einzelne von uns, Gott danken für jemanden, der viele, viele Menschen glücklich gemacht hat.» Die Toningenieure hatten bei dieser Live-Übertragung ein Mikrophon auf dem Balkon des Buckingham Palastes aufgestellt, um unliebsame Nebengeräusche aus dem Studio, derer sie nicht Herr wurden, zu übertönen. So hörte man während der Ansprache von ferne das leise Geschiebe der Menschen vor dem Palastgitter, wo Blumen und Botschaften zu nachdenklichem Studium einluden. Das fügte der Rede der Queen ein Reality-Element hinzu und steigerte die Wirkung ihrer Worte auf unerwartete Weise. Es waren hochsommerliche Tage damals Anfang September, die Sonne strahlte, während die Menschen sich in Trauer hüllten.

Lady Di, die Prinzessin von Wales, besaß eine Qualität, die zu ihrem herausragenden Erkennungsmerkmal wurde und in der man die Antwort auf ihre durchwühlte Psyche zu entdecken glaubte: Sie konnte anrühren, berühren; das fügte ihrer erotischen Ausstrahlung eine fast spirituelle Komponente hinzu. Viele der karitativen Anliegen, die sie mit großem Ernst verfolgte, verstärkten in den Augen der Öffentlichkeit diese charismatische Wirkung der jungen Frau, womit sie die Windsors und deren Appeal weit hinter sich ließ. Sie praktizierte eine zeitgemäße Fürsorglichkeit, besuchte Hospize, Aidsstationen, Leprakranke in Afrika, in Mosambik und Bosnien auch Landminenopfer, und sie scheute bei keinem dieser Besuche vor körperlicher Berührung mit Betroffenen zurück. Die Berührung der Prinzessin von Wales kam vielen vor wie ein säkulares Pendant zum Mythos der Mutter Teresa. Ein merkwürdiger Zufall brachte es mit sich, dass die albanische, von Papst Johannes Paul II. später selig gesprochene Nonne, der Engel von Kalkutta, fünf Tage nach Diana starb, am 5. September 1997, dem Tag der TV-Ansprache der Queen, was seinerzeit in England in der aufgewühlten Stimmung fast unterging. Zwei Tage zuvor hatte Mutter Teresa noch wissen lassen, sie werde für Dianas ewige Ruhe beten.

Innerhalb der royalen Tradition und erst recht gegenüber der

Distanz, mit der die Queen den Menschen gegenüber zu treten pflegt, war der Diana-Touch, diese taktile Qualität, ein absolutes Novum. Die Prinzessin war sich dessen nur zu bewusst, als einer Quelle der Stärke in ihrer ansonsten tief lädierten Persönlichkeit. Ein deutlicher Beleg dafür findet sich in dem Interview mit ihr, das die französische Zeitung «Le Monde» Ende August 1997, nur wenige Tage vor ihrem Tod, veröffentlichte. «Weil ich viel näher bei den Menschen unten bin als bei denen oben», sagte sie, «können mir Letztere nicht verzeihen. Nichts gibt mir mehr Freude, als den Verwundbarsten in der Gesellschaft zu helfen. Dies ist Ziel und hinfort wesentlicher Teil meines Lebens. Eine Art Schicksal. Ich werde aufsuchen, wen immer ich in Not weiß, wo immer er sein mag.»

Näher bei den Menschen unten – das war auch ein zentraler Teil von Dianas Vermächtnis. Schon in den Tagen nach ihrem Unfalltod konnte man auf handschriftlichen Tributen, am Kensington oder am Buckingham Palast mit Blumen abgelegt, Botschaften lesen wie: «Diana war die wahre Royal, sie verstand die einfachen Menschen.» Auch Tony Blair erwähnte in der Stegreifansprache in seinem Wahlkreis Sedgefield noch am Sonntag von Dianas Tod diese spezifische Qualität, als er sagte: «Sie berührte das Leben von so vielen, in Großbritannien und in der ganzen Welt. [...] Wie oft werden wir uns an sie erinnern in ihren verschiedenen Situationen – mit den Kranken, den Sterbenden, mit Kindern, mit Menschen in Not.» Selber unerfüllt in der Liebe, war es Diana gelungen, bedingungslose Liebe zu gänzlich Unbekannten zu projizieren – die Fähigkeit einer charismatischen Persönlichkeit. Im Lager von Prinz Charles sah man in all dem eher einen Propagandatrick Dianas, um ihr öffentliches Image weiter aufzupolieren und die Medien für sich einzunehmen. Auch wurde nach dem exzessiv beweinten Tod ihr Bild in der Öffentlichkeit durch ein Übermaß an Sentimentalität eingetrübt. Doch im Abstand der Jahre hat sich Dichtung von Wahrheit geschieden, und wir erkennen jenseits der damaligen Verstörung ein faszinierendes Muster aus alter Zeit.

Denn hinter der Fähigkeit einer königlichen Hoheit, die Menschen zu berühren, wird die thaumaturgische Wirkung des Königtums sichtbar – dem Monarchen schrieb man seit Alters her Wunderkräfte zu, bestimmte Krankheiten durch Berührung zu heilen, etwa die Skrofulose, eine Halsdrüsenerkrankung. Bis weit in die Neuzeit wurden die französischen und englischen Könige als Wunderheiler verehrt. Erst im 18. Jahrhundert endete in beiden Ländern die Ausübung des Heilkultes und damit auch der Glaube an sein Charisma. Noch bis zur Herrschaft Georges III. (1760–1820) enthielt das Gebetbuch der anglikanischen Kirche eine liturgische Feier für die Heilung der Kranken durch den König.

Ein Jahr nach dem Tod der Prinzessin von Wales erschien in England ein Buch mit 1600 volkstümlichen Texten und Gedichten, eine Anthologie der Huldigung einfacher Menschen an die Verstorbene für ihre Generosität, Kranke und Verwundete nicht nur gerührt, sondern auch physisch berührt zu haben. Es belegte schlagend die Wirkung von Dianas Credo, «näher bei den Menschen unten» sein zu wollen. Die meisten Dokumente sprechen vom *common touch* als der Signatur ihrer Persönlichkeit und unterlegen der Beschreibung nicht selten christliche Bilder wie «den vom Himmel gesandten Engel, der die Kranken und Sterbenden umarmte». Martin Amis, der englische Romancier, schrieb, Diana «konnte berühren und fühlen», vielleicht habe sie sogar selber geglaubt, «sie könne auch heilen». Gewiss war es Autosuggestion, wenn manche Menschen meinten, sie seien tatsächlich durch die Berührung mit der Prinzessin von Wales geheilt worden, von welchem Leid auch immer. Das ist hier nicht der Punkt. Bemerkenswert bleibt, dass die Frau im Zentrum dieser Verehrung in einer mythischen Tradition des Königtums stand, ohne dass sie selber sich dessen bewusst gewesen sein wird. Jedenfalls muss man zur Beurteilung des Rätsels Diana auch dieses historische Muster heranziehen, als zusätzliche Erklärung ihrer Magie zu Lebzeiten und ihrer Nachwirkung seither. In dem Wort *touchy-feely*, das seit Diana als Ausdruck einer neuen Gefühlskultur so populär geworden ist, klingt ein wenig von jener Magie des Taktilen an. Damit ist der *stiff upper lip* in der britischen Psychologie ein Stück emotionale Moderne an die Seite gestellt worden.

Als Elvis Presley im Juli 1977 starb, soll ein Direktor des amerikanischen Unterhaltungsimperiums RCA spontan ausgerufen haben: «Was für ein Karrieresprung!» In der Tat kommt der Tod in Lebensläufen, denen nicht mehr zu helfen ist, oft einer Erlösung gleich. Er verwandelt, was vom Scheitern bedroht ist, in den Ruhm einer gemeißelten Legende. Diese altert nicht, vererbt sich von Generation zu Generation, ist der Abnutzung entzogen. Wer die Prinzessin von Wales war, kommt in der Ikone, die sie endgültig durch den Tod wurde, nicht mehr recht zum Vorschein. Eine Denkschule bekämpft die andere um die Deutungshoheit über Diana als Person: Manipulativ, doppelzüngig, neurotisch nennen sie die einen; herzlich, mitfühlend, menschlich die anderen. Dieser Zank ist kaum zu schlichten. Allein dass er andauert, spricht für die Faszination der Person, um die er sich dreht. Wesentlicher als ein «Endergebnis» der biografischen Deutungen ist die Frage, was Diana Spencer, Spross einer der ältesten Adelsfamilien der Insel, in der Zeitgeschichte Großbritanniens bedeutet und woran man erkennen kann, was sich mit der von ihr hinterlassenen Spur geändert hat.

Eine interessante Antwort darauf hat Tony Blair gegeben, in Tina Browns Buch «Diana – Die Biografie». Auf die Frage der Autorin, ob Diana einen neuen Weg gefunden habe, königlich zu sein, antwortet Blair dort: «Nein, Diana hatte uns einen neuen Weg gewiesen, britisch zu sein.» Dass der Gründervater von New Labour so denkt, ist zunächst einmal Ausdruck seines verständlichen Wunsches, Diana für sich und seine Ära zu reklamieren. In seiner 2010 erschienenen Autobiografie geht Blair sogar weiter, mit einem erstaunlichen Vergleich zwischen sich und der Prinzessin von Wales: «Wir waren beide, jeder auf seine Weise, Manipulatoren – geschickt in der Auffassung von Gefühlen anderer und instinktiv geneigt, auf dieser Klaviatur zu spielen.» Man mag solche Geständnisse peinlich nennen, Ausdruck eines übersteigerten Ich, ein Wort zu viel, auch wenn Blair mit der Kunst seiner «Manipulation» politische Durchbrüche erzielen konnte wie in Nordirland. Aber Blairs Worte sind der authentische Kammerton von New Labour und gehören zu dem Zeitgeist, dessen Vorläufer Diana wurde – nonkonformistisch, dem Staub von Formalitäten abhold, lebensoffen, Grenzen überschreitend, der Geist der «Me-Generation», der Starkult.

Bereits 1985 hatte Tina Brown, mit einer guten Witterung für Trends, in einem Zeitschriftenbeitrag über den britischen Aufbruch «von der Aristokratie der Geburt zur Aristokratie der Enthüllung» geschrieben. Traditionalisten markieren mit diesem Paradigmenwechsel gerne den Abstieg in die Verbilligung, in die Celebrity-Kultur, und sie machen dafür gemeinhin die Prinzessin von Wales verantwortlich, die Flügelschläge ihrer irisierenden Persönlichkeit. Ein überflüssiger Streit. Unzweifelhaft steht Diana für «die Geburt der Moderne aus dem Geist der Celebrity», und in diesem Kapitel der britischen Kulturgeschichte leben wir noch heute.

Dabei sind Wellen der Verehrung strahlender Figuren nichts Neues. Hollywood hatte früh seinen Starkult entwickelt. Auch die junge Elizabeth II., 1952 auf den Thron nachgerückt, bezauberte, wie in diesem Buch mehrfach beschrieben, die Zeitgenossen; später rückte Grace Kelly, die Herrin von Monaco, in die Sphäre der Anhimmelung auf, gefolgt von Jacqueline Bouvier, verheiratete Kennedy. John F. Kennedy stellte sich als frisch gewählter amerikanischer Präsident auf seinem ersten Staatsbesuch in Frankreich den Parisern mit den Worten vor: «Ich bin der Ehemann von Jacqueline Kennedy.» Das war mehr als ein Bonmot, vielmehr erwies der Präsident dem modernen Phänomen der globalen Celebrity die gebührende Reverenz. Hätte Prinz Charles die gleiche Souveränität besessen gegenüber der globalen Ausstrahlung seiner Ehefrau, wäre ihm viel Kummer erspart geblieben.

Aber Diana war anders als diese Vorbilder. Mit ihr wurden Hürden eingerissen, sie stand nicht so sehr «da oben» als vielmehr «auf Augenhöhe». Genau deshalb verlor Charles ihr gegenüber die Fassung: Sie war seine Konkurrentin, überflügelte seine königliche Stellung spielend. Diana berührte nicht nur Aids- und Leprakranke, Landminenverwundete und die Übersehenen der eigenen Gesellschaft, vor allem Kinder, denen sie viele ihrer karitativen Tätigkeiten widmete. Sie machte sich nahbar und verschmolz so mit einem Zeitgefühl, das sich aus der Tradition der Zurückhaltung, dem britischen *restraint*, zu befreien suchte. Das Verströmen der

Gefühle in der Woche nach dem Unfalltod der Prinzessin wurde zur Demonstration dieser Symbiose, die Diana in ihrer kurzen Laufbahn vorgelebt hatte, eine neue Art von emotionaler Intelligenz.

Intelligenz? Das bestreiten viele. Sie beschreiben das *Touchy-feely*-Königreich, wie es sich heute darbietet, fast als Karikatur seiner selbst. Mehr als alle anderen Bereiche der Gesellschaft sind davon die Medien befallen, die aus menschlichen Geschichten Kreuzzüge der Sentimentalität zu machen verstehen. Da wird das Mitfühlen-Können verordnet wie eine «degradierte Form der Therapiekultur», wie ein bekannter britischer Bühnenkomiker, David Baddiel, es formuliert hat; viele beklagen, es falle ihnen zunehmend schwer, sich der Betroffenheitsmanie zu entziehen. Kein Kriminalfall, der unter den Tiefstrahlern der medialen Therapeuten nicht zu einem Testfall für triefende, an Heuchelei grenzende Anteilnahme wird. Von Diana lernen heißt Auflage machen, könnte man zynisch resümieren.

Aber das sind Phänomene, die in fast allen westlichen Gesellschaften Einzug gehalten haben. Hier interessiert vor allem, welche Folgen der Trend zur «Vermenschlichung» für die Monarchie gehabt hat. Auf eine kurze Formel gebracht: eher positive. Die älteste Institution des Landes erlebte dank der Prinzessin von Wales, der man auf dem Höhepunkt des Zerwürfnisses den Titel «Königliche Hoheit» entzogen hatte, einen lange überfälligen Lernsprung. Wie Diana königliche Hoheit gegen die Hoheit des Menschlichen, Allzumenschlichen eintauschte, das war ein Fingerzeig, auf den die Modernisierungsstrategen im Buckingham Palast, die sich bezeichnenderweise «The Way Ahead Group» nennen, der Weg nach vorn, ohne Nachhilfe kaum gekommen wären.

Gewiss, die Monarchie hatte schon vor Diana erste Schritte der Öffnung vollzogen. Die Queen machte die seit Jahrhunderten von ihren Vorgängern gesammelten Kunstschätze als «Royal Collection» mit regelmäßigen Ausstellungen der Öffentlichkeit zugänglich; das Fernsehen bekam immer häufiger Zutritt, und selbst die Dysfunktionalität, die sich in nicht endenden ehelichen Missgeschicken der königlichen Familie abspielte, war eine Öffnung – eine

Augenöffnung: Die Windsors sind wie du und ich, nicht gegen ein Scheitern menschlicher Beziehungen gefeit. Die Geschichte war längst über Walter Bagehot, den großen Verfassungstheoretiker des 19.Jahrhunderts, hinweggegangen, der davor gewarnt hatte, «das Tageslicht in die Magie des Königtums eindringen zu lassen». Es war eingedrungen, und wie, aber das Königtum stand noch, Bagehots Befürchtungen zum Trotz.

Die beschriebenen Öffnungen waren freilich nur ein bescheidener Schritt auf dem «Weg nach vorn». Gegenüber dem Diana-Touch musste der Hof den Vorwurf zu entkräften versuchen, er sei auch emotional *out of touch*, habe die Berührung mit wirklichen Menschen verloren. Das führte jetzt zu einer ganzen Reihe von Neuerungen im Pflichtenkalender der Queen. Sie kehrte in der Sozialwohnung einer Glasgower Familie zum Teetrinken ein, traf sich mit den Redakteuren der «Financial Times» zum Lunch in der City, besuchte das Monetary Policy Committee der Bank of England, schaute sich in Radio- und TV-Studios um und traf im Verlag Bloomsbury dessen Vorzeigeautorin J.K. Rowling. Sogar zu Touristenorten ihres Königreichs ließ Elizabeth an einem Wochenende einzelne Mitglieder ihrer Familie ausschwärmen, zur Werbung für «Visit Britain», die amtliche Tourismusagentur des Landes. Auch die Lunch-Termine, bei denen sie selber als Gastgeberin fungiert, wurden erweitert um Treffen mit ausgewählten Gruppen der Gesellschaft – Frauen als Unternehmern etwa, ethnischen Minderheiten, Leitungsfiguren in den Medien, sogar Amerikanern in Großbritannien. Antennen in alle Richtungen. Der Buckingham Palast wurde elektronisch umgerüstet für die Bedürfnisse des Fernsehens, 1997 ging man online, Facebook und Twitter sind hinzugekommen. Elizabeth lässt wissen, sie sei quasi mit ihrem Computer verschmolzen, könne ohne ihn nicht mehr leben, nicht mehr schreiben. Mit 85 Jahren hat sie, wenn der Anschein nicht trügt, den Anschluss an die technische Moderne gefunden.

Diana, die Außenseiterin, mit der so etwas wie Überdruss an der Monarchie sich einzunisten begann oder zumindest gefährliche Indifferenz, hat letztlich dem Königshaus nur zu neuer Stabilität verholfen. Aufstand und Adaption, Rebellion und flexible Antwort

– auf diesem Gesetz beruht britische Fortschrittsgeschichte. Innerhalb derselben gebührt Diana Spencer, der unvergessenen Lady Di, ein Ehrenplatz. Ist nicht auch die Öffnung der royalen Heiratsoptionen zur bürgerlichen Klasse hin wie im Falle der Familie Middleton eine Spätwirkung von Prinz Williams Mutter, von der die «Times» schrieb, in ihr habe die Welt eine neue Monarchie gesehen, «spontan und ansprechbar, unbesorgt um das Protokoll, besorgt um die Menschen»? Poetischer hatte es Dianas Bruder, Earl Spencer, in der Eloge auf seine Schwester während des Requiems in der Westminster Abbey formuliert: «Wir werden auf dem Weg fortfahren, den du deinen beiden Jungen gewiesen hast, sodass ihre Seelen nicht einfach nur in Pflicht und Tradition versinken, sondern in aller Offenheit singen können, wie du es geplant hast.» In diesem Sinne legt Prinz William mit Catherine Middleton gleichsam seine erste Gesangsprobe ab, ein neuer Ton in der Partitur von Kontinuität und Wandel der britischen Königsgeschichte.

XIII

Elizabeth, die Erben
und die Zukunft der Monarchie

«Die königliche Republik Großbritannien.»
David Starkey, Historiker, 2010

*«Wenn alles bleiben soll, wie es ist,
muss sich alles ändern.»*
Giuseppe Tomasi di Lampedusa,
«Der Leopard», 1954

*«Die Monarchie steht für die dauerhafte Stabilität der Nation,
sie übersteigt das Ebben und Fluten der Parteipolitik.»*
Statement auf der Website des Buckingham Palastes

Die Wolken, die sich in den 90er Jahren bedrohlich über dem Royal House of Windsor zusammenballten, haben sich verzogen, wenn nicht aufgelöst. Wir schauen auf diese Periode fast schon wie auf ein Stück Vorzeit, vielleicht keine graue, aber doch eine lang zurückliegende. Das Tempo des Wandels reißt die Menschen mit sich fort, lässt Erinnerungen verblassen, neue Horizonte entstehen, in immer rascherer Abfolge. Für das Staatsoberhaupt, die Queen, liegt in all dem die Bestätigung einer alten Weisheit: Wenn man lange genug lebt, erlebt man alles, auch das Gegenteil. Die Windsors haben von verehrt über belächelt bis verachtet alles durchmessen, was einer königlichen Familie widerfahren kann, der Queen ist buchstäblich nichts erspart geblieben, auch nicht die Folgen der eigenen Mängel als schweigende, sich nicht engagierende Mutter. Auch das ist jetzt Vorzeit.

Daher scheint die Gunst des Schicksals, das ihr heute lacht, nur verdient. «Per aspera ad astra», über raue Pfade zu den Sternen. Das spiegelt sich auch in den Gesichtszügen der Monarchin, man spürt so etwas wie existentielles Aufatmen – sie wirkt entspannt, heiter, manchmal fast jünger als ihr ältester Sohn, der Thronfolger. Das hat natürlich auch damit zu tun, dass sich Vitalität, wenn die Gesundheit mitspielt, stärker an der Spitze erneuert als im zweiten Glied, dass die Motivation sich leichter auflädt beim Chief Executive als beim ewigen Stellvertreter. Von der Hochzeit des Enkels, Prinz William, mit seiner großen Liebe Catherine strahlte viel genuiner Glanz auf das Königshaus und die Königin ab. Das Feld der Thronfolge ist bestellt, auf viele kommende Jahre hinaus, und was am Überraschendsten ist: auch mit einer offensichtlich glücklichen Ehe des übernächsten Erben. Lange Zeit galten Elizabeth und Philip unter den Windsors als der einzige Fall einer intakten, sicher verankerten Ehe. Der Herzog und die Herzogin von Cambridge könnten diese Singularität von den Schultern der Queen und Prinz Philips nehmen, wenn sie es richtig anstellen, woran niemand zweifelt. Auch das trägt zur Heiterkeit der 85-Jährigen an der Seite ihres mit 90 Jahren sehr robusten Prinzgemahls bei.

Hinzu kommt, dass die Queen laufend weitere Meilensteine ihrer Ära zurücklegt. So hatte sie in fast 60 Jahren auf dem Thron 129 Länder der Erde besucht – aber Irland, die Republik Irland, vor den Toren der britischen Insel, noch nie. Aus den bekannten Gründen: Die Art, mit der sich England seit Oliver Cromwell in der Geschichte der brutal unterdrückten Iren eingeschrieben hatte, hat keine glücklichen Erinnerungen auf der grünen Insel hinterlassen. Aber selbst diese Wunde ist dabei zu verheilen, die Zeit bleibt nicht stehen – wenn man lange genug lebt, erlebt man alles, auch das Gegenteil, und so konnte Elizabeth II. im Mai 2011 zu ihrem ersten Staatsbesuch in die irische Republik aufbrechen, einhundert Jahre nach dem letzten, den ihr Großvater George V. im Juli 1911, einen Monat nach seiner Krönung, absolvierte. Auch wird sie im Sommer 2012 zum zweiten Mal in London Olympischen Spielen beiwohnen können, 1948 war sie noch Prinzessin Elizabeth, Herzogin von Edinburgh. In Wandel und Wiederkehr erfüllt sich dieses erstaunliche Leben.

An Meilensteinen ist Elizabeths Vita überreich – am 12. Mai 2011 passierte sie einen weiteren, der für Leute, die so etwas sammeln, royale Rekorde nämlich, höchst signifikant ist: Sie schob sich an die zweite Stelle der Liga lang herrschender englischer Monarchen, überholte George III. (1760–1820), der es auf 59 Jahre, 3 Monate und 4 Tage brachte, und hat jetzt nur noch die ewige Spitzenreiterin vor sich, Königin Victoria (1837–1901). Der Ansturm auf den Gipfel hat begonnen. Den wird die Queen – so Gott will – am 10. September 2015 als 89-Jährige erreicht haben, nach 63 Jahren, 7 Monaten und 4 Tagen auf dem Thron – einem Tag länger als die große Vorgängerin. Man wüsste gerne, wie Prinz Charles darüber denkt. Er hat seinen eigenen Rekord bereits erreicht, er ist der am längsten wartende Thronfolger der englischen Königsgeschichte. Im September 2015 wird er zwei Monate vor seinem 67. Geburtstag stehen, seine Frau, die Herzogin von Cornwall, wird ihren 68. gerade hinter sich haben, aber bei der Gesundheit der Queen dürfte der Thron auch dann noch für King Charles III. und seine Prinzgemahlin (oder Queen) Camilla in einiger Ferne liegen. Sein nächster Rekord ist ihm sicher: Er wird der bei Dienstantritt älteste Monarch in der Geschichte des Vereinigten Königreichs sein. So Gott will.

Dies sind keine müßigen Zahlenspiele. Sie erinnern vielmehr an eine Tradition, die der britische Thron mit dem Stuhl Petri teilt: Der Amtsinhaber muss in den Sielen sterben, es kann keine zwei lebenden Monarchen gleichzeitig geben, ebenso wenig wie zwei Päpste (jedenfalls in der Neuzeit). Alles geht nach den strengen Regeln der Sukzession. Sollte Krankheit die Queen vorzeitig daran hindern, die Staatsgeschäfte weiter auszuüben, wird ihr Erstgeborener Regent, mehr nicht. Denn die Mutter kann nicht abtreten, weder zugunsten ihres Sohnes noch gar zugunsten ihres Enkels; sie hat in dieser Frage überhaupt nichts zu bestimmen, will es auch nicht, warum auch – die Dinge liegen ja fest: Die Macht haben einzig das Parlament und die Regierung sowie die Staatschefs des Commonwealth. Und diese Gremien werden sich hüten, mutwillig eine Krise ins Haus zu lassen durch Aussetzen der jahrhundertealten Erbgesetze. An solchen Fakten kann man nachvollziehen, warum George Orwell Englands konstitutionelle Monarchie eine «gekrönte Republik» genannt hat und warum ein angesehener Historiker der Königsgeschichte wie David Starkey («Crown and Country», 2010) von der «königlichen Republik Großbritannien» spricht. Das Wort ist praktisch ein Synonym für den gängigen Begriff «konstitutionelle Monarchie», profiliert aber besser als dieser die wahren Machtverhältnisse auf der Insel.

In der «königlichen Republik Großbritannien» laufen, wie Starkey schreibt, die beiden Hauptstränge der britischen Geschichte zusammen: der republikanische und der monarchische. Der erste steht für den politischen Fortschritt, die Evolution der parlamentarischen Freiheit; der zweite für die monarchische Kontinuität, eine Kontinuität, die sich ihrerseits evolutionär entwickelt hat, und zwar unter dem Primat der säkularen Macht, sprich: des Parlaments. Die hohe Stabilität des britischen Königtums verdankt sich gerade diesem Umstand: dass die Krone immer weniger der politischen Herrschaft im Wege gestanden, sie in ihrer Freiheit immer weniger behindert hat. Umgekehrt durfte sie in dem Moment, in dem sie der wirklichen Macht im Lande nicht mehr gefährlich war, ihren ganzen Prunk und Pomp entfalten und zu neuer Beliebtheit aufsteigen. «Macht gegen Popularität», wie der Sozialgeschichtler David Cannadine diesen Tausch genannt hat.

Ein Paradox: In dem Maße, in dem der Thron an politischem Einfluss verlor, erhöhte sich sein Ansehen. Die Untertanen, einst geduckt, dann aufbegehrend, konnten, nachdem die Machtverteilung im Lande geklärt war, prunkvolle Zurschaustellungen der Krone wieder ungetrübt genießen. Von denen ist bis heute, wie es scheint, die ganze Welt fasziniert, ob bei der jährlichen Eröffnung des Parlaments durch die Queen oder aus Anlass einer königlichen Hochzeit wie jüngst die des Herzogs und der Herzogin von Cambridge. Auf dem europäischen Kontinent verlief die monarchische Geschichte anders. Den Kaisern und Zaren in Russland, Deutschland und Österreich-Ungarn dienten prachtvolle Staatsauftritte zur Verherrlichung ihrer Macht – «in England wurden sie möglich wegen der wachsenden königlichen Schwäche», schreibt David Cannadine. Das war eine kluge Konzession an die Geschichte und den

Zwang zu politischen Reformen, mit der Folge, dass Englands Königtum überdauerte, die kontinentalen Kaiserreiche dagegen hinweggefegt wurden.

᪐

Auf der Website, die der Buckingham Palast seit 1997 unterhält (www.royal.gov.uk), kann man Fakten und Informationen in überreicher Fülle abrufen. Doch ist dort wohl kein Satz von tieferem Belang als das königliche *mission statement*, mit dem der Hof sein Selbstverständnis beschreibt: «Die Monarchie steht für die dauerhafte Stabilität der Nation, sie übersteigt das Ebben und Fluten der Parteipolitik.» Wie im Laufe des 19. Jahrhunderts ein Tausch stattfand, bei dem die Krone sich Popularität gegen die Abgabe von Macht einhandelte, so enthüllt auch der Satz auf der königlichen Website einen versteckten Tausch: Die Demokratie, eigentlich gebaut auf die Gleichheit der Chancen aller, rückt an der Staatsspitze ein beträchtliches Stück von diesem Grundsatz ab, indem sie das höchste Amt an eine Erblinie aus Blut und Verwandtschaft abgibt, an das dynastische, nicht das demokratische Prinzip also, dafür aber Stabilität, Kontinuität und die Freiheit der Staatsspitze von politischer Beeinflussung erwirbt.

Diese Kontinuität hat Walter Bagehot in seinem Klassiker «Die englische Verfassung» von 1867 bereits als großen Vorteil ironisch angepriesen: «Das konstitutionelle Königtum hat besonders eine Funktion, die ich als seine größte ansehe – es dient der Tarnung. Die erlaubt es den tatsächlichen Machthabern im Lande, zu kommen und zu gehen, ohne dass die achtlose Menge davon groß Kenntnis nimmt.» In der Tat, welcher Brite, es sei denn, er ist historisch gebildet, kann die zwölf Premierminister aufzählen, die unter der Queen seit 1952 regiert haben – oder sie unter ihnen, um es korrekt auszudrücken? Aber jeder weiß, wer seit 60 Jahren ununterbrochen die «königliche Republik» vertreten hat.

In der Anhänglichkeit der Briten gegenüber der Krone steckt, ausgesprochen oder nicht, die Überlegung, was man verlöre, wenn man die konstitutionelle Kontinuität, repräsentiert durch Krone *und* Parlament, gegen ein präsidiales System eintauschte, und warum man bei einer solchen Besetzung der Staatsspitze erneut dem «Ebben und Fluten der Parteipolitik» ausgesetzt wäre. Deutschland zum Beispiel erlebt ein regelmäßiges politisches Gerangel um den jeweils nächsten Bundespräsidenten und musste sogar unlängst erleben, wie einer davon sein Amt einfach aufgab. Solchen Schwankungen ist eine Erbmonarchie nicht ausgesetzt – die Abdankung Edwards VIII. war eine große Ausnahme, sie steckt dem Land noch heute als abschreckendes Beispiel in den Knochen.

Denis Healey, ein früherer Labour-Schatzkanzler, fasste die Argumente gegen einen britischen Präsidenten einmal in zwei Worte: «Margaret Thatcher». Ein Essay von der Kürze eines Bonmots. Dagegen machte sich Harold Macmillan, Premierminister von 1957 bis 1963, einmal das Vergnügen, einem Freund plastisch vor Augen zu führen, wie das sei, wenn kein Monarch mehr da wäre. «Mal dir den Moment aus», so Macmillan, «wenn statt der Queen ein Gentleman in schlecht sitzendem Frack, vielleicht vom Londoner Anzugsverleih MosBros, vor uns stünde, und dieser Mann stolzierte da so hin und her, das gewählte Produkt einer schäbigen Kungelei zwischen der politischen Rechten und der Linken ...! Gut, lass ihn laufen, warten wir lieber auf den nächsten kleinen Mann – wer wird's? ‹X muss es werden, der ist ein derart miserabler Finanzminister, schieben wir ihn doch einfach ins Präsidentenamt ab›, flüstert die politische Klasse. Kann man sich das vorstellen? Nein, es macht absolut keinen Sinn, es wäre die endgültige Zerstörung unseres Lebens und des Gefühls für die Vergangenheit unseres Landes.»

Man kann die Frage auch unter populistischem Winkel angehen und sich beispielsweise den verregneten 2. Juni 1953, den Krönungstag der Queen, unter einem präsidialen System vorzustellen versuchen. Undenkbar, dass die Leute wegen der Prozession eines Staatspräsidenten nachts an regnerischen Straßen kampieren würden, um am Tag der Amtseinführung einen besseren Blick von dem Gewählten zu erhaschen. Vielleicht kämen Mick Jagger oder eine britische Lady Gaga gerade noch infrage, aber auch sie nur für den engen Kreis der Jugendlichen oder solcher Zeitgenossen, die mit einer Rockgruppe wie den Rolling Stones groß geworden sind. Eine Genealogie ergäbe das nicht, und das Epos der britischen Geschichte, das sich anhand wechselnder Herrscher wie ein nationaler Familienroman nacherzählen lässt, wäre ein für alle Mal verloren, ganz zu schweigen von den Kutschen, Landauern und bunten Uniformen des Personals, die dann endgültig verstauben dürften. Welcher Einbruch für die Tourismus-Industrie – England ohne Monarchie! Auch muss man davon ausgehen, dass bei einem Präsidialsystem das Commonwealth kaum weiterexistieren könnte. Die 54 Mitglieder werden ja zusammengehalten durch ihre Loyalität zur Krone; sechzehn von ihnen erkennen die Queen zugleich als Staatsoberhaupt an. Dieser Verklammerung würde die wesentliche Begründung abhanden kommen, wenn Großbritannien zu wechselnden Präsidenten an der Staatsspitze überginge.

Freilich darf man nicht vergessen, dass das Commonwealth in der Frage der Anführung durch den britischen Monarchen keinen Automatismus kennt. Schon die Queen musste bis zum November 1952 warten, ehe Nehru, der damalige indische Ministerpräsident, ihr im Namen der übrigen Mitgliedsstaaten die Zustimmung zu ihr als Kopf des Ganzen überreichte. Wird ihr Nachfolger Charles gleichermaßen akzeptabel sein? Oder wird das eine oder andere Land Vorbehalte wegen seiner Vita formulieren? Vielleicht kann man sagen, dass sich Prinz Charles seine Commonwealth-Sporen noch verdienen muss.

Die Antimonarchisten auf der Insel, die Republikaner, standen meist auf verlorenem Posten, auch wenn sie in der Geschichte zuweilen eine (Laut-)Stärke erreichten, die den Königstreuen Angst machte. Vor allem die langen Jahre der Zurückgezogenheit Queen Victorias nach dem frühen Tod ihres Mannes 1861 führten zu wachsender Kritik am Königshaus und der Frage, wozu man es brauche bei einer unsichtbaren Queen. Leopold, König der Belgier, Victorias Onkel, warnte seine Nichte: «Die Engländer neigen sehr zu persönlichen Kontakten. Wenn sie ihre Zuneigung zu jemandem fortsetzen wollen, müssen sie diesen auch sehen können.» 1870, nach dem Sturz Kaiser Napoleons III. von Frankreich, sang man auf dem Trafalgar Square die Marseillaise. Ein Bestsellerautor wie H.G. Wells veröffentlichte 1917 in der «Times» einen offenen Brief, in dem er «das dynastische System» anprangerte, «durch das die Menschheit so lange geteilt, verbittert und verschwendet wurde». Der Erste Weltkrieg, vor allem der Krieg der beiden Vettern George V. und Kaiser Wilhelm II. gegeneinander, hob nicht gerade das Ansehen der Monarchie. Auch deshalb beschloss der König, sich zur Wiederbelebung seiner Popularität von seinem deutschen Familiennamen ein für allemal zu trennen. Sein zweiter Entschluss sollte das tragische Ende der Romanows einläuten: Der anfängliche Plan, dem Zaren und seiner Familie in England Asyl zu gewähren (auch Nikolaus II. war ein Cousin des Königs), wurde aus Sorge vor der antimonarchischen Stimmung im Lande fallen gelassen. Damit war das Schicksal der Zarenfamilie besiegelt.

Heftig polemisierten im ersten Kabinett Harold Wilson nach 1964 zwei Republikaner, Richard Crossman und Tony Benn, gegen die Krone und ihren Dekor, etwa die Tradition des «kissing hands» bei der Vorstellung des jeweils neuen Kronrats. Crossman nannte in seinen Memoiren das Königshaus «das beste Beispiel von reinem Hokuspokus». Unvergessen ist Tony Benn, damals Postminister, mit seinem kläglich gescheiterten Vorstoß, die Silhouette der Queen von den britischen Briefmarken entfernen zu lassen und dafür den Ländernamen einzusetzen, den Großbritannien als einziges Mitglied des Weltpostvereins auf seinen Briefmarken bekanntlich nicht zu führen braucht. Viele Fälle sprechen dagegen von Bekehrungen auf dem Weg nach Damaskus, sprich: zum Buckingham Palast, sobald ein Republikaner in den Dunstkreis der Queen gelangte, die Establishment-Leiter erklomm oder durch einen Orden überrascht wurde. Nicht umsonst warnte George Bernard Shaw, ein anderer Erzgegner des Königtums, seine sozialistischen Freunde davor, sich ja nicht auch nur von einem Lord auf die Schulter klopfen zu lassen – dann sei es mit ihrer braven sozialistischen Gesinnung auch schon vorbei.

Peter Mandelson, Minister unter Tony Blair und dessen einflussreichster Berater, war in seiner Jugend Mitglied der englischen «Liga junger Kommunisten» und buchte zusammen mit Freunden für den Tag der Hochzeit von Charles und Diana im Juli 1981 eine Tagesfähre nach Frankreich, um, wie er und die Gruppe lauthals wissen ließen, der «royalistischen Orgie» in London zu entfliehen. Drei der damaligen jugendlichen Daytripper sitzen heute im Oberhaus, auf dem Hermelin-Hochsitz des Establishments gewissermaßen. Lord Mandelson war bis Mai 2010 sogar Präsident des Kronrats und als solcher damit beauftragt, der Königin die jeweils verhandelte Agenda zur Abzeichnung vorzulegen. Saulus zu Paulus.

Eine Begründung, warum es mit der Monarchie in Großbritannien zu Ende gehe, versuchte Stephen Haseler von der Metropolitan University London mit seinem Buch «The End of the House of Windsor» (1993). Die jetzige Queen werde «Elizabeth die Letzte» sein, so folgerte der Autor, denn «ihre Zuneigung zum Commonwealth steht dem europäischen Ideal im Wege».

Ein solches Urteil kann uns heute nur noch erstaunen, wenn nicht geradezu belustigen. Die EU steht in der englischen Beliebtheitsskala auf einem der hinteren Plätze oder vielleicht sogar auf dem letzten. Brüssel gegen die Monarchie auszuspielen, signalisiert wie nichts sonst die Sackgasse, in die sich Republikaner zuweilen verlieren. Überhaupt hat der Ansehensverlust, den alles Politische in den letzten Jahren erlitten hat, in England noch verstärkt durch den Spesenskandal im Unterhaus, nach Einschätzung vieler Beobachter dem dynastischen Gedanken neuen Auftrieb gegeben in der öffentlichen Wertschätzung. Die vorhin zitierte Dienstbeschreibung auf der Website des Hofs findet man allenthalben bestätigt: «Die Monarchie steht für die dauerhafte Stabilität der Nation, sie übersteigt das Ebben und Fluten der Parteipolitik.»

Das renommierte Meinungsforschungsinstitut Ipsos MORI ermittelt seit 40 Jahren für «die Firma» das Meinungsklima im Land und kommt dabei im Schnitt auf folgendes Resultat: Die Zustimmung zur Monarchie liegt konstant bei 60–65 Prozent, etwa 19 Prozent sind konstant ablehnend, mit 3 Prozent Schwankungen nach oben oder unten, der Rest ist unentschieden. «Wir haben es durchaus nicht mit einem 95-Prozent-Ergebnis zu tun», meinte der ehemalige langjährige Privatsekretär der Queen, Lord Janvrin, im Gespräch mit dem Verfasser, «der Hof darf also nicht überheblich werden und sich für selbstverständlich nehmen». Aber im Monat der Hochzeit von Prinz William und Catherine Middleton lag der Rückhalt der Republikaner bei nur 13 Prozent, wie ein anderes Meinungsforschungsinstitut, YouGov, für die Zeitschrift «Prospect» ermittelte. Im selben Heft kam der marxistische Historiker Eric Hobsbawm zu dem Schluss: «Die konstitutionelle Monarchie ohne Exekutivgewalt hat sich als verlässlicher Rahmen für die liberale Demokratie erwiesen.»

Von den Republikanern, so scheint es, droht langfristig keine Gefahr, falls es dem Königshaus weiterhin gelingt, Veränderungen in der Gesellschaft zu absorbieren, unter Beibehaltung des traditionellen Bestandes der Institution. Ominös dagegen sind andere Entwicklungen. Wie die Politik müssen sich auch die Queen und ihre Erben der Frage stellen, ob die britische Gesellschaft unter den Bedingungen ihrer zunehmend multiethnischen Gestalt noch eine erkennbare Identität aufweist und ob die Akzeptanz der Monarchie unter solcher Auffächerung der Bevölkerung nicht auf die Dauer leiden muss. Lässt sich britische Identität, was immer man darunter versteht, mit den diversen Loyalitäten versöhnen, welche die Einwanderer bei ihrer Ankunft auf der Insel in ihrem Gepäck mitführen? Von Zeit zu Zeit setzt Elizabeth Akzente, die erkennen lassen, wie sehr sie sich dieses Problems bewusst ist. Jahre vor dem Terroranschlag von Islamisten im Juli 2005 in London berührte sie 1997 in einer Rede in Islamabad die heikle Frage der Identität und äußerte im Blick auf die britischen Moslems, deren Mehrheit aus Pakistan stammt, den Wunsch, «dass britisch und pakistanisch zu sein ein neuer *way of life* werde». Die Versöhnung der Kulturen ist auch für die Krone eine beständige Herausforderung, nicht anders als die gesellschaftliche Kohärenz insgesamt, die während der Gewaltausbrüche in englischen Städten im August 2011 schwer lädiert erschien.

Ein zweites, potentiell ernsteres Fragezeichen meldet sich an – die Zukunft des konstitutionellen Zusammenhalts des Vereinigten Königreichs. Nach dem überwältigenden Sieg der Scottish National Party (SNP), der schottischen Nationalisten, bei den Regionalwahlen im Mai 2011 rückt die Gewissheit heran, dass Alex Salmond, der Erste Minister (Regierungschef) Schottlands, seinen lang gehegten Plan wahr macht, ein Referendum über die Unabhängigkeit Schottlands abhalten zu lassen. Es wäre ein dramatischer Schritt in Richtung einer verfassungsmäßigen Desintegration des Inselreichs, zumal der 1707 geschmiedeten Union Englands mit Schottland. Die Königin hat schon immer der sogenannten Devolution misstraut, der zufolge nach 1999 die Regionen Wales, Nordirland und Schottland eigene, teilautonome Regierungen erhielten. Schottland ginge mit dem Schritt in die Unabhängigkeit weit über dieses Verfassungskonstrukt hinaus. Die Nationalisten wollen zwar die Queen als Staatsoberhaupt behalten, falls in einem Referendum die Mehrheit der Schotten für die Unabhängigkeit stimmt. Aber ein selbständiges Schottland wäre dann ein eigener Teil des Commonwealth, kein Teil des Vereinigten Königreichs mehr.

Schon 1977, aus Anlass ihres silbernen Thronjubiläums, hatte Elizabeth in einem vertraulichen Gespräch mit Unterhausabgeordneten, das nicht lange vertraulich blieb, ihr tiefes Unwohlsein über die schon damals besprochene Devolution bekannt gemacht: «Ich kann nicht vergessen», so sagte sie, «dass ich als Königin des Vereinigten Königreichs von Großbritannien und Nordirland gekrönt wurde.» Das werden die Schotten, sollte ihnen der Sinn danach stehen, leicht vergessen.

Aber die Queen in Panik? Das passt nicht zu dem Bild, das die Welt von ihr besitzt. Interessanterweise verbindet sie und Alex Salmond eine große Leidenschaft: die Pferde, über die sie sich bei ihren regelmäßigen Begegnungen lebhaft unterhalten, was zu einer regelrechten Freundschaft zwischen beiden geführt hat. Das ist zwar nur eine Fußnote zu der Verklammerung zwischen Schottland und England, wie sie seit 1603 besteht. Aber die schottischen Verbindungen gehörten seither zur *raison d'être* der Krone, die sich – anders als die Engländer – unter den Schotten großer Wertschätzung erfreut. Und das, obwohl diese keine «Elizabeth II.» kennen, hatten sie doch auch keine «Elizabeth I.», zu deren Zeit ihr Land noch unter eigenen Königen lebte. Im Schoß der Zukunft, so mag die Queen denken, ruhen Entwicklungen, die nicht so fragwürdig aussehen werden, wie sie heute erscheinen mögen. «We shall cross that bridge when we get to it», sagt ein geflügeltes Wort – lasst uns erst einmal an diese Brücke gelangen, dann werden wir sie schon überqueren. Eine lange Geschichte schenkt – das trifft für Englands Historie insgesamt zu, aber auch für die lange Zeit der Queen auf dem Thron – neben der Hellhörigkeit für Veränderungen auch eine große Portion Gelassenheit, die sich im Charakter dieser Monarchin eingegraben hat wie eine geheime Chiffre.

※

Der Blick auf das Königshaus, der meist nur den auf Pomp, das Lächeln der Royals, den Wachwechsel der königlichen Garde in London oder andere touristische Attraktionen fällt, erfasst damit nur einen kleinen Ausschnitt. Wie in der Vita der Queen das Commonwealth außerhalb Englands nur ungenügend gewürdigt wird, so auch bei der Beschreibung der Stabilität der Monarchie ihre große, vielleicht ihre größte Stärke: die Wohlfahrt. Der Einsatz führender Mitglieder der Firma für gemeinnützige Zwecke gehört zu ihren wichtigsten Aufgaben, wenn er auch in den letzten Jahrzehnten durch die vielen Skandale überschattet wurde, die das Image der Royals prägten. Für Elizabeths Schulung in Pflicht und Pflichtbewusstsein war, wie in dem Kapitel über Krieg und Nachkriegszeit erwähnt, ihre erste, 1944 übernommene Schirmherrschaft über ein Krankenhaus im Osten Londons so etwas wie eine Initiation – der Eintritt in die «Welfare Monarchy». Eine auf soziale Themen spezialisierte Londoner Beraterfirma, «nfpSynergy», fragte im April 2011 einen repräsentativen Querschnitt von Bürgern, einmal die königlichen Dienste in der Reihenfolge ihrer Bedeutung aufzulisten. Von den augenfälligen Pflichten abgesehen, «Großbritannien im Ausland zu vertreten» und «als Staatsoberhaupt zu handeln», führten drei spezifische Aufgaben die Liste an: «Tourismus ins Land zu holen» (47 Prozent), «Beziehungen zwischen dem Königreich und dem Commonwealth zu pflegen» (35 Prozent) und «als Schirmherr für karitative Einrichtungen zu fungieren und deren Arbeit aktiv zu fördern» (34 Prozent).

Bei der Charity Commission, die Aufsicht führt über die Wohl-
fahrtsaktivitäten im Land, ermittelte man vor einigen Jahren die
Zahl der gemeinnützigen Einrichtungen, die sich mit einem königlichen Namen im Briefkopf schmücken dürfen und dadurch ihre
Chancen beim Fundraising beträchtlich verbessern können. Der
Herzog von Edinburgh hielt mit 863 Nennungen den Spitzenplatz,
gefolgt von der Queen mit 635, Prinz Charles mit 619, seiner
Schwester Anne mit 217, Prinz Andrew mit 161, Prinz Edward mit
30 und seiner Frau Sophie, der Gräfin Wessex, mit 61. Ein großer
Teil der öffentlichen Auftritte der Queen – sie kam im Jahr 2010 auf
444, ihr Mann auf 356, eine bemerkenswerte Zahl für ein Ehepaar
weit über die 80 – hatte mit der Wahrnehmung von Terminen im
Rahmen dieses königlichen Patronats zu tun.

Prinz Charles ist neben seiner Schwester Anne, die am Unauf-
fälligsten in ihren Einsätzen ist – und dafür sehr beliebt –, besonders engagiert in seinem «Prince's Trust». Gemessen an den Ausga-
ben gehört der «Trust» heute zu den einhundert größten gemeinnützigen Organisationen der Insel. Charles entwickelte die Idee
dazu schon in den 70er Jahren, als er am Radio einen Bewährungs-
helfer vortragen hörte über neue Ideen, jungen Straftätern nach
Verbüßung der Strafe auf die Beine zu helfen – meist fehle es leider
an Ansprechpartnern für ein Leben jenseits des Verbrechens, wusste der Mann zu berichten. Darauf nahm der Prinz 1976 sein Ab-
schiedsgeld von der Navy, 7500 Pfund, als Gründungsfinanzierung,
erbat Anträge, die angeben sollten, was der jeweilige Antragsteller
zur Ersthilfe für den Neustart benötige, und begann mit 75 Pfund
Startgeld für jeden bewilligten Antrag. Daraus ist seitdem ein kari-
tatives Unternehmen von beträchtlicher Größe entstanden, erweitert später durch die Gründung «Business in the Community», die
nach mehr unternehmerischem Einsatz in wirtschaftlich vernach-
lässigten Gegenden ruft. Als Mitglied des renommierten International Business Leaders' Forum konnte der Prinz zudem nach
dem asiatischen Tsunami im Dezember 2004 dank seiner Kontakte
binnen einer Woche 40 Millionen Pfund an Spenden aufbringen,
für dringende Soforthilfe in den am Schwersten betroffenen Gegenden.

Charles III. in spe, auf einem Empfang für die
Royal British Legion Riders Branch in Clarence House,
London, 17. Juni 2011 (Foto: ROTA)

In der Diskussion um die Frage ‹Erbmonarchie oder Republik?› stellt das philanthropische Engagement der Royals ein wichtiges Argument für die Beibehaltung der Krone dar. Es wirkt als zu-
sätzlicher Puffer zwischen Staat und Gesellschaft. Würde man auf
die Monarchie verzichten, wäre das ein weiterer Schritt in Richtung
zunehmender Zentralisierung des Molochs Staat. Im Übrigen

dient die «Welfare Monarchy» auch als glaubwürdiger Damm gegen Vorwürfe, die königliche Familie widme sich doch eigentlich nur ihrem privilegierten Zeitvertreib. Das ist, wenigstens bei den führenden Mitgliedern – zu denen man Prinz Andrew aufgrund seiner dubiosen Geschäftspartner wohl nicht rechnen darf –, weit von der Wahrheit entfernt, auch wenn gerade der Prinz von Wales privat einem Luxus frönt, den seine eher frugale Mutter nur mit Stirnrunzeln quittieren kann.

Selbst in der nächsten Generation, beim Herzog von Cambridge und seiner Frau, klingt die soziale Verpflichtung von Royalty schon jetzt als Thema an. Zu ihrer Hochzeit hatten William und Catherine ein eigenes Gebet verfasst, das der Bischof von London, Richard Chartres, in ihrem Namen während der Zeremonie vorlas. «Gott, unser Vater», so endeten die Worte, «lass uns im Geschäft des Alltags die Augen immer richten auf das, was wirklich und wichtig ist im Leben [...] Hilf uns, dass wir, gestärkt durch unsere Vereinigung, denen, die leiden, dienen und sie trösten.» In dieser Formulierung verknüpft Dianas Sohn den traditionellen sozialen Auftrag des Königtums mit dem besonderen Touch, den seine Mutter an sich hatte und der ihn tief beeinflusst hat.

Stärker ins Visier rückt derweil der Nächste in der Thronfolge, Prinz Charles. Er hat das Image eines sich ständig zu Wort meldenden besorgten Bürgers erworben, der nicht müde wird, seine Lieblingsthemen zu propagieren, wie z.B. organische Landwirtschaft, erneuerbare Energien, menschliche Architektur, Schutz der Umwelt oder alternative Medizin. Fachexperten weisen ihn regelmäßig zurück ob seiner ungefragten Interventionen. Dabei steht er als Großunternehmer sui generis auf der Bühne, dank der Duchy of Cornwall, über verschiedene englische Grafschaften verteilte Kronlande, die schon seit dem 14. Jahrhundert dem jeweiligen Prinzen von Wales zur Bewirtschaftung zur Verfügung stehen und mit denen der Prinz viele seiner bevorzugten Ideen verwirklichen kann, nicht zuletzt auch auf seinem Landsitz Highgrove in Gloucestershire. Auf den Profit muss er wie jeder Unternehmer Steuern zahlen, aber das Polster seiner Unabhängigkeit wächst. Das gibt ihm zusätzlich die Nonchalance, man kann auch sagen: die Chuzpe für seine Stellungnahmen.

Nicht alle sind im Übrigen öffentlich. In der Londoner Regierungsbürokratie zum Beispiel, auch im Kabinett, fürchtet man seine «black spider memos», die Memoranda der schwarzen Spinne, eine Anspielung auf die mit schwarzem Filzstift aufgesetzten Mahnungen und Anregungen des Prinzen. Es gelang ihm sogar vor wenigen Jahren, ein größeres Bauvorhaben in Chelsea, das ihm zu modernistisch vorkam, zu stürzen, unter vollem Einsatz seiner Beziehungen und seines Namens. Der Protest von Lord Richard Rogers, dem Stararchitekten und für dieses Bauprojekt Verantwortlichen, war hörbar und nachhaltig – Wochen gingen über der Aufregung dahin. Aber für jeden Kritiker, den er sich auf den Hals holt, springt Charles ein Fan zur Seite, der ihm heftig applaudiert für seine politische Unkorrektheit. Mehr und mehr ähnelt der Prinz von Wales darin seinem Vater, dem Herzog von Edinburgh, um den sich ebenfalls zwei Lager seit langem streiten und dessen thematische Vorlieben Charles aufgegriffen und weiterentwickelt hat.

Seine Sorgen um die Gesellschaft, nein, um die Zukunft des Globus legte der Prinz von Wales Ende 2010 in einem gewichtigen Opus auf den Tisch, «Harmony» genannt, gemeinsam verfasst mit zwei langjährigen Freunden, dem Umweltaktivisten Tony Juniper und dem Radiojournalisten Ian Skelly. Darin zieht der Thronfolger gegen die moderne «mechanistische Wissenschaft» zu Felde, gegen unsere «fragmentarische Sicht der Dinge», die dem «westlichen Denken» entsprungen sei, und beklagt, «dass wir die Aufklärung nicht als Ideologie hinterfragen». Da meldet sich ein Mann mit einer Neigung zu den holistischen Religionen des Ostens zu Wort und auch ein gelehriger Schüler seines Vaters. Prinz Philip hatte seine 1984 erschienene Anthologie von Essays und Reden mit «Menschen, Maschinen und Heilige Kühe» überschrieben und dem Sohn damit den Weg gewiesen für eine Attitüde, die dem Modernismus mit äußerster Skepsis begegnet. «People are People», lautete der Eingangsvortrag des Herzogs in seiner Textsammlung, und das Leitmotiv entnahm er Shakespeares «Julius Caesar», wo Cassius spricht: «Der Fehler, lieber Brutus, liegt nicht in unseren Sternen, sondern in uns selber.»

Seine Unerschrockenheit, sich überall einzumischen, wo er Gefahren für den Weltlauf wittert, mag vielfach belächelt werden – im Verlauf der Jahre hat sich der Prinz von Wales damit aber eine Stimme verschafft, die nicht mehr überhört werden kann. Anlässlich des G 20-Gipfels im April 2009 lud Charles die teilnehmenden Regierungs- und Staatsoberhäupter für ein zweistündiges Seminar in seine Londoner Residenz Clarence House ein, redete den Zuhörern wegen der Abholzung der tropischen Wälder ins Gewissen und rief nach Subventionen zur Erhaltung der grünen Lunge der Erde. Seine vielfältigen Einsätze haben ihm – «Harmony» beginnt mit dem Satz: «Dies ist ein Aufruf zur Revolution» – «ein Maß an Einfluss und Bedeutung gesichert, das weit über die beschränkten zeremoniellen Bedürfnisse des Monarchen hinaus geht», wie Johannes Leithäuser in der «Frankfurter Allgemeinen Zeitung» schreibt: «Im Wartezimmer vor dem Thronsaal hat Charles mehr Macht versammelt als seine Mutter, die Königin.» Kein Zweifel – der Erbe schöpft die Redefreiheit, die er als Thronfolger noch hat, voll aus, wohl wissend, dass er sie als König, unter der Auflage strikter Neutralität, unter Kontrolle halten müsste.

Vor langen Jahren, als 47-Jähriger, gab Prinz Philip in einem Fernsehinterview einer Prophetenlaune nach und meinte mit flapsiger Ironie: «Wenn Her Majesty und ich mal richtig alt geworden sind, dann, so wage ich zu behaupten, könnte es vielleicht auch wieder ein bisschen mehr Ehrfurcht geben.» Diese Vorhersage ist durchaus in Erfüllung gegangen, und das königliche Paar darf die Anerkennung eines langen Lebens in unermüdlichem Einsatz ernten. Auch dem Königtum selber sagen die Auguren eine weitaus sicherere Zukunft voraus als im Jahr 1968, als Philip seine Äußerung machte.

Schon 1947 aber hieß es in der offiziellen Broschüre zur Hochzeit von Prinzessin Elizabeth mit dem frisch ernannten Herzog von Edinburgh von der britischen Monarchie, sie sei «eine Art populärer Poesie in prosaischen Zeiten». Wer wollte dem 65 Jahre später widersprechen?

Stammbaum

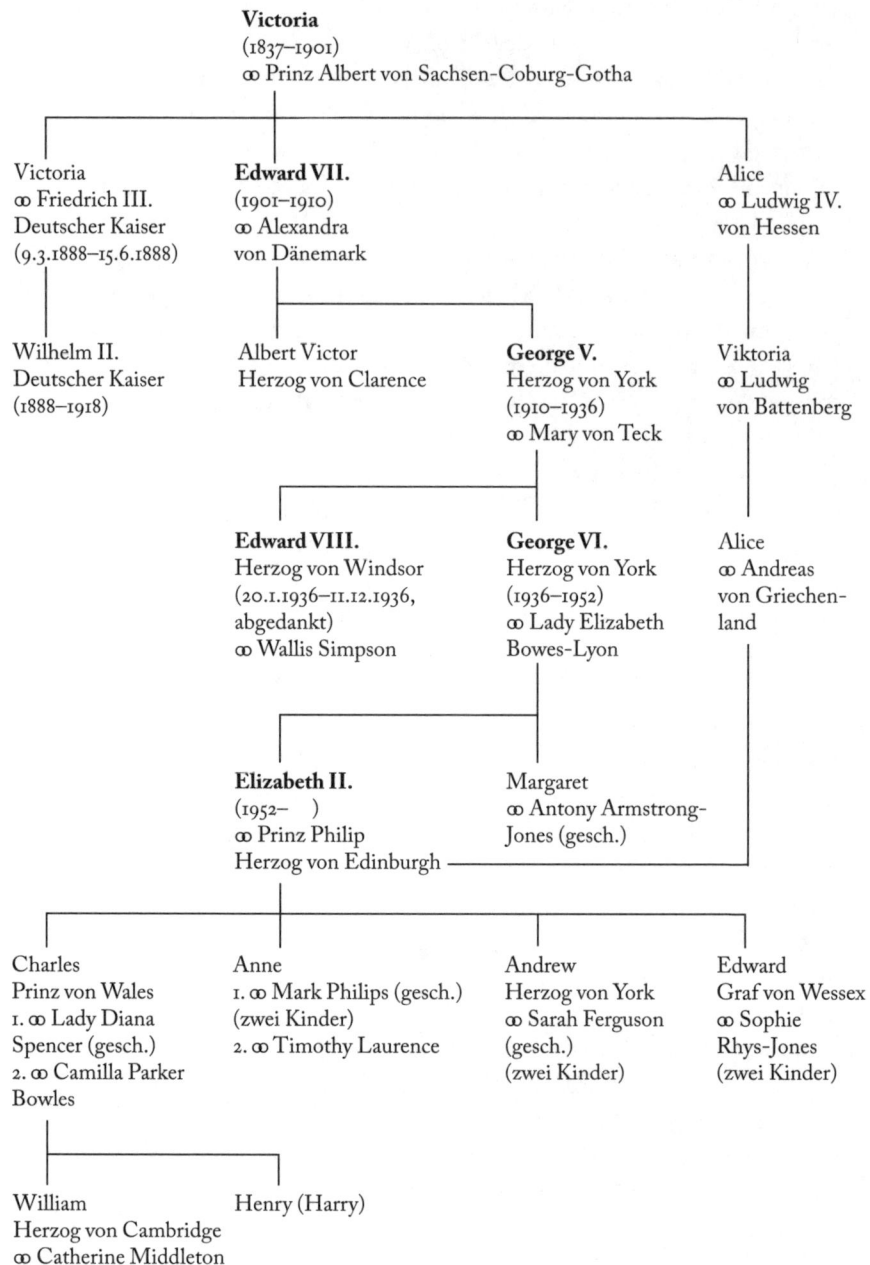

Victoria
(1837–1901)
∞ Prinz Albert von Sachsen-Coburg-Gotha

Victoria
∞ Friedrich III.
Deutscher Kaiser
(9.3.1888–15.6.1888)

Edward VII.
(1901–1910)
∞ Alexandra
von Dänemark

Alice
∞ Ludwig IV.
von Hessen

Wilhelm II.
Deutscher Kaiser
(1888–1918)

Albert Victor
Herzog von Clarence

George V.
Herzog von York
(1910–1936)
∞ Mary von Teck

Viktoria
∞ Ludwig
von Battenberg

Edward VIII.
Herzog von Windsor
(20.1.1936–11.12.1936,
abgedankt)
∞ Wallis Simpson

George VI.
Herzog von York
(1936–1952)
∞ Lady Elizabeth
Bowes-Lyon

Alice
∞ Andreas
von Griechen-
land

Elizabeth II.
(1952–   )
∞ Prinz Philip
Herzog von Edinburgh

Margaret
∞ Antony Armstrong-
Jones (gesch.)

Charles
Prinz von Wales
1. ∞ Lady Diana
Spencer (gesch.)
2. ∞ Camilla Parker
Bowles

Anne
1. ∞ Mark Philips (gesch.)
(zwei Kinder)
2. ∞ Timothy Laurence

Andrew
Herzog von York
∞ Sarah Ferguson
(gesch.)
(zwei Kinder)

Edward
Graf von Wessex
∞ Sophie
Rhys-Jones
(zwei Kinder)

William
Herzog von Cambridge
∞ Catherine Middleton

Henry (Harry)

Anmerkungen

Eine neue Biografie der Queen darf auf die klassischen englischen Darstellungen zurückgreifen, vor allem auf Ben Pimlotts 2002 aktualisiertes Meisterwerk von 1996, «Elizabeth II and the Monarchy», Sarah Bradfords «Elizabeth II. A Biography of Her Majesty the Queen» von 1996 sowie auf Robert Laceys Gesamtdarstellungen von 1977 und 2002. Verpflichtet ist der Autor auch dem Buch von William Shawcross, «Queen and Country», 2002, vor allem für das Kapitel über die Queen und das Commonwealth. Eine Vielfalt von Quellen behandelt einzelne Aspekte der Monarchie, auch die frühen Jahre der Queen, neben Porträts ihrer Familie oder anderer Persönlichkeiten aus dem Umkreis der Windsors. Besonders faszinierend ist die Literatur zu Prinzessin Elizabeth aus den 30er Jahren, die von der englischen Geschichtsschreibung bisher nur flüchtig, wenn überhaupt, rezipiert worden ist.

Viele Gesprächspartner haben dem Autor darüber hinaus den Weg gewiesen, wofür allen ausdrücklich Dank gebührt. Hervorgehoben seien hier drei – Lord Janvrin, der langjährige Privatsekretär der Queen, Sir Robert Worcester, Gründer des Meinungsforschungsinstituts Ipsos MORI, das den Buckingham Palast seit 40 Jahren berät, sowie die Cousine der Königin, die Honourable Margaret Rhodes, die 2011 ihre Memoiren veröffentlicht hat. Unschätzbare Hilfe leistete Sebastian Borger, Korrespondentenkollege in London, der schon im Entstehen dieses Buches Kapitel für Kapitel auf sachliche Irrtümer, befremdliche Wortwendungen und Urteile hin überprüfte. Zum Schluss gab Stefanie Hölscher vom Verlag C.H.Beck durch kundiges Lektorieren dem Buch seinen letzten Schliff. Was jetzt noch zu beanstanden bleibt, geht allein zu Lasten des Autors.

Um die Lektüre nicht unnötig zu belasten, wurde auf Fußnoten verzichtet. Die verwendete Literatur ist dem Literaturverzeichnis zu entnehmen. Auf zahlreiche Quellen wurde außerdem im Text selbst verwiesen. Spezielle Belege zu einzelnen Stellen liefern darüber hinaus die folgenden Anmerkungen.

S. 11   «Wärmpfannen-Komplott»: vgl. Dermot Morrah, Princess Elizabeth, S. 17.

S. 12   «Eine mögliche Königin von England …»: zitiert nach Robert Lacey, Royal, S. 76.

S. 13   «Soweit ich das sehe …»: zitiert nach Robert Lacey, Royal, S. 71.

S. 13   «Je demokratischer wir werden …»: zitiert nach David Cannadine, The British Monarchy, S. 122.

S. 14   «Sie kam nie mehr darauf zurück»: zitiert nach Robert Lacey, Royal, S. 104.

S. 22f.   «Alles beim Alten …»: zitiert nach Die Welt, 4. August 2000.

S. 30   «Die Leute in der dritten Eisenbahnklasse …»: zitiert nach Robert Lacey, Royal, S. 42. Für Kiplings Kritik an der Hybris des Establishments vgl. sein Gedicht «Recessional», in: Rudyard Kipling, Die Ballade von Ost und West, S. 124/25.

S. 43   In den Nachlasspapieren seines Privatsekretärs: vgl. Kirsty McLeod, Battle Royal, S. 68.

S. 47   «Das Haus Hannover produziert …»: zitiert nach Kirsty McLeod, Battle Royal, S. 17.

S. 49   Alan Lascelles und Premierminister Baldwin: vgl. Kirsty McLeod, Battle Royal, S. 102.

S. 55   «Der König fand in Wallis Simpson ...»: zitiert nach Michael Bloch (Hg.), Wallis & Edward, S. 137.

S. 66   Wallis Simpsons Liebhaber: vgl. Paul Reynolds, Mrs Simpson's Secret Lover Revealed, news.bbc.co.uk/2/hi/uk_news/2706889.stm, 30. Januar 2003.

S. 76   Hund, «immer auf der Suche ...»: zitiert nach Robert Lacey, Royal, S. 121.

S. 79   «aber er hatte nicht genug Kleidung ...»: zitiert nach William Shawcross, Queen and Country, S. 27.

S. 80   Kurt Hahn: vgl. Thomas Kielinger, Loge der lockeren Liebe – Kleine Sittengeschichte des englischen Adels, Rundfunk-Manuskript für Bayern 2, 16. Februar 1996.

S. 86   «Guten Tag, Herr Reichskanzler»: zitiert nach Phil Dampier und Ashley Walton, Duke of Hazard, S. 7.

S. 86   der Herzog von Edinburgh habe 24 uneheliche Kinder: vgl. Ben Pimlott, Elizabeth II, S. 721.

S. 112ff. Zu Einzelheiten der Hochzeit vgl. Val Horsler, Elizabeth and Philip, passim.

S. 132f. «Ehrlich gestanden komme ich mir ...»: zitiert nach William Shawcross, Queen and Country, S. 57.

S. 137   «Ich entdecke ein Marie-Antoinette-Aroma ...»: zitiert nach Robert Lacey, Royal, S. 191.

S. 172   Außerhalb der Staatsvisiten weilte die Königin öfter in der Bundesrepublik, etwa auf Besuch bei Philips deutschen Verwandten oder zur Inspektion von Regimentern der damaligen Britischen Rheinarmee.

S. 172   Staatsbesuch Ceausescus: vgl. Christopher Lawson, The Ceauşescus' State Visit to Britain, www.vivid.ro/index.php/issue/98/page/under%20Ceausescu/tstamp/1239864683, 16. April 2009.

S. 173   Theodor Heuss als Staatsgast in Großbritannien: vgl. H. G. Alexander, Zwischen Bonn und London, passim, sowie Hermann Leins (Hg.), Deutschland und England.

S. 176   Staatsbesuch von Elizabeth II. in der Bundesrepublik 1965: vgl. Elizabeth Longford, Elizabeth R, S. 161-163.

S. 180   Konrad Adenauer über die «mehr oder weniger hysterischen Franzosen»: vgl. Günter Buchstab (Hg.), Die Protokolle des CDU-Bundesvorstandes 1950-1953 (Forschungen und Quellen zur Zeitgeschichte, Bd. 8). Stuttgart 1986, S. 427.

S. 216   «Nur wer von Jugend an ...»: zitiert nach Anthony Holden, The Queen Mother, S. XII.

S. 225   «Ich sagte dem König ...»: zitiert nach William Shawcross, Queen and Country, S. 225.

S. 228   Elizabeth über ihre äußere Erscheinung, Okt. 1949, zitiert nach Ben Pimlott, Elizabeth II, S. 171.

S. 229   «Sehen Sie, Susan ...»: zitiert nach Sarah Bradford, Elizabeth II., S. 376.

S. 232   «Wenn ihr uns nicht mehr wollt ...»: zitiert nach Ben Pimlott, Elizabeth II, S. 392.

S. 254   Diana und die Thaumaturgie: vgl. Ben Pimlott, Elizabeth II, S. 637ff.

S. 266   «Mal dir den Moment aus ...»: zitiert nach William Shawcross, Queen and Country, S. 78.

S. 277   «Wenn Her Majesty und ich ...»: zitiert nach Philip Ziegler, Crown and People, S. 161f.

Literatur

Alexander, H(einz) G(ustav): Zwischen Bonn und London. Missverständnisse und Hoffnungen. Düsseldorf 1959.

Allison, Ronald und Sarah Riddell: The Royal Encyclopedia. London 1991.

Asquith, Lady Cynthia: The King's Daughters. London o. J. [1937].

Bagehot, Walter: The English Constitution. Cambridge 2001. (Deutsch: Die englische Verfassung. Neuwied 1971.)

Barry, Stephen P.: Royal Service. My Twelve Years as Valet to Prince Charles. London, New York 1983.

Beaton, Cecil: Self-Portrait with Friends. The Selected Diaries of Cecil Beaton, 1926–1974. Illustrated Edition, London 1982.

Bennett, Alan: The Uncommon Reader. London 2007. (Deutsch: Die souveräne Leserin. Berlin 2008.)

Berry, Wendy: The Housekeeper's Diary. Charles and Diana before the Breakup. New York 1995.

Billig, Michael: Talking of the Monarchy. London 1992.

Blackburn, Robert: King and Country. Monarchy and the Future King Charles III. London 2006.

Blair, Tony: A Journey. London 2010. (Deutsch: Mein Weg. München 2010.)

Bloch, Michael (Hg.): Wallis & Edward. Letters 1931-1937. London 1986.

Bogdanor, Vernon: The Monarchy and the Constitution. Oxford 1995.

Bond, Jenny: Reporting Royalty. Behind the Scenes with the BBC's Royal Correspondent. London 2001.

Bradford, Sarah: George VI. London 1989.

Dies.: Elizabeth II. A Biography of Her Majesty the Queen. London 1996. (Deutsch: Elizabeth II. Ihre Majestät die Königin. Bergisch Gladbach 1996.)

Dies.: Diana. London 2006.

Brandreth, Giles: Philip and Elizabeth. Portrait of a Marriage. London 2005. (Deutsch: Philip und Elizabeth. Porträt einer Ehe. München 2006.)

Ders.: Charles and Camilla. Portrait of a Love Affair. London 2006. (Deutsch: Charles & Camilla. Die Geschichte einer großen Liebe. Frankfurt a. M. 2006.)

Brendon, Piers und Philip Whitehead: The Windsors. A Dynasty Revealed 1917-2000. London 2000.

Brown, Tina: The Diana Chronicles. New York 2007. (Deutsch: Diana. Die Biografie. München 2007.)

Burrell, Paul: A Royal Duty. London 2003.

Cannadine, David: The British Monarchy and the ‹Invention of Tradition›, c. 1820–1977. In: Hobsbawm, Eric und Terence Ranger (Hg.): The Invention of Tradition. Cambridge 1983.

Chance, Michael: Our Princesses and their Dogs. London 1936.

Crawford, Marion: The Little Princesses. London 1950. Neuaufl. London 2002 (hg. v. Jenny Bond).

Dies.: Queen Elizabeth II. London 1952.

Crossman, Richard: The Diaries of a Cabinet Minister. 3 Bde. London 1978.

Dampier, Phil und Ashley Walton: Duke of Hazard. The Wit and Wisdom of Prince Philip. Brighton 2006.

Dean, John: H. R. H. Prince Philip, Duke of Edinburgh. A Portrait by his Valet. London o. J. [1954].

Eade, Philip: The Young Prince Philip. London 2011.

Erickson, John (Hg.): Invasion 1940. The Nazi Invasion Plan for Britain. London 2000.

Fabian Society (Hg.): The Future of the Monarchy. A Report of the Fabian Commission. London 2003.

Falke-Ischinger, Jutta: Wo bitte geht's zur Queen? Frankfurt a. M. 2010.

Godfrey, Rupert (Hg.): Letters from a Prince. Edward, Prince of Wales, to Mrs. Freda Dudley Ward. London 1998.

Gore, John: George V. A Personal Memoir. London 1941.

Hardman, Robert: Our Queen. London 2011.

Harris, Leonard M.: Long to Reign over Us? The Status of the Royal Family in the 1960ies. London 1966.

Haseler, Stephen: The End of the House of Windsor. Birth of a British Republic. London 1993.

Heald, Tim: The Duke. A Portrait of Prince Philip. London 1991.

Herwarth, Hans von: Von Adenauer zu Brandt. Erinnerungen. Berlin 1990.

Hibbert, Christopher: Queen Victoria. A Personal History. London 2000.

Hoey, Brian: All the Queen's Men. Inside the Royal Household. London 1992.

Ders.: Mountbatten. The Private Story. London 2008.

Holden, Anthony: The Queen Mother. A Birthday Tribute. London 1985.

Horsler, Val: Elizabeth and Philip. 20. November 1947. London 2007.

Jay, Antony: Elizabeth R. London 1992.

Jephson, Patrick D.: Shadows of a Princess. Diana, Princess of Wales 1987-1996. An Intimate Account by her Private Secretary. London 2000.

Junor, Penny: The Firm. The Troubled Life of the House of Windsor. London 2005.

Kielinger, Thomas: Die Kreuzung und der Kreisverkehr. Deutsche und Briten im Zentrum der europäischen Geschichte. Bonn 1997.

Ders.: Großbritannien (Die Deutschen und ihre Nachbarn). München 2009.

Kipling, Rudyard: Die Ballade von Ost und West. Ausgewählte Gedichte, hg. v. Gisbert Haffs. Zürich 1992.

Lacey, Robert: Majesty, Elizabeth II. and the House of Windsor. London 1977.

Ders.: Royal. Her Majesty Queen Elizabeth II. London 2002.

Leins, Herrmann (Hg.): Deutschland und England – Dokumente zu einem Staatsbesuch im Oktober 1958. Tübingen 1958.

Levine, Tom: Die Windsors. Glanz und Tragik einer fast normalen Familie. Frankfurt a. M. 2005.

Longford, Elizabeth: Elizabeth R. London 1983.

Martin, Kingsley: The Crown and the Establishment. London 1962.

Masters, Brian: Dreams about H M The Queen and Other Members of the Royal Family. London 1972.

McLeod, Kirsty: Battle Royal. Edward VIII. & George VI. Brother against Brother. London 2000.

Morrah, Dermot: Princess Elizabeth, Duchess of Edinburgh. The Illustrated Life of the Heir Presumptive. London 1950.

Morton, Andrew: Diana. Her True Story in her Own Words. London 1998.

Ders.: William & Catherine. Their Story. London 2011.

Mosley, Diana: The Duchess of Windsor. London 1980.

Muggeridge, Malcolm: Does England Really Need a Queen? In: Saturday Evening Post, 19. Oktober 1957. Nachdruck in: The Gargoyle – The Journal of the Malcolm Muggeridge Society, Nr. 16, Oktober 2007.

Ders.: The Queen and I. In: Ders.: Tread Softly for You Tread on my Jokes. London 1966.

Nairn, Tom: The Enchanted Glass. Britain and its Monarchy. London 1988.

Nicholl, Katie: William and Harry. London 2010.

Nicolson, Harold: George V. His Life and Reign. London 1952.
Ders.: Diaries & Letters 1930-1964, hg. v. Stanley Olson. London 1980.
Nicolson, Nigel: The Queen & Us. The Second Elizabethan Age. London 2003.
Paxman, Jeremy: On Royalty. London 2006.
Petrie, Sir Charles: The Modern British Monarchy. London 1961.
Picknett, Lynn, Clive Prince und Stephen Prior: War of the Windsors. A Century of Unconstitutional Monarchy. Edinburgh 2002.
Pimlott, Ben: Elizabeth II and the Monarchy. Golden Jubilee Edition. London 2002.
HRH Prince Philip: Men, Machines & Sacred Cows. London 1984.
HRH The Prince of Wales, Tony Juniper und Ian Skelly: Harmony. A New Way of Looking at our World. London 2010.
Prochaska, Frank: Royal Bounty. The Making of a Welfare Monarchy. London 1995.
Ders.: The Republic of Britain. London 2000.
Rhodes, Margaret, The Honourable: The Final Curtsey. The Autobiography of Margaret Rhodes, First Cousin of the Queen and Niece of the Late Queen Elizabeth, the Queen Mother. London 2011.
Rhodes James, Robert: A Spirit Undaunted. The Political Role of George VI. London 1998.
Ring, Anne: The Story of Princess Elizabeth. Told with the Sanction of her Parents. London 1930.
Rose, Kenneth: King George V. London 1983.
Ders.: Kings, Queens and Courtiers. Intimate Portraits of the Royal House of Windsor. London 1985.
Sampson, Anthony: Who Runs this Place? The Anatomy of Britain in the 21st Century. London 2004.
Schönburg, Alexander von: Alles, was Sie schon immer über Könige wissen wollten, aber nie zu fragen wagten. Berlin 2008.
Shaw, Karl: Royal Babylon. The Alarming History of European Royalty. London 1999.
Shawcross, William: Queen and Country. London 2002.
Ders.: Queen Elizabeth. The Queen Mother. London 2009.
Sheridan, Lisa: From Cabbages to Kings. The Autobiography of the Royal Photographer. London 1955.
Starkey, David: Crown and Country. A History of England through the Monarchy. London 2010.
Towers, Frances: The Two Princesses. The Story of the King's Daughters. London o. J. [1940].
Townsend, Sue: The Queen and I. London 1992.
Turner, Graham: Elizabeth II. The Woman and the Queen. London 2002.
Vansittart, Robert Gilbert, Baron: Events and Shadows. A Policy for the Remnants of a Century. London 1947.
Vickers, Hugo: Alice, Princess Andrew of Greece. London 2000.
Warwick, Christopher: Princess Margaret. A Life in Contrasts. London 2000.
Williams, Susan: The People's King. The True Story of the Abdication. London 2003.
Windsor, HRH The Duke of: A King's Story. The Memoirs of the Duke of Windsor. London 1951.
Windsor, Wallis, Duchess of: The Heart Has its Reasons. The Memoirs of the Duchess of Windsor. London 1956.
Wulff, Louis: Queen of Tomorrow. An Authentic Study of H. R. H. The Princess Elizabeth. 4. Aufl., London 1949.
Ziegler, Philip: Crown and People. London 1978.
Ders.: Mountbatten. Glasgow 1985.
Ders.: King Edward VIII. London 1990. Überarb. Aufl. Stroud 2001.
Ders.: Queen Elizabeth II. Ihr Leben in Bildern. Wien 2010.

Bildnachweis

Personenregister